古代歷史文化 研究輯刊

二十編

王明蓀 主編

第24冊

明中期江南文人畫家
與民間職業畫家比較研究

熊 震 著

國家圖書館出版品預行編目資料

明中期江南文人畫家與民間職業畫家比較研究／熊震 著 — 初

版 — 新北市：花木蘭文化事業有限公司，2018〔民 107〕

序 4+ 目 2+236 面；19×26 公分

（古代歷史文化研究輯刊 二十編：第 24 冊）

ISBN 978-986-485-556-8（精裝）

1. 畫家 2. 藝術評論 3. 明代

618   107012009

ISBN-978-986-485-556-8

古代歷史文化研究輯刊

二十編　第二四冊　　　　　ISBN：978-986-485-556-8

明中期江南文人畫家與民間職業畫家比較研究

作　　者　熊震

主　　編　王明蓀

總 編 輯　杜潔祥

副總編輯　楊嘉樂

編　　輯　許郁翎、王筑　美術編輯　陳逸婷

出　　版　花木蘭文化事業有限公司

發 行 人　高小娟

聯絡地址　235 新北市中和區中安街七二號十三樓

　　　　　電話：02-2923-1455／傳眞：02-2923-1452

網　　址　http://www.huamulan.tw 信箱 hml810518@gmail.com

印　　刷　普羅文化出版廣告事業

初　　版　2018 年 9 月

全書字數　191061 字

定　　價　二十編 25 冊（精裝）台幣 66,000 元　　　　　版權所有·請勿翻印

明中期江南文人畫家
與民間職業畫家比較研究

熊震 著

作者簡介

熊震

1975 年 3 月生於江西省南昌市。

1992 年 9 月～ 1997 年 7 月，江西師範大學美術系就讀美術教育專業並獲文學學士學位。

2005 年 9 月～ 2007 年 7 月，清華大學美術學院攻讀美術學專業並獲文學碩士學位。

2010 年 9 月～ 2013 年 7 月，清華大學美術學院攻讀美術學專業並獲藝術學博士學位。

2013 年至今，就職於江西科技師範大學美術學院，碩士生導師，美術系副主任。

2017 年，美國林肯紀念大學訪問學者。

學術論文

1. 《從中國畫歷史梳理的角度看當代水墨問題》發表於《文藝爭鳴》2010 年第 2 期。（CSSCI 源刊）

2. 《中國近現代水墨畫的演變與轉化》發表於《文藝評論》2013 年第 1 期。（CSSCI 源刊）

3. 《明代中期江南兩類藝術家的審美異同研究》發表於《江西社會科學》2016 年第 8 期。（CSSCI 刊源）

4. 《明清以降「江西畫派」聚落的社會關係與筆墨研究》發表於《江西社會科學》2017 年第 2 期。（CSSCI 刊源）

提　　要

　　本文以明代中期的江南社會爲切入點，在考察當時的政治環境、經濟狀況、城市面貌基礎上，分析不同階層以繪畫爲媒介的人際交往，畫家方面，本文主要關注文人畫家和民間職業性畫家，探究他們的生活軌跡和繪畫創作過程，梳理他們的師承路數，理清其作品影響力的來源，在現實生活的層面展開具體的討論，掌握他們之間相互交流和彼此影響的情況，通過瞭解相關各群體的關係和作用，系統研究當時多種繪畫風格並存的江南畫壇。

　　就畫家角度上看，文人畫家們在科舉仕途上不同的選擇與結局，導致了各自不同的生活態度，與此同時，市民階層的壯大也給當時社會生活帶來很大的衝擊，市民階層的審美風尚也使得美學觀念發生變化，這給當時有著世家背景的文人和具有官僚身份的士夫階層帶來深遠的影響，文人的詩文書畫不僅在精英社交圈中扮演潤滑劑的角色，而且也作爲商品的形式，在市場中發揮越來越重要的作用，那些名聲卓著卻隱居於市的文人與畫藝高超卻仕途失意的官僚，出於官場和市場的雙重考慮，選擇了以更加入世的心態接受這樣的現狀，同時又保有自己人格的獨立性，由此文人畫家們開創了既入世又脫俗的生活方式；繪畫風格的確立上，他們既顧及了現實需要也秉持了自己的理想追求，從而獲得了一種理想與現實之間的平衡；至於民間職業性畫家群體而言，由於他們的家族在文化教育和社會地位方面的落差，導致一部分人雖投身科舉卻無果而終，而另一部分出身於工匠的民間畫家則必須緊密聯繫市場，靠攏贊助人與收藏家以贏得更多的訂件，並借助他們宏富的歷代藏品開闊自己的眼界，提高自身的畫技，正是長期的實踐經驗和豐富的社會閱歷，使得這些優秀的民間職業畫家，既滿足了市場需要，又兼顧到精英階層的審美意識，他們的生活方式和作品格調上都與文人畫家有著某種相似性，由此出現了兩大群體間品評與交流的可能，並最終形成了彼此作品風格相互滲透的局面。

　　在作品評價體系中，文人佔據話語權優勢，客觀地看待歷史上的文獻資料，是冷靜分析兩類畫家作品的前提條件，因爲畫家作品與詮釋的關係直接關係到他們在美術史上的後世定位，細加分析明代文人的記述和相關的理論體系的建構，對於畫家作品及影響力的再次認定有積極意義。

江西省社會科學「十三五」（2017 年）規劃項目《明代江南中國畫藝術「北派」風格研究——以仇英個案爲例》階段性成果，編號：17YS19

江西省高校人文社科基地項目：江西科技師範大學數字化社會與地方文化發展研究中心專項課題《數字化背景下江西歷代書畫藝術非文字化體系建設研究》階段性成果，編號：SDZX1703

致　謝

　　衷心感謝我的博導清華大學美術學院陳輝教授的精心指導，他的言傳身教使我終生受益。

　　在本人論文寫作及研究期間，得到黃嘉翔同學的技術大力支持，不勝感激。

　　特此致謝！

序

　　對明代中國繪畫藝術的研究是近年來藝術理論界的熱點話題之一，我的博士生熊震以明代中葉作爲研究的時間切入點，對以「明四家」爲首的明代江南畫家圈作了深入的考察，並將其進行了分類型的研究，通過他們的作品爲主要線索，詳查了這一特定歷史時期的社會風貌、審美意識和文化態勢，並反觀藝術家的作品，在其中找到內在的聯繫，此研究總結了明代繪畫在繼承文人畫傳統的同時，揭示了中國畫的寫意性發展傾向，並在中國畫壇確立了主流的話語格局，文章還對董其昌的「南北宗論」的評價體系進行了闡述，提出了明代繪畫的一種分類方式，可見其研究主見，對文人畫家和職業性畫家作了相應的梳理，當然這兩者間的交集仍然廣泛，並無對立之嫌，在繁細的考查之後，發現兩者之間既有區別又有聯繫，同時兼具各自的屬性特徵。

　　本書重點對這些藝術家的繪畫歷程、文化背景、筆墨情趣及藝術風格入手，從理論的角度作了較爲全面的研究，有助於讀者深入認識明代繪畫的藝術淵源，對明代著名畫家的藝術形式有直觀的認知並瞭解他們在中國畫史上的應有地位。

　　在此，祝賀熊震的論文出版，以文爲序。

清華大學美術學院教授、博士生導師　

2018 年 3 月於清華園

自　序

　　本書以明代中期的江南社會爲切入點，在考察當時的政治環境、經濟狀況、城市面貌的基礎上分析了不同的社會階層，他們以繪畫爲媒介進行人際交往。畫家方面，本書主要關注文人畫家和民間職業性畫家，探究他們的生活軌跡和繪畫創作過程，梳理他們的師承路數，理清其作品影響力的來源，在現實生活層面展開具體的討論，掌握他們之間相互交流和彼此影響的情況，通過瞭解各群體的內在聯繫，系統研究當時多種繪畫風格並存的江南畫壇。

　　就畫家角度上看，文人畫家在科舉仕途上不同的選擇和結局，導致了各自不同的生活態度；與此同時，市民階層的壯大也給當時的社會生活帶來很大的衝擊，市民階層的審美風尚也使得當時人們的美學觀念發生變化，這個有著世家背景的文人和具有官僚身份的士大夫集團帶來深遠的影響。文人的詩文書畫在精英社交圈中相互酬唱饋贈，起到「潤滑劑」的作用，而且也作爲商品的形式，在市場中扮演越來越重要的角色。那些名聲卓著卻隱居於市的文人和畫藝高超卻仕途失意的官僚，出於市場和官場的雙重考慮，選擇了以更加入世的心態接受現狀，並且通過自身的藝術創作保有自己人格的獨立性，由此文人畫家們開創了既入世又脫俗的生活方式。在繪畫風格的確立上，他們顧及了現實需要也秉持了自己的理想追求，從而獲得了一種理想與現實之間的平衡。至於民間職業畫家群體，由於他們自身在文化教育和社會地位方面的落差，導致一部分人雖投身科舉卻無果而終，而另一部分出身於畫匠的藝術家則必須緊密聯繫市場，靠攏贊助人和收藏家以贏得更多的訂件，並借助對方宏富的歷代藏品開闊自己的眼界，提高自身的畫藝，正是長期的實

踐經驗和豐富的社會閱歷，使得這個群體中優秀的民間職業畫家作品，既滿足了市場的需要，又兼顧到精英階層的審美意識，他們的生活方式和作品格調都與文人畫家有某種內在相似性，由此出現了兩大群體間作品品評和交流的可能，並最終形成了彼此作品風格相互滲透的局面。

在作品評價體系中，文人佔據話語權優勢，客觀地看待歷史文獻資料，是理性分析兩類畫家作品的前提，因為畫家作品與詮釋的關係直接關係到他們在美術史上的定位問題，細加分析明代文人的記述和相關理論體系的建構，對於畫家作品影響力的再次認定有積極意義。

至於將書名定為「明中期江南畫家類型研究」，主要考慮到迴避「明四家」為題的粗線條劃分，因為在畫家的個案研究中更有挖掘的價值，而且畫家們在交往過程中，不同群體的人有各自的生存境遇和價值取向，但他們不約而同地達到了同層的藝術高度，這個過程本身就值得關注與研究。

此外，鑒於作者的學術視野和資料搜集有不盡人意之處，加之寫作水平有限，書中謬誤在所難免，望方家指正！

熊震
2018 年 3 月記於豫章

目

次

第 1 章　緒　論

1.1　研究的主要內容

　　本文主要的研究內容是明代中期江南文人畫家與民間職業畫家。在時間段上筆者將視點定位在明代中期，因為在明代所出現的中國社會變化，讓筆者產生興趣，在這個時間段裏，江南的城市經濟開始出現資本主義萌芽，城鄉之間的文化交流和商業活動日益增多，明代中期不同於明初時節，政治高壓的態勢稍有緩和，市民階層的經濟實力的壯大也給文化活動帶來刺激和影響。文人畫家群體和民間職業畫家群體在這樣的社會環境下，他們的交流也是日漸頻繁，這也是當時的時代特徵在具體人物身上的體現，這與明代初期的刻板嚴酷的文化環境略有不同。筆者將研究的焦點集中起來，觀察到時代在發生微妙的變化，在分析具體人物獨有的人生經歷和繪畫創作過程時，卻可以得出一個認知，這不是一個簡單的從時代轉變所引起的個體變化過程，其中有許多複雜的細節因素。

　　從歷史上看，明代的繪畫基本分為三個部分，在明代前期的文化壓制政策下，都給當時畫家們的繪畫創作帶來深遠的影響，但是在明代中期以後，文化氛圍相對寬鬆，文人畫家和民間職業性畫家的創作方面有了較大的自由度，加之明中期江南地區經濟的發展，市民主體意識的覺醒，城市商業快速崛起等因素的綜合，更是給繪畫創作帶來便利的條件。

　　對於明代江南地區的時間和地域單元的選擇，同樣是筆者考慮到的問題，明成化至明隆慶年間，即 1465～1572 年間所發生的江南繪畫的活動是筆

者關注的時間段；地域方面，明代「江南」不是一個簡單的地理概念或是獨立的行政區的概念，周振鶴先生說：「江南不但是一個地域概念——這一概念隨著人們地理知識的擴大而變易，而且還具有經濟意義，——代表一個先進的經濟區，同時又是一個文化概念——透視出一個文化發達的範圍。」〔註1〕根據這一理念，江南經濟與文化概念上的認識也得到學術界的極大關注，明代江南的文化圈作爲一個特有的範疇日益得到重視，鄒逸麟先生曾論述到：「江南地區，自唐代後期以來，在中國人心目中已成爲備受關注的地區，其地位不亞於漢唐盛世的關中，……明清時期江南地區在經濟文化諸方面居於全國的領先地位，已爲不爭之事實。」〔註2〕

　　明代中期江南的文人畫家和民間職業畫家之間的比較是筆者研究的重點，文人畫家所代表的階層迥異於出身市民階層的職業畫家，他們的師承關係和作品風格形成的角度上也不同於民間職業畫家，文人畫家大多擁有精英階層主導的話語權，他們或多或少地具有官方或出仕背景，良好的家庭教育和生活條件都在物質上給他們很大的保障，家族沿襲下來的審美習慣和精雅的生活方式，都給文人畫家潛移默化的影響。此時的江南文人畫家，在繪畫作品上的追求大多還是延續元人的繪畫傳統，追求脫俗清雅的風格。在生活方式上，這些文人畫家卻沒有採取遠遁山林的方式，他們大多還是選擇了城市生活，多採取修建園林這一方式來得到心靈與物質的平衡。一定程度上講，這些文人畫家的繪畫創作不是單純的自娛自樂，其中還帶有了某種功利色彩，因爲不論是交往應酬還是鑒藏交易，都有明顯的世俗意味，可以說他們的作品追求脫俗，但是他們的生活卻不離俗世；而在民間職業畫家的群體當中，他們也有相應的向上的意願，但是由於種種條件的限制，只能最終將他們局隅於職業畫家的範疇當中，民間職業畫家爲了自身的生計，自然會接受當時市民的審美風尚，同時考量自身所處的現實環境。

　　在繪畫作品的經營和構建上職業畫家也希望同時得到精英和大眾兩方面的認可，不論是唐寅的風格突出，還是仇英的精於摹古，他們都在自己的作品中滲透出獨有的冷靜思考，因爲左右他們繪畫風格的因素，並不全是自己的興趣使然，但是他們所處的年代、地域、自身的經濟地位、畫家本人的性

〔註1〕周振鶴《隨無涯之旅》，三聯書店1996版，第334頁。

〔註2〕鄒逸麟《序》，馮賢亮《明清江南地區的環境變動與社會控制》，上海人民出版社2002年版。

格和際遇這些因素都可以影響到他們作品的風格面貌。一些成功的畫家也要考慮到當時的實際狀況，在江南社會中佔有某種地位，而且具有經濟實力的畫家，也得符合四周環境對自己的期望，他們所選擇的風格也因此受到影響，甚至因此而受到某種程度的制約。這一點上，民間職業畫家所受到的制約就更加明顯，文人畫家與他們的區別，以及彼此畫風的差異，也可以用同樣的方式來解釋，不論當時的文人畫家的技巧如何純熟，都不可能完全脫離自己的領域，而進入以技巧性為主的職業性畫家所繼承的風格範疇當中；民間職業畫家在某種程度上，縱然已經受到文人畫家的影響，但是無法藉此拋開自己熟練的繪畫技巧，畢竟民間職業畫家的創作不是為了自娛，純粹的文人畫的風格對他們而言是有差異的。

觀察這類民間職業畫家，往往有以下的特徵：中下階級出身，或是家境貧困，幼時天資聰穎，接受的教育亦是以科舉為目的，其中兼顧持家為目的，他們當中或許是中途受挫，從而行為怪誕，有時候伴狂放逸、有時候想靠曲線上升的路徑，如唐寅等人，他們參與通俗的市民文化創作，愛好優雅的都會生活，縱情酒色，願與富貴或是有權勢的人結交，但是卻不至於諂媚承好，在一定程度上保持著自己的獨立性，他們有的是出生地不在較大的都市，但這類畫家卻活躍在繁華的城市中，比如南京或是蘇州，因為他們無法轉變為純粹的文人畫家，但是也有別於一般意義上的民間職業性畫家，所以就其社會地位和藝術成就而言，可以將其稱之為『有教養的職業畫家』。〔註3〕

考慮到文人畫家和職業性畫家的區別是內在的，兼顧到他們的身份和職業的屬性問題，各自的價值觀和繪畫的師承及源流問題，就需要對他們的作品細加甄別。外部的環境的對他們的影響也是重要的方面，因為在社會審美風氣的裏挾下，個人的繪畫活動不可避免地受到某種程度的制約，不同階層的畫家以什麼樣的態度應對這樣的變化值得關注，因為「風氣是創作裏的潛勢力」，〔註4〕任何一個畫家不可避免地受某種風氣影響，他們總是在特定的社會條件下進行創作。這個風氣必然影響到畫家對題材、樣式的選擇，在給予機會的同時又限制了創作者的範圍。所以，文人畫家即便要傳承他們所認定的風格，但是也會以有所保留的態度來迎合市民階層的審美口味。而這樣

〔註3〕 有教養的職業畫家：本文中用來區分明中期江南整個民間畫家群體中繪畫水平高，藝術修養較好，鑒賞眼力強的那部分畫家。

〔註4〕 錢鍾書《七綴集》，上海古籍出版社1985年版，第2頁。

風氣的狀況對於那些職業性的畫家群體而言，他們既要在這種風氣中施展自己的才華，但是同樣想獲得文人階層的首肯，提高自己作品的格調和水平。

在市民階層的職業畫家中，如唐寅之類的人物參加科舉取士，是想通過這樣的方式來改變自己的身份，這是當時社會趨勢所導致，因此一部分民間職業性的畫家們會通過應考的手段和方式來達到這樣的目的；而像仇英之類的出身於髹漆工匠的職業性畫家，因爲自身所受到的文化教育的制約，由此靠攏收藏家和鑒賞家也就成爲他們必然的選擇，因爲在收藏家的活動範圍裏，他們可以贏得一定的聲譽與訂件，可以獲得經濟利益並產生社會效益，從而保障他們的繪畫創作活動。

唐寅、仇英這些人多少與沈周、文徵明等文人畫家的境遇有所不同，因爲從沈周、文徵明等人的境況來看，他們並不單純地依靠繪畫作爲謀生的手段，世家背景和廣闊的交際圈都是他們不可或缺的資源；因此，不可忽略的是當時的社會狀況，尤其是文人士夫之間的複雜的人際關係網絡、較爲趨同的生活方式等，而社會的審美風潮又是涵蓋面很大的範疇體系，其中既有文人畫家承接元人的風格因素，又有民間職業性畫家傳承宋代院派作風的傾向，兩派既對立又融合，形成一種錯綜複雜的繪畫態勢，從而也揭示出明代中期江南多元的畫界生態。

至於明代中期之後出現的一些評論體系的研究，尤其是對文人畫家和職業性畫家的評述問題研究，筆者將重點放在董其昌提出的「南北宗論」〔註5〕及此論斷的緣起及影響方面。因爲在中國畫的評價體系中，董其昌這個觀點的提出，不論偏頗與否，這段公案都對後世中國畫的發展起著深遠的影響，也在一定程度上拉開了後世中國畫以水墨表現形式爲主的大幕。直到今天，這樣的影響也或多或少的存在，強調筆墨的因素也成爲當代中國畫理論界爭論的焦點之一，筆者仔細梳理後認爲，其主要的根源還是來自董其昌的理論，後世的爭論只是其餘緒而已。因此，必須要再次審慎地看待這個論斷的合理性，尤其是明代的民間職業性的畫家群體，他們沒有對自己的作品進行更多的闡述的情況下，條析縷陳地梳理他們的作品以及世人對他們的評價是極有必要的工作，畢竟他們是當時及史料當中沉默的大多數。

〔註 5〕 南北宗論：是明代董其昌提出的一個繪畫藝術理論，對後世的中國畫創作和理論導向有深遠影響。

1.2　研究手段及方法

　　對於明代中期江南文人畫家與民間職業性的畫家研究，筆者在整個的章節設置上，還是按照歷史時期、社會環境、審美趨勢、個體家世及經歷入手，從大到小的研究方法是筆者行文的方式，因爲只有將逐個的單元放置在一個大的時代背景之下，才能夠看清原有的面目，當時的畫家爲什麼這樣選擇，出於審美的因素還是出於社會接受性及認可度的考慮，畫家的個性因素在大的社會性選擇面前，會是一個什麼樣的呈現，這些都是引起筆者興趣的問題，因此筆者列舉三條主要的研究思路：

　　其一：對於現有可資利用的史料進行梳理；把握大體，掌握相關的共性史料，這不僅是理清明代中期江南社會狀況的必要手段，更是有助於在眾多的史料當中發現問題和提出問題，也是觀察具體現象的必然途徑。盡可能地將具體的人物關係恢復到當時的歷史語境中去，因爲只有最大程度地尊重當時的歷史狀態，才可能不帶更多的偏見進行研究，客觀地講，所有在中國繪畫史上留下姓名的大師們，他們都在特定的社會歷史環境下展開各自的創作活動，他們對於傳統的優勢繼承是主要方面，但是客觀地對待分析對象是基本的研究態度，對於史料的選取盡可能地做到不去神話一些文人，也盡可能地不忽略一些民間藝人，這是筆者作此研究的基本出發點，雖然不可能完全避免一些影響，但是筆者儘量做到這點，因爲完全客觀也是在研究中無法達到的。明代的眾多筆記雜談中介紹了不少關於畫家的軼聞故事，作爲旁證材料的出現，筆者亦有引用，這是相關研究的第一手材料，其中的不少論述都很有見地，在後世的筆記中也很有影響，如何良俊的《四友齋叢說》、謝肇淛的《五雜俎》和李日華的《味水軒日記》等等，不一而論；國內出版的關於中國明代繪畫史方面的著作亦有不少，資爲可用。在研究中，對縱向性的史料記載是必要借鑒分析，但是重點畫家之間橫向比較的關係卻不能被大的歷史脈絡所覆蓋，因爲研究不能僅僅停流於一般性的介紹和闡述，對社會環境和生活常態的分析都是爲後面的具體的畫家作品作鋪墊，相關作品問題的提出首先具有社會性的特點，所以還不能只是停留在繪畫面技巧層面上的介紹，必須要深入探討，否則就顯得蒼白簡單；這個問題的解決，海外和臺灣諸多學者的論述給筆者提供了不少研究思路，其深刻程度亦爲可觀；尤其是對具體畫家的研究成果成爲筆者的必要參考。

其二：筆者盡可能的對畫家的具體作品進行深入探討論述，論述中不僅僅提供畫面描述性的文字；在研究過程中筆者觀察到，在任何歷史語境下，畫家的創作和特定的社會環境關係都十分密切，只有在大的社會背景範疇下，才有可能還原當時的畫家們所採取的創作手段，以及他們所能預計取得的成果。文章將會取用適當的圖片資料，以資闡述畫家們的傳承關係和作品風格漸變的過程。對於具體的繪畫作品，筆者還認為，研究者必須盡可能地滲透到作品背後，去發現作品中的社會性緣由，因為從古至今，繪畫作品的出現都具有明確的目的性和功能性特點，純粹自娛性的繪畫作品在繪畫史上實在為數不多；進一步考察明代中期的江南，可以感受到當時的社會狀況和市民階層中出現的一系列審美思潮的變化，由於市民階層力量的壯大加之文人生活方式的影響都是值的筆者關注的內容，繪畫這一具體行為在不同階層、不同作者手中，會有不同的用途，繪畫的功用不光體現在日常社交應酬中，還有明確的商業目的；對於繪畫這件具體的工作，不論是文人畫家還是民間職業性畫家的創作態度都極其認真嚴肅，這也是他們秉持的一貫態度，其繪畫構思之巧妙、畫面製作之精良和效果之突出已成為後世師表，所以對這些作品的闡述必須細緻而且周到，這也是筆者在具體研究中的重點部分。

其三：對於現有的美術史料中的相關敘述，尤其是文人對於職業性畫家的論述，採取客觀的分析的態度，以史為鑒、以實為據，用現今留存的作品來進行分析，以觀念和實踐相互動的手法來闡述文章的觀點，最大程度地迴避先入為主的論述，因為在中國畫的評價體系中的思潮不是一以貫之的，在不同的時代會出現不同的評價方式，而這些評價不可避免的都有自己的局限性，所以對既有的評述作出梳理實有必要，尤其是對繪畫史上不掌握評價話語權的那部分職業性畫家，盡可能作正本清源的研究，因為觀念的衍生首先是尊重事實為前提，繪畫作為實踐的具體呈現，對於驗證其理論的合理性有積極意義，具體的作品案例分析也是多重因素相融匯的綜合體，只有諸要素的交融才有可能形成豐富的作品面貌，單純究其一家之言很容易陷入偏見之中，這也是筆者要規避的研究風險。

1.3　國內外相關研究動態和文獻狀況

已有的國內外相關的研究與文獻大致有以下：

古籍方面：

史料方面及畫家的個人傳記的相關引述上，《明史》是不可或缺的著作，因爲《明史》是明代的正史，是官方認定的研究明代歷史的權威材料，尤其是對相關畫家的個人傳記，在《明史》上有精闢的論述，可以讓後人知道這些人當時的基本狀況，並且《明史》當中記載大量的社會性的資料，對於明代政治、經濟、社會狀況都有較爲詳盡的記載；明人何良俊在他的《四友齋叢說》中，較爲細緻地將當時的一些重要畫家的作品和手法作了記載，對於他們的傳承關係和畫作的評價有相關的評述，並且《四友齋叢說》對明代社會情況各方面都有所涉獵，爲不可多得的筆記史料；明人沈德符的《萬曆野獲編》，此書記載了從明代初期到萬曆年間的典章制度、人物軼事、山川風物、繪畫工藝等內容，是研究明代社會生活方面的重要史料；明人謝肇淛著的《五雜組》，此書與《萬曆野獲編》有相近之處，也是明人記載當時社會的第一手資料；文徵明後人文震亨的《長物志》，此書對於研究明代文人的生活方式、園林構築、家居陳設、古玩字畫等生活細節有重要的參考價值，可以作微觀深入的研究，是文人描繪自己生活環境的第一手資料；明人李日華的《味水軒日記》，此書對於明代文人的藝術收藏和鑒賞方面有具體的記載，在研究繪畫作爲商品這點上有確切的材料依據，可以讓筆者在其中探尋到有價值的史料；中國書畫全書編纂委員會主編的《中國書畫全書》，是一套至今爲止最爲全面的介紹中國畫論的集成之作，把中國歷史上具有代表性的繪畫理論基本收入，對於研究中國畫理論起到了工具書的作用，筆者在研究中國畫理論時還參閱了俞劍華先生編著的《中國畫論類編》，與《中國書畫全書》形成互補性參閱，俞劍華先生的《中國畫論類編》主要是對中國畫有明確的分類梳理，山水、人物、花鳥等科目清晰，查之一目了然，《中國書畫全書》則是以歷史爲主線，把重要的中國繪畫理論著錄按時間進行排序，查閱中方便研究者認清理論中的源流關係；董其昌的《畫禪室隨筆》；對於董其昌的《畫禪室隨筆》掌握，可以具體研究董其昌的『南北宗論』，之於後面分析董氏理論的形成和影響有重要作用。在相關的畫冊上，筆者主要依據中國古代書畫鑒定組編撰的《中國古代書畫圖目》（24 冊）《中國繪畫全集》（30 冊），由北京文物出版社和杭州浙江人民美術出版社聯合出版，這是目前爲止國內出版發行的最全

面畫冊工具書之一，收錄了大部分中國歷代有代表性畫家的作品；海外藏中國歷代名畫編輯委員會編的《海外藏中國歷代名畫》；還有國立故宮博物院編修的《故宮書畫圖錄》（30 冊），上述三個部分形成主要的圖片來源；鈴木敬編修的《中國繪畫總合圖錄》（5 冊）及戶田禎祐、小川裕充編定的《中國繪畫總合圖錄續編》（4 冊）也是重要的圖錄補充材料，當然還有與之相關的畫家的個人畫冊和精品集等著作、圖冊也是筆者參閱的重要部分；另外其他一些國內博物館的藏品也是筆者關注的對象，如北京故宮博物院藏畫、臺北故宮博物院藏畫、美國大都會博物館藏畫、中國國家博物館藏畫、上海博物館藏畫、南京博物院藏畫、重慶市博物館、首都博物館藏品等著名的館藏地，其餘部分不一而論。

深入研究過程中，海內外學者的著作是筆者參閱的重要部分，如：《江岸送別——明代初期與中期繪畫 1368～1580》，是美國學者高居翰的代表性著作，此書探討明代初期與中期中國畫的發展，除了討論明代畫家如何延續元代的繪畫成就，尋求創新之外，也探討了院派作品對宮廷繪畫與浙、吳（蘇州）、南京等地方畫派的影響，以及這些地方畫派的表現及其發展。作者對於不同階層的畫家的社會、經濟地位與其繪畫風格形成之間的關係，有極為精闢的討論，文中對文人畫家和職業性畫家的關係做了細緻的論述；此外，高居翰的《山外山——晚明繪畫 1570～1644》，此書中介紹了晚明經歷了改朝換代巨變，也由於朝廷體制的鬆動，文人思潮出現了活潑、多元而富批判性的傾向，畫家與政治的關係詭譎而複雜，各種境況的綜合造成了畫壇空前的大震盪。在書中，我們可以看到各種不同類型的畫家及其繪畫作品，從而可以瞭解到，中國繪畫到了晚明時期，無論在形式的發展、內涵與意義的豐富性以及實踐上，都已經發展到未有的複雜程度，評價體系的建構也在這一時期呈現出來，對後世的影響深遠；高居翰的《畫家生涯》一書，主要討論中國古代畫家的工作方式和繪畫創作的目的，尤其是從元至清代晚期畫家的工作與生活，高居翰先生在這本書中，列舉實例，試圖打破古代文人畫家純粹自娛遣興的傳說神話，從實際的社會生活層面出發，考察了不同階層畫家的生存狀態，他們如何把自己的作品作為社交性的禮物去交際應酬，如何通過賣畫來維持家庭生計，如何忙於應付各種畫債，或敷衍了事或雇傭幫手，而對於收藏家、繪畫贊助人和特定的顧主來說，他們如何從畫家手中獲得滿意的作品，他們的希望和目標性要求對畫家的創作能起多少作用，他們怎樣判斷

獲一件作品是應酬之作，還是一幅眞正有收藏價值的心血之作等等。一言以論之，作者在選取文人撰寫的主流敘述之外，通過搜集大量當時的題跋、筆記、往來信件等容易被忽視的細節材料，給觀衆展開了一幅自元明之後，隨著商業的繁榮，社會各階層對繪畫作品的需求量增加，不同層面的畫家們在謀生與創作中的生動實景，也使觀者更具體地瞭解到一幅繪畫作品創作的原初情境和動因；英國學者柯律格著的《雅債——文徵明的社交性藝術》一書，本書在文徵明研究中，用微觀社會學的方式開闢了新的研究領域，全書通過具體的案例描述了明代中期書畫泰斗文徵明以繪畫之名的人際社交活動，反映了明代複雜的文人間的社交關係，作者以社會藝術史的角度重構了文徵明書畫創作的過程，傳統文獻中被反覆強調的畫家或藝術家個體被還原爲特定的社會關係網絡中的文人雅士，揭示出文徵明在各種不同的場合、不同的時機中展露出他的才華和性情的原因，從人情義務與禮物交換的角度重新審視文徵明書畫創作的動機；《明代的圖象與視覺性》也是柯律格的著作，書中展現了明代中國經濟的迅速發展，由於在經濟領域出現前所未有的繁榮面貌，文人和民間職業性的畫家，也正是得益於這種傳統社會的早期消費模式，文化奢侈品消費者的數量激增，隨之而來的是繪畫和其他工藝領域的迅速發展，圖象是該時期主要的消費品之一，各種形式的圖象不僅以獨立的方式存在，還出現在牆壁掛畫、書籍插圖、宣傳性的印刷品、實用的地圖、陶瓷製品的裝飾、漆盒的描繪、紡織品紋樣設計，甚至是華麗的宮廷用品上，這些作品最初只包含一些規則的紋樣或動植物圖形，後來擴展到描繪風景景觀、歷史人物或者重要的歷史事件，或是以文學作品插圖形式來構建出文字與現實世界的密切聯繫，是研究明代圖象生成的很好的參考資料；此外，還有張珩、謝稚柳、徐邦達、劉九庵、楊仁愷、啓功、石守謙、方聞、巫鴻、李霖燦、傅申、陳葆眞、李鑄晉、卜正民等先生的著作也多有參考。

　　筆者在畫史理論的選擇上，張連，古原宏伸主編的《文人畫與南北宗論文匯編》是重要的參考資料，這是一本集古今作者的對於文人畫與「南北宗論」展開大討論的合集，是目前國內最爲齊備的關於此理論及文人畫家與職業畫家討論的著作，具有工具書的作用，也是理清歷史上對待這個問題的必備參考書；《畫史心香——南北宗論的畫史畫論淵源》張郁乎著，此書把「南北宗論」問題引向歷史源頭進行闡述，書中還原了『南北宗論』問題所涉及的繪畫史上的一系列重要課題，如唐代王維如何被推舉爲繪畫中的「南宗」

之祖，把「南」、「北」兩系、米芾、米友仁父子的特殊意義有所交代，又將
元代董、巨系統的建立等問題做了細緻的研究；另一方面對「南北宗論」形
成的理論背景問題，如文人畫與院體畫如何產生相分離的思維傳統等都做出
了相應的解釋，也對明人的繪畫批評與畫史重建構等問題做了詳盡的分析；
在還原明人的生活場景方面，花木蘭文化出版社出版的金炫廷著《明人鑒賞
生活》是很好的參考，書中詳盡地記述了明代文人士夫的鑒賞生活與優游林
下的人生態度，對明代生活中的方方面面和士人的點滴玩好都有細緻的記
錄，成爲此中研究的力作；《明人山居生活》朱倩如所著，亦花木蘭文化出版
社出版，此著作論述了明代山居人士的政治傾向到自動選擇山林生活的過
程，明代山人在明代高壓的政治態勢下，用佛道隱逸的方式來決定自己的文
化命運，讀之使人釋然；《文徵明集》與《唐伯虎全集》以及沈周的《石田稿》
也是筆者關注的對象，包括他們的相關年譜都是很重要的資料，在簡潔客觀
的記述中我們可以知道這些文化名人的具體經歷心路過程。

　　筆者在圖錄和個人畫作及專集的選擇上，還發現不少著作可資採用，除
前面所說的《中國繪畫全集》以外，還有紫都、耿靜編著的《仇英》一書，
此書從仇英的生平和繪畫的主題上做了基本的梳理，對歷代名家對仇英作品
的品評也做了相應的論述，是一部宏觀介紹仇英爲主的著作，這種介紹對於
仇英的基本研究提出了一個初步的脈絡。其次是臺北故宮博物院出版的《仇
英作品展圖錄》一書，這本著作就仇英的作品層面上做了精緻的挑選，文本
主要以圖片介紹爲主，較爲系統的將仇英的作品做了分類，印刷精良，是一
部高質量的研究著作。河北教育出版社於 2011 年出版的林家治先生著《仇英》
一書，是目前所能看到的最新的研究仇英的著作，書中的關於仇英的論述和
品評俱娓娓道來，在針對仇英的身份和其後來的事業成功的角度上，滲入更
多的平民色彩，文章不光是停留在精英話語層面的研究上，這對於筆者對仇
英的研究又打開了另一個視野；《仇英畫集》是天津人民美術出版社出版的大
型畫冊，此書對仇英的作品做了較爲完整的收入，是目前國內關於仇英畫集
最爲完整的畫冊，只是在印刷效果略次；盧輔聖先生主編的《中國花鳥畫通
鑒》，是上海書畫出版社出版的整套叢書，《吳郡花草》是其中的第九卷冊，
此冊中主要介紹了仇英及吳門一派的花鳥畫作品，文字較爲精練，圖片質量
較高；《仇英——人物故事圖冊》，北京文物出版社出版，北京故宮博物院藏
的仇英的代表作，圖集中收錄了仇英的人物故事圖全冊，活頁版本印刷樸素，

古色古香有歷史感；仇英繪製的《清明上河圖》，是天津人民美術出版社出版
的大型畫冊，楊東勝主編，為目前國內出版的，關於仇英代表畫作的最佳印
刷版本，圖片質量很高，相關細節都非常充分，文字介紹的內容翔實，是極
佳的研究版本；《列女傳》，仇英繪圖本，明代刻本，共計四卷，其中的仕女
圖畫線描俱為仇英所作，線條流暢，筆法精練，是難得的研究仇英人物畫的
粉本，從而可知仇英作為一個來自民間的藝術家與民間版畫的關係；由臺灣
錦繡出版事業股份有限公司出版的《中國巨匠美術週刊——仇英卷》，這本書
也是對仇英的生平和畫作做了基本的梳理，此書的亮點之一就是對仇英的具
體的繪畫作品做了較為詳細的闡述，對於本人研究仇英提供了一個方法上的
引導；再次就是臺灣國立故宮博物院出版的《明中葉人物四家特展》一書，
書中對明代中葉的四位具有代表性的藝術家杜堇、周臣、唐寅、仇英的作品
進行了比對研究，在畫面的筆法和風格上做了極有價值的比較，圖片清晰，
製作精良，極具借鑒價值；《明四家畫集》是天津人民美術出版社出版的一部
大型畫冊，將明代吳門四家的相關作品都做了收入，大部分是集中了國內知
名博物館的館藏，有很好的參考價值；《明四家精品選集》是上海博物館精選
的明四家作品，大部分都是明四家的精品系列，和上述的《明四家畫集》可
以相互參照閱讀；此外《沈周》畫集、《唐寅畫集》、《文徵明精品集》和臺灣
版的《文徵明畫繫年》都是研究他們作品的極好材料，以下還有若干資料限
於篇幅不一而論。

1.4　研究的學術意義和理論價值

　　本文研究的重點放在明代中期江南地區的文人畫家和民間職業性畫家，
關於這個部分的論述，常規中國繪畫史上的介紹較為簡略，所以筆者認為有
必要進行深入研究，尤其是不能簡單地將其劃歸為簡單的門派或畫派；如果
從地域性上進行考察，這種門派式的寫作有其必要性，但是這樣劃分的線條
未免過粗，如依從貢布里希所言，沒有藝術史只有藝術家這一觀點進行討論
的話，藝術史抑或繪畫史的確是由個體的藝術家或畫家所組成，研究具體的
藝術家和畫家的必要性就顯得極為重要，因為在大的社會生活環境和社會審
美風氣中，藝術家和畫家個體所做的選擇和決定都具有多重因素的考量，繪
畫活動不是單純意義上的自發行為，其中帶有明顯的社會性因素，由此筆者

則著重考察這些作品出現的內在動因，對於畫家本身而言，他們也是社會中的具體一分子，其成長過程都帶有某種被決定性的色彩，但是在常態寫作中的美術史更多強調畫家們的個性因素，或多或少地誇大了個體的力量，並且在以往的美術史的闡述中，多是對他們成熟期的作品做出分析，許是篇幅緣故，過往的美術史在某種程度上弱化了他們早期的學習過程，實際上分析他們在早期的學習和被培養的過程是研究中的重要組成部分，研究有關他們家族內部的教育和父輩們的交際圈，可以在外圍作出瞭解，這些因素的存在對這些人後來的成功其實起著潛移默化的作用，當然在他們成熟之後，有能力進行自我選擇，但是這種選擇的前提是他們也在精緻地計算其中的代價；當中，文人畫家特立獨行的同時實際又兼顧著世俗人情的關係，民間職業性的畫家在迎合市場的時候也保持自我的價值追求，兩者在一定層面上產生交匯；筆者在研究中觀察到彼此的師承關係、家族關係、宦僚關係、作品的市場供求關係相綜合，所以形成錯綜複雜的明中期江南畫壇的景象。

筆者在研究中還觀察到：首先，明代中期的江南是中國繪畫藝術發展到巔峰的地區之一，同時還出現了不少新的變化，一場更大的繪畫革命也是在此地發生，中國繪畫史在這個時期出現了許多著名的畫家，具有爭議又影響深遠的繪畫藝術理論也在這一地區出現，院派、浙派、吳派等流派對清代中國繪畫乃至近現代中國畫的發展都起著關鍵的作用；其次，明中期江南的繪畫與中國宋元繪畫傳承有重要的內在關聯；中國古典繪畫審美體驗的直接來源中就包含著對明代中期江南繪畫的認知，同時也是瞭解中國繪畫美學的開端和基礎之一，掌握明代中期之後江南的繪畫態勢與風格轉變，有助於理解中國繪畫史上的重要轉折點。在繪畫評價體系上的討論，如果僅僅是根據董其昌較為偏頗的理論來看待問題，只會得出簡單的結論，而且，這也不是真正的歷史原貌；明代的文人畫家與民間職業畫家的作品既有聯繫又有區別，就其關聯性方面而言，他們大多有著密切的個人交往，在繪畫創作層面有著相互的提攜和借鑒，這有助於相互間繪畫水平的提高；另一方面，文人畫家和民間職業畫家又保有自己作品的面貌，不會做輕易的改變，他們在社會階層對其的作品認同上有著自己的恪守原則，彼此都認識到自身的獨特性，而這種恪守的繪畫原則有助於畫家確立自己的面貌和繪畫樣式，從而使自己的作品更加容易被辨認出來，並有助於加強市場的認可度；再次，明代中期的江南繪畫經歷了明顯的變化，有著動態研究的意義，筆者對於這一時期的選

擇，出發點不是單純對斷代史的考慮，而是要考察特定時期中國繪畫史中所呈現的多樣性、動態性問題，在宏觀角度下採取微觀的論述方式，將畫家群體作爲一個特定的社會生態圈層進行切片研究；對於畫家個體研究是論文中重要的組成部分，筆者盡可能地將特定對象還原於當時的歷史情境之中是主要動因，因爲只有最大化地恢復出當時的社會環境，才是客觀的看待個體畫家生活與創作的前提，少了這樣的環境依託就等於孤立地將畫家抽離出來，沒有社會關聯性的研究會顯得單薄蒼白，而且對於成爲畫家這個社會角色，其實也不一定是他們人生中的首要選擇，而爲什麼會有這樣的結果出現，其中還存在著其他因素的影響與制約，他們各自的人生軌跡不同，或是較爲圓滿、或是流於失意的結局並存；他們各自的性格亦是迥異，或是張揚、或是沉靜也導致不同的境遇；所以細加分析就會觀察到其中諸多隱性線索，在大的社會理論框架上進行梳理，再作微觀化的個體觀察，結合宏大敘事的觀點進行細緻具體的人物研究，結合史料，在微觀社會學的角度闡釋明代中期江南所發生的美術現象；上述這些，是筆者研究的理論價值所在，同時也是筆者研究的意義所在。

1.5　結構安排

第 1 章緒論部分主要是把論文研究的主題、相關選題的背景、現存文獻狀況和研究的意義及價值做一個簡要的敘述，此章作爲論文的開始階段，作爲引論部分，這 1 章對現存的資料性的引述有重要的價值，因爲筆者的研究首先是在一定基礎上的論述與闡發，爲引出自己的觀點作相應的鋪墊，但就其文字上相對簡潔。

第 2 章，筆者主要是在大的社會環境和審美角度將明代中期的江南進行介紹，爲論文的主要論述做好下一步工作，重點在介紹明代中期江南的文化、經濟和社會方面的狀況，討論不同階層的畫家的師承和他們的交遊圈，因爲在大的文化背景下面，不同的畫家會作出相應的選擇，也導致他們各自作品面貌的不同，社會環境、經濟條件及生活常態層面上的探討，是闡述不同繪畫作品產生的外在原因。

第 3 章，主要是介紹文人具體的生活方式和鑒藏活動對他們繪畫創作的影響，因爲在生活方式的選擇上，已經可以看出社會審美思潮對他們的影響，

文人畫家和民間職業性畫家的生活方式在某種程度上又具有趨同性，這也為他們的日常交流打下物質基礎，而在審美鑒藏方面，不同的畫家群體又有各自的喜好，然而這樣的喜好與畫面風格的生成上，他們會考慮到社會的實際需求，這與元代畫家有很大不同，明代中期江南的畫家們不以迎合社會市民的需求為恥，他們並不背離世俗的社會審美風尚，在商業活動中可以見到這些畫家們的身影；筆者在分析具體畫家的同時，有考查他們最初的人生選擇，可以看出這些畫家出世的心態和入世的作為並存；而且，作為畫家身份的這個結果是否就是文人和職業性從業者的首選和初衷，筆者也進行了探究。

第 4 章，筆者主要是從具體的畫家的作品入手，但是沒有在畫面表象的描述上作更多的停留，畫面常識性的話語沒有出現更多，而是深入地探究繪畫作品出現的深層原因，探索畫面背後的社會原因是筆者的主要目的之一，畫家作為社會一份子，他們不可避免地要考慮社會對其的定位，在論述中，筆者用分類的寫作手法，將山水、人物、花鳥各類題材在文人畫家和民間職業性畫家的筆下出現的不同面貌分別作出闡述，為後面推出結論作進一步的梳理分析。

第 5 章，筆者主要從文人畫家和民間職業性畫家的作品評價體系入手，深入討論各自的評價與定位，在話語層面對兩類畫家作品進行探討，分析兩類畫家作品不同評價的成因和對後世的影響，從歷史的角度進行客觀的闡述。

第 6 章，是文章的結語部分，總結前面幾個章節的內容，進行總結和綜合性論述，得出文章的結論，文章還是秉持在大的社會角度進行分析具體人物的方法，人物的社會性考量仍舊是貫穿其中，只是文字內容較前面論述部分稍為簡潔。

文章最後面就是參考文獻和相關的附錄等附件內容。

第 2 章　明中期江南的社會環境和畫家的社交圈

2.1　明中期江南社會狀況和城市經濟發展水平

中國自宋朝開始，社會中的商品經濟因素就日趨增加。至明代，伴隨著社會商品經濟的發展，鄉村城市化都市化進程加快，中國傳統繪畫也呈現出新的面貌。在中國繪畫史上，明代中期後江南地區的畫家們的創作影響深遠，並且他們形成聲勢浩大的地域性繪畫創作群體，這些畫家的創作不光繼承了宋元等前輩大師的傳統，而且爲後世中國畫創作開拓出更加廣闊的天地，在論述明代中期江南的傳統繪畫之前，筆者有必要先行理清當時的社會環境、經濟條件和城市生活狀況。

明代中期的江南在地理條件上，河流湖泊眾多、港汊交錯遍佈；果林花木繁茂、腴田沃野阡陌縱橫，良田千里一望無際。經過宋元數百年的移民與開發，此處早已成爲家喻戶曉的魚米之鄉。

時至明代中期，江南地區新興的棉作經濟、蠶桑經濟以及其他經濟作物栽培並與之配套的手工業，商品化生產結構，遂使之成爲中國經濟發展水平最高的地區，當時的蘇州府，轄吳縣、長洲縣、常熟縣、嘉興府、崑山縣、嘉定縣 6 縣和太倉州 1 州，是明代中國首屈一指的財賦重地，萬曆《大明一統志》記錄了中國 260 多個府州的稅糧數字，排名前列的就有長江中下游流域的蘇州、杭州、湖州、常州、松江、嘉興六個地區，而蘇州一府的稅糧則占全國稅糧的將近十分之一。江南的手工業、商業、農業等產業部門已進入

商品經濟領域。經濟的發展，商品的茂盛，造成城市的繁華。昔日名都大邑更加繁盛，昔日交通樞紐碼頭或農村集市墟場發展成為新興的市鎮；市鎮對城鄉經濟和社會的發展起到巨大的推動作用，在江南地區分佈尤其密集。在各地城市和集鎮中，人煙稠密，屋宇櫛比，店鋪填塞，百貨雲屯，財富山積，這些情況在明人王士性的《廣志繹》和張瀚的《松窗夢語》等著作中均有翔實的記載。商品經濟的高速發展拉高了城鄉消費水平，與之相適應的城鄉消費水平提高又進一步促進了商品經濟的崛起。城鎮供市民消費的場所，方式多種多樣，酒樓、茶肆、戲園、書場、青樓、賭場，應有盡有。

政治上，張居正的「一條鞭法」〔註1〕改革，把按戶、丁派役的方法按丁、糧派稅，與夏秋兩稅和其他的雜稅合為一條，一律徵收銀兩，政府再用銀雇人充役。這種方法一方面有利於均平賦稅，另一方面也推動了貨幣經濟的發展，張居正的改革和其他一些措施，雖然是為了維護統治，將賦稅貨幣化，增加財政收入，但在客觀上卻大大有利於無田或少田的商人，使得經濟的發展傾向於商品經濟，更多的商人將資金投入到商品經營當中來，更多的剩餘勞力也從土地上解放出來，加入到商品經濟的行列。此外，明代中期的中國社會不再有強有力的政治控制力，中央政府對地方事物的干涉較之明初有所鬆動，明初時確立的君主專斷的集權控制在後來的歷史進程中有所削弱，皇帝的疏於朝政，懈怠國事，給地方各省帶來惡果的同時也放鬆了許多戒律，地方也就有了相對自由的發展空間，贏得了某種自由度。

在經濟方面、社會觀念與思潮方面，生活方式的取向方面都有了更多的選擇性，相對明初時期簡樸的生活方式而言，明中期以後奢靡的消費習慣和生活狀態充斥於江南，江南的經濟逐步呈現「民間經濟作主，形成人力與物資可以互相交換的公式。」〔註2〕隨著農業和商品經濟的發展，明代的城市出現新的變化，重視商業的思想興起，尤其是江南以蘇州為代表的地區成為各省商賈雲集之地，形成了眾多的大小不一、居民繁盛的城鎮，如蘇州府嘉定縣的南翔鎮，眾多的徽商僑居，日用百貨雲集，在江南諸鎮中富甲一方，羅店鎮亦是徽商湊集，貿易興盛，堪比南翔鎮。吳江縣的百姓生活富庶，城內

〔註1〕 一條鞭法是明代中葉後賦役方面的一項重要改革。初名條編，又名類編法、明編法、總編法等。後「編」又作「鞭」，間或用「邊」。主要是總括一縣之賦役，合併為一條。即先將賦和役分別合併。參見：湯綱、南炳文：新版《明史》，上海人民出版社，1985年版，第435頁。
〔註2〕 黃仁宇《中國大歷史》，三聯書店1997年版，第183頁。

外房屋接棟連片，居民眾多炊煙萬戶。黎里鎮同樣是居民千百家，舟楫船舶輻輳相連，貨物貿易騰湧，喧盛氣象不減大城鬧市。馮夢龍在《醒世恆言》卷十八《施潤澤灘闕遇友》一回中，記載了明代後期蘇州府吳江縣的盛澤鎮商業繁華的景況，〔註3〕這些散佈蘇州四周衛星城鎮尚有如此盛況，蘇州城內貨物店肆鋪面，充溢閶門的市容更可想而知，當時此地就號稱『奢靡為天下最』，〔註4〕「所以顧炎武感歎『蓋吳民不置田地，而居貨招商，閭閻之間，望如錦繡，豐筵華服，競侈相高，而角利錙銖』。」〔註5〕

　　明代中期以後的江南地區，從衣食住行到文化思潮，都發生了一系列顯著的變化。尤其是審美風尚領域，明代中後期的江南社會呈現出迅猛的發展態勢。隨著城市的日益繁榮，手工業生產技術不斷改進，手工業者人數激增，城市中的手工業者不同程度上與傳統的農業相分離，手工業作為主業逐漸成為他們的主要謀生手段，手工業者必須花費更多的精力來進行手工業生產，並且，其產品質量的好壞，直接關係到他們自己及家屬的生活和命運，因此這些手工業者就更加關注於自己的生產工具與生產技術。據徐光啓在《農政全書》卷三五記載：「句容式，一人可當四人，太倉式，二人可當八人。」〔註6〕江南地區「出布匹以萬計，以織助耕」〔註7〕，而這只是在棉紡織業上的一些描述：在江南地區的建築行業中，而是高手輩出，如蘇州吳縣木匠蒯祥（1398～1481），史料對其有所記載，說此人手藝高超，國家的大型工程和基礎建設基本都與他有一定的聯繫，尤其是在皇宮的建造和設計上，蒯祥體現了他出色的工匠才能，並且他對工程建造要求嚴格，幾乎到嚴苛的地步，〔註8〕「蒯

〔註3〕　馮夢龍在《醒世恒言》卷十八《施潤澤灘闕遇友》一回：「市上兩岸綢絲牙行，約有千百餘家，遠近村紡織成綢匹，俱到此上市。四方商賈來收買的，蜂攢蟻集，挨擠不開，路途無佇足之隙。」參見：馮夢龍《醒世恒言》，天津古籍出版社，2004 年版，第 248 頁。

〔註4〕　明代中期的蘇州不僅是商品貿易發達，而且在民眾的消費上也是極其奢靡，故有此說。

〔註5〕　陳瑞林《吳門繪畫與明代城市風尚故宮博物院》（《吳門畫派研究》，紫禁城出版社 1993 年版），第 173 頁。

〔註6〕　徐光啓《農政全書》，嶽麓書社 2002 年版，第 570 頁。

〔註7〕　徐獻忠《布賦序》（伊永文《明代衣食住行》，中華書局 2012 年版），第 9 頁。

〔註8〕　蒯祥：「能主大營繕，永樂十五年，建北京宮殿；正統中，重作三殿及文武諸司，天順末，作裕陵，皆其營度。能以兩手握筆劃龍，合之如一。每宮中有所修繕，中使導以入。參見：《中國古代建築技術史》，科學出版社 1985 年版，第 582 頁。

祥略用尺準度，若不經意，既造成，以置原所，不差毫釐。指使群工，有違
其教者，輒不稱職。」〔註9〕

圖 2.1　明 仇英 《南都繁會景物圖卷》局部絹本 設色 中國國家博物館藏

　　集中在城市的大量人口大多與農業相分離，所以，他們所需要的生活必
需品一定是依賴於市場，城市人口的增加，對商品的需求量也就越大，正德
年間《姑蘇志》卷十二，風俗篇中有過相應的記載，當時吳中地區的人大抵
喜好及時消費，不會在儲蓄這件事情上花費更多的精力，因為他們的生活來
源大多是在市場，也就是說取之於市場，用之也在市場，〔註10〕這種情況下，
農產品與城市的手工業品一道，逐漸成為商品，以前的農民還是偶而將剩餘
的農產品變為商品，但現在就是有意識的將自己的生產所得轉化為可以獲得
利益的商品了。與此同時，城市中廣大的手工業者，他們的生活一般要比農
民好，而且在他們長期與外界的接觸與經營中，開拓了眼界，積累了較為豐
富的人際交往經驗與商業知識。

〔註 9〕　中國科學院自然科學史研究所《中國古代建築技術史》，科學出版社 1985 年
　　　　 版，第 582 頁。
〔註10〕　王鏊《姑蘇志》「大抵吳人，好費樂便，無宿儲，悉資於市」，參見：宋立中
　　　　 《閒雅與浮華》，中國社會科學出版社 2010 年版，第 129 頁。

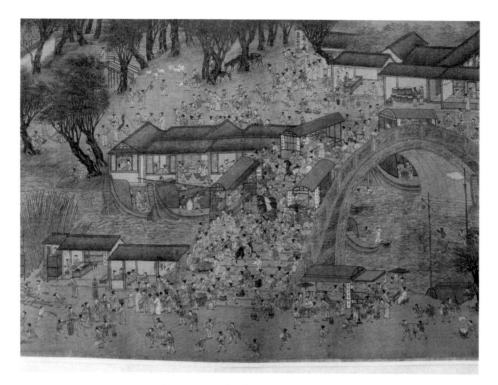

圖 2.2　仇英 清明上河圖 局部

　　杭州，舊名錢塘、臨安，是我國六大古都之一，杭州的位置瀕臨錢塘江入海口，居運河之最南端，物產豐富且交通便利，是浙江的省城，也是明代著名的工商業城市之一。杭州城人口很多，據明成化年的統計，共有九萬戶，人口約三十萬，此後，經濟的不斷發展，人口也逐漸增加，正如萬曆年間《杭州府志》所記述過的，嘉靖初年杭州還是荒草遍地，狐、兔多有出沒，而現在卻是民居比鄰，街頭巷尾雞犬相聞，商品經濟發達，百姓民眾富足，杭州對江南的其他地區也產生了輻射作用，連同一道將整個地區的經濟給帶動上來，〔註 11〕各地生產的日用百貨、家用器具等物品聚齊於此，湖州的絲、嘉興的絹、紹興的茶葉、溫州的漆器、金華的醪酒等，這些物品運到杭州進行交易之後盡得其名。〔註 12〕王士性在《廣志繹》卷四所記載：「杭州省會，百

〔註11〕　《杭州府志》卷十九，《風俗》：「嘉靖初年，市井委巷，有草深尺餘者。城東西僻有狐兔爲群者。今民居櫛比，雞犬相聞，極爲富庶。」參見：張民服《明代人口分佈對社會經濟的影響》史學集刊，2006 年第 3 期，第 30 頁。

〔註12〕　王士性在《廣志繹》卷四記載：「湖之絲，嘉之絹，紹之茶之酒，寧之海錯，處之磁，嚴之漆，衢之橘，溫之漆器，金之酒，皆以地得名。」參見：王士性《廣志繹》卷四〈江南諸省〉，中華書局 1981 年版，第 67 頁。

貨所居，其餘各郡邑所出，……皆以地得名。」〔註 13〕並且，杭州的書籍刻印及出版行業，在宋代就聞名全國，謝肇淛在《五雜組》卷一三，地部，中說：「宋時刻本，以杭州為上，蜀本次之，福建最下」〔註14〕，到明代，杭州、蘇州、福建三地的刻書出版業更加發達，並稱全國三大刻書業中心；客觀上看，書籍的出版和印刷在外部條件上，也說明當時江南地區的文化教育與普及的狀況。

蘇州作為中國的一座歷史名城，在張士誠統治下，蘇州就已經是經過多次修築，城牆更加「高廣堅致，」〔註15〕蘇州又處於長江三角洲，瀕臨太湖，城內外水道縱橫，湖泊棋布，是名符其實的水鄉，而且土壤肥沃，物產豐富，是聞名全國的魚米之鄉，蘇州城即便在社會動盪不安、烽煙四起元末時期都是相對平安之所，只是朱元璋統一天下之後，對江南地區課以重稅的方法，以盤剝當地的百姓，但是隨著時間的推移，蘇州等地很快就恢復了元氣，經濟得到長足的發展，人民生活水平有了長足的進步，〔註 16〕明人王錡（1433～1499）對蘇州有這樣的描述，「正統（1436～1449）天順間，……餘凡三四年一入，則見其迥若異境」〔註 17〕。蘇、杭一帶一向以繁華富饒風景美麗著稱，利瑪竇曾這樣描述過：「這裡是中國成語所說的『上有天堂，下有蘇杭』那兩個城市中的一個。它是這個地區的最重要的城市之一。……這裡的人們在陸地上和水上來來往往，像威尼斯人那樣；但是，這裡的水是淡水，清澈透明，不像威尼斯的水那樣又鹹又澀。……城內到處是橋，雖很古老，但建築美麗，橫跨狹窄運河上面的橋，都是簡單的拱形。」〔註18〕

自然條件是這一地區的先決條件之一，正是因為江浙一帶河道水域縱橫交錯，形成了細密的水道網絡，平原湖泊之間的交通往來便利，為貨運和信息的交流提供了天然的條件，各地區之間的文化交流也因此得到便利，為日後的文化鼎盛局面奠定了基礎。中國歷史上多次政權的南移也促使此地區成

〔註13〕王士性《廣志繹》卷四〈江南諸省〉，北京：中華書局 1981 年版，第 67 頁。
〔註14〕謝肇淛《五雜組》，上海書店出版社 2001 年版，第 266 頁。
〔註15〕王鏊《姑蘇志》卷十六〈城池〉，臺灣學生書局 1986 年版。
〔註16〕王錡的《寓圃雜記》記載：「吳中素號繁華，自張氏之據，天兵所臨，雖不被屠戮，人民遷徙實三都戍遠方者相繼，至營籍亦隸教坊。邑里蕭然，生計鮮薄，過者增感。」參見：王錡《寓圃雜記》，中華書局，1984 年版，第 42 頁。
〔註17〕王錡《寓圃雜記》，中華書局 1984 年版，第 42 頁。
〔註18〕利瑪竇《利瑪竇中國札記》，廣西師範大學出版社 2001 年版，第 338 頁。

爲經濟中心，江南地區人們的勞作，也爲這一地區經濟的發展提供了人力資源上的保障。

　　明朝中後期，皇帝怠政生活荒淫，爲滿足巨大的開支不得不向百姓收取重稅，在經濟政策方面的控制也相對有所鬆動，重農抑商的思想有所改變，促進貿易和城市商業的發展也順勢成爲必然，由此江南地區出現了數量可觀的市鎮，可見下表。

表 2.1　蘇州市鎮表

府州縣名稱		時　　間	市鎮（集墟）數目	材料出處
蘇州府	吳縣	正德	7 { 市 1 / 鎮 6	正德《姑蘇志》卷十八鄉都（市鎮村附）
		嘉靖	7 同上	嘉靖《南畿志》卷十二城社
		崇禎	7 同上	崇禎《吳縣志》卷二市鎮
	長洲縣	正德	9 { 市 5 / 鎮 4	正德《姑蘇志》卷十八
		嘉靖	同上	嘉靖《南畿志》卷十二
		康熙	12	康熙《蘇州府志》卷六，鄉都，市鎮村附
	崑山縣	弘治	7 { 市 2 / 鎮 5	弘治十七年《崑山縣志》
		正德	9 { 市 4 / 鎮 5	正德《姑蘇志》卷十八
		嘉靖	9	嘉靖《南畿志》卷十二
		萬曆	9	萬曆九年《崑山縣志》卷一，市鎮
		康熙三十年	12 { 市 3 / 鎮 9	康熙三十年《蘇州府志》卷六
	常州縣	正德	14 { 市 9 / 鎮 5	正德《姑蘇志》卷十八
		嘉靖	同上	嘉靖《南畿志》卷十二
		嘉靖	16 { 市 12 / 鎮 4	嘉靖《常熟縣志》卷二，市鎮志

	康熙	22 市5 鎮17	康熙三十六年《常熟縣志》卷五，市鎮
太倉州	弘治	14 市10 鎮4	弘治《太倉州志》卷一，市鎮
	正德	14	正德《姑蘇志》卷十八
	嘉靖	14	嘉靖《南畿志》卷十二
	崇禎	19	崇禎《太倉州志》卷二
嘉定縣	正德	15 市9 鎮6	正德《姑蘇志》卷十八
	嘉靖	15同上	嘉靖《南畿志》卷十二
	萬曆	26	萬曆《嘉定縣志》卷一，市鎮
吳江縣	弘治	7 市3 鎮4	弘治元年《吳江志》卷二，市鎮、乾隆《震澤縣志》卷四、《吳江縣志》卷四
	正德	7同上	正德《姑蘇志》卷十二
	嘉靖	同上	嘉靖《南畿志》卷十二
	嘉靖	11 鎮1 市10	嘉靖三十七年《吳江縣志》卷一，疆域街市鄉村附
	康熙	17 市10 鎮7	康熙《吳江縣志》卷三，疆域，乾隆《震澤縣志》卷四，市鎮村乾隆《吳江縣志》卷四，市鎮村

上表引自：韓大成《明代城市研究》北京：中國人民大學出版社，1991 年版，第 691
～692 頁。

　　列舉的圖表中我們可以看出，江南地區蘇州等大城市周邊圍繞著許多中小城鎮，府縣鎮共同構築成為一個龐大的城市圈，不同的分支地域又相互影響、相互促進，密切聯繫，形成優勢互補的經濟圈，在社會思潮、文化觀念上都形成了較為統一的認識。

　　江南地區出現的經濟多元統一的態勢及市鎮的興起對當地的社會文化階層的影響巨大且深遠。初步集約化的生產模式衝擊著原有的自給自足的方式。市民階層的多彩生活和更為複雜的社交形式極大的改變了傳統農業社會下的生存樣式，平淡、緩和的生活節奏被打破，與此帶來的是更多的商業及文化活動。文人、士夫之間的唱和更加頻繁，歌舞喧鬧的劇場和人聲鼎沸的集市，以及繁忙的漕運和對外貿易等元素一齊構成了明中期江南整體的社會

生活圖景。也正是由於社會生活方式的改變，也在潛移默化的改變著人們的思想方式，傳統理念、人生價值的追求，倫理道德觀念等方面都有從微妙到劇烈的變化。

圖 2.3　仇英　清明上河圖局部

在思想文化領域中，文人士夫一直扮演著引領思潮風尚的角色，文人士紳的「導奢導淫」〔註 19〕，很快被作為標新立異受到追捧。其中，市民階層的響應亦是這股世風變化的另一推手。各地的人們借助便利的交通、日益廣泛的商業活動交流，使江南的城市在整個明代社會中成為新的思想的發源地，也是社會思潮和審美觀念對外散播的窗口。

江南地區經濟的長足發展同時使當時的人們可以維持較高的生活水平，整個江南地區人們的生活質量明顯高於其他地區，就以百姓日常生活中的飲酒事情為例，華亭縣的熟酒品質比其他地方的都要好，其原因就是隆慶年間，一個蘇州人帶了三種白酒來到此地並得到當地人追捧，而其中尤以梅

〔註 19〕　范濂《雲間據目抄》卷二〈風俗〉，民國 17 年奉賢褚氏重刊鉛印版。

花、蘭花口味的兩種酒爲佳，在華亭地方開了蘇州酒店，自此，金華、弋陽兩地的酒就被冷落了。〔註20〕對此萬曆時人范濂的《雲間據目抄》有記載：「華亭熟酒甲於他郡，……年來小民之家，皆尚三白，而三白又尚梅花者、蘭花者，郡中始有蘇州酒店……，自是金華酒與弋陽戲稱兩厭矣。」〔註21〕從這段文字可見，當時的平民百姓階層的生活亦維持在較高的消費水準上。在江南的消費觀念上的變化也與明初時節不同，江南的民眾大多都有工作，不必爲生計擔憂，也因爲當地貿易頻繁，大部分民眾工作穩定，無衣食之虞，也沒有強烈的儲蓄觀念，即使轎夫、奴僕對此也不以爲意，白天他們奔波勞作，晚上就在夜市上喝酒買醉，夫婦同樂，第二天自有工作收入；對此，王士性《廣志繹》卷四《江南諸省》記載杭州一帶，「男女自五歲以上無無活計者，〔註22〕……人無擔石之儲，然亦不以儲蓄爲意。即輿夫僕隸奔勞終日，夜則歸市看酒，夫婦團醉而後已，明日又別爲計」〔註23〕。從中可見當時太平盛世下的消費觀念的變化。

　　A・托夫勒在《第三次浪潮》中提到：「生產和消費分裂，人人都依賴市場」。〔註24〕城市的興起和經濟發展筆者已作了相應的論述，但當時的繪畫藝術的發展卻不能簡單地歸結爲城市的興起、商業的快速發展等外部原因，因爲那樣就顯得過於簡單。城市經濟的發展只是當時繪畫形式發生變化的一個誘因，但它不是唯一的因素，具體的細節條件還需得考察。所以對於城市經濟狀況對繪畫影響的分析只是研究中的一個方面。

　　下面筆者將對明代中期江南地區的文化狀況等因素做出論述。

〔註20〕　參見：萬曆時人范?的《雲間據目抄》記載：「華亭熟酒甲於他郡，間用煮酒、金華酒。隆慶時，有蘇人胡沙汀者，攜三白酒客於松，頗爲縉紳所尚，故蘇酒始得名。年來小民之家，皆尚三白，而三白又尚梅花者、蘭花者，郡中始有蘇州酒店，且兼賣惠山泉，自是金華酒與弋陽戲稱兩厭矣。」參見：陳瑞林《吳門繪畫與明代城市風尚》，紫禁城出版社1993年版，第175頁。

〔註21〕　范濂《雲間據目抄》（陳瑞林《吳門繪畫與明代城市風尚》，紫禁城出版社 1993年版），第175頁。

〔註22〕　王士性《廣志繹》卷四《江南諸省》記載杭州一帶：「男女自五歲以上無無活計者，即縉紳家亦然。城中米珠取於湖，薪桂取於嚴，本地止以商賈爲業，人無擔石之儲，然亦不以儲蓄爲意。即輿夫僕隸奔勞終日，夜則歸市看酒，夫婦團醉而後已，明日又別爲計。」王士性《廣志繹》卷四〈江南諸省〉，中華書局1981年版，第69頁。

〔註23〕　王士性《廣志繹》卷四〈江南諸省〉中華書局1981年版，第69頁。

〔註24〕　A・托夫勒《第三次浪潮》，三聯書店1983年版，第39頁。

圖 2.4　仇英 清明上河圖局部

2.2　明中期江南地區的文化狀況和畫家的審美導向

2.2.1　明中期江南的文化態勢

　　明代中期以後，江南地區整體的文化態勢與過往的各個歷史時期都有所不同，與昔日相比，此時社會的物質與文化生活更加多樣，知識階層的情感世界與精神世界更加豐富活躍自由，這對促進個性的全面發展和智慧的發揮，無疑有著重要意義。梁漱溟論及文化這一概念時寫到：「中國文化，是說我們自己的文化，以別於外來的文化而言；這亦就是特指吾中國人夙昔生活所依靠之一切。」〔註25〕

　　隨著商品經濟的蓬勃發展、人們個性解放思潮的興起，對繪畫藝術領域產生很大的影響，在繪畫領域表現尤其突出，以前不願言利的藝術家們，與商品經濟發生越來越密切的關係，用詩文、書畫換取錢貨財物成為普遍

〔註25〕梁漱溟《中國文化要義》，學林出版社 1987 年版，第 2 頁。

的社會現象，而商人和市民階層的經濟實力不斷增強，也形成了日益龐大的藝術消費群體，因此，在明代中期以後，江南地區人們的繪畫風格和審美趣味發生了明顯轉變，注重表達個人情感的作品大量產生，一些文人畫家更是打破傳統文人畫的審美準則，開創了自己特有的畫風，文人畫家和民間畫家都不同程度的強調表現自我，申張個人主體意識，形成追求個性解放與自由的思潮，承認個人的不同的特點，主張順其自然，充分發揮人的自然天性，著重情感與情緒的表達，獨抒性靈的作品大量出現，讚揚和推崇自然美，也正是由於士大夫和商人及市民的交往日益密切，許多畫家本人就是商人和市民階層的成員，促使明代中期以後文人雅趣的繪畫和民間繪畫交流融合，文人繪畫直面世俗化影響，民間世俗的繪畫形式和手法又靠攏文人雅意的趨勢，需要指出的是，明代中期處於社會轉型期的宮廷院派繪畫的影響仍是強大，民間職業性畫家在很多方面仍對此有所借鑒，這個時期繪畫領域呈現出保守與激進，泥古與創新，程序化和個性化同時並存的局面。

圖 2.5　仇英　清明上河圖局部

　　在討論明代中期繪畫領域的變化之前，還必須瞭解的一個顯性層面的因素，那就是在那個時代，社會人口流動的頻繁和原有的「四民」界限的弱化，明初時士、農、工、商的界限分明，社會階層相對穩定，各色人等的階層分化嚴重，至少在文化交流的界限上有明顯的溝隙，這對於文化本身的傳播和影響力上都存在著相互隔閡的因素；但是在明代中期之後，江南社會中出現一個顯著特點就是社會人口的頻繁流動，不同社會地位的群體相互進行易位轉換的頻率較之其他地區更高，出於種種原因，富者驟跌身家，貧賤者一夜暴富的現象時有見聞，棄農經商者以為牟利者大有人在，史料裏面有相關的介紹，正德以前，想當官的百姓人數只有十分之一，十分之九都安於田野，因為這是四個階層的人的生活皆有定規，彼此也沒有更多的逾越，家家戶戶俱是富足，但是隨著後來的賦稅日重，百姓只好遷離土地，改行從事工商行業，四五十年來，這樣的人數已經是十倍於前，鄉村則出現大量的土地兼併情況，為官的情況也是如此，以前官吏的人數沒有這樣多，但是現在官府中人卻是五倍於前，原先經商的人不多，但是現在經商的人卻三倍於前，市井游民也大多不再務農，進入城市找尋生計。〔註26〕故此何良俊在《四友齋叢說》卷十三《史十》中云：「蓋因當事之人要做人情奉承權勢」，〔註27〕從文字中我們不難看出當時不同階層間發生的某種變化，因為在當時的社會情形中，各色人等只有採取相應的手段才能保證自己生存條件。在商人階層中有見識的群體也認識到，商人出身沒有功名同樣難於自保，因此迎合時政、參加科舉謀取功名以求長遠之計的現象比比皆是，明人王士性《廣志繹》卷四《江南諸省》中說：「縉紳家非奕葉科第，富貴難於長守」〔註28〕，這段文字中看出，因為沒有功名即不保富貴的觀念，並且通過科舉贏得功名，再以特權身份謀得經濟利益，在明代已經成為社會主要階層流動的方式；對此，何

良俊有過討論，他說在憲、孝兩朝以前，士大夫官僚家庭還沒有太多的積蓄，但是在正德年後，朝中的官僚等人就開始經營商業以謀利，家財鉅萬者不乏其人，他們以爲這樣就可以保障子孫的生活，但是這種情況不出五六年，他們大多數人所擁有的田產財物已經易主，更不要說保障子孫的生活了。〔註29〕這在《四友齋叢說》卷三十四《正俗一》中有事例可以說明，後來他們還是認識到只有依靠科舉一途，才是保證後世子孫長久發展的必然之路。筆者之後要論述的唐寅也就是因爲這樣的狀況參加舉試，想獲得功名以便保身，只是意外遭遇的科場案導致其仕途路絕，唐寅浪跡江湖市井，筆者將在後文進行闡述。

明中期江南地區四個主要階層及群體的交互作用，出現了亦農亦學、亦學亦儒、亦儒亦仕、亦仕亦商的情況，明中期江南社會文人儒者、官宦工商相互滲透，相互融合成爲普遍現象。在官商互動中當然也難免產生一些不良現象，此種狀況在當時而言是司空見慣的事情，一旦有些人利用自己手中的權利在商業活動中鑽了政策的空子而獲得自己的利益，雖然文人雅集是令人羨慕的，但當時社會人際交往還是以朋黨結交，逐利而行爲主，這是當時社會關係的常態結構，當然這引起一些文人的厭惡，〔註30〕通過分析我們可知明代中期江南地區正處在一個社會性的劇烈變動之中，傳統與革新界限正在逐漸分化。明代中期以後商人要保住自己的利益，他們會千方百計地尋求政治靠山，抑或博取功名，此中這些人又要具備一定的文化素質，與文人士夫的交往才不至於出現隔閡，一些有遠見的商人或是市民大多受過教育，他們有一定程度的地理、交通、會計、籌算、物產、風俗、歷史等方面知識，也留心於文藝創作、收藏古董珍玩，附庸風雅亦爲常事，他們與人交流文玩字

〔註29〕 參見何良俊《四友齋叢說》卷三十四《正俗一》：「憲、孝兩朝以前，士大夫尚未積聚。……至正德間，諸公競營產謀利，……皆積至十餘萬。自以爲子孫數百年之業矣，然不五六年間，而田宅皆已易主，子孫貧匱至不能自存。」何良俊《四友齋叢說》北京：中華書局，1959 年版，第 312 頁。

〔註30〕 何良俊《四友齋叢說》卷三十四《正俗一》中說：「吾松士大夫一中進士之後，則於平日同堂之友，謝去恐不速。里中雖有談文論道之士，非唯厭見其面，亦且惡聞其名，而日逐奔走於門下者，皆言利之徒也。或某處有莊田一所，歲可取利若干；或某人借銀幾百兩，歲可生息若干；或某人爲某事求一覆庇，此無礙於法者，而可以坐收銀若干，則欣欣喜見於面，面待之唯恐不謹。蓋父兄之所交與而子弟之所習聞者，皆此輩也。何良俊《四友齋叢說》北京：中華書局，1959 年版，第 312～313 頁。

畫方面也沒有太大的知識障礙，其中一些人還會涉及文化市場，所以需要一定的鑒賞力，文人與其他階層群體的交流自然也在其中獲利，從而形成交互狀態的文化態勢。

圖 2.6　仇英　清明上河圖　局部

2.2.2　明中期江南文人畫家與民間畫家所處的文化圈共性

　　明中期江南的文人畫家大多出身書香門第，自幼即受到良好的文化教育和藝術薰陶，較之普通市民階層，文人畫家具有更為廣博的知識面和聰慧的才情。他們之中身兼詩人、書法家和畫家的相當普遍，其中杜瓊、劉珏、沈周、文徵明、陳道復、文嘉、陸師道、周天球、王穀祥等人俱負才名；他們多有詩文集傳世，在書法上造詣也很深，文徵明亦是其中翹楚之一。他們的繪畫創作，往往是詩、書、畫三位一體，畫中有詩，詩中有畫，以書入畫，充溢筆情墨趣。詩、書、畫的有機結合，已成為江南繪畫的鮮明特色之一，也使他們的作品更富文人畫意趣。在這方面，一些民間職業性畫家同樣是變現突出，以唐寅即為其中的代表性人物。因為這與江南社會崇尚好學之風分不開，江南好學之風自唐宋以來就十分興盛，在明代中後期此種風潮更是盛行，與往世儒家的修身齊家，治國平天下的人生目標有所不同，此時其主要的目的多有體現個人價值的動因，而且一旦踏上功名之路，讀書人便可獲得

免除徭役、免除稅賦等特權，而這些政府的賦稅和是攤派又是當時百姓的沉重負擔，讀書出仕獲得這些特權是當時大多數文人切實的考慮。明代蘇州地區的科舉考試優秀率也很高，教育制度的完善是保證人才輩出的前提條件，因為最早宋代范仲淹在此地建學，至後人更加教育興盛、文風盛烈，不遜於唐宋。〔註 31〕故明人王錡《寓圃雜記》卷六《余家書畫》條中才有「余家舊有萬卷堂……又有聚古軒」〔註 32〕一說。對於明代江南的教育狀況，《閱世編》卷二《學校一》中，也論及松江學校，計算松江府每年的童生就接近三千人，三年考兩次，考中秀才者大約六十餘名，後來才增加到七十餘名，每次參加考試的人數也在三千左右，盛況空前，而讀書少年大都能夠提筆作文，一旦考中便是家家相傳，並以傚仿。〔註 33〕故清人葉夢珠才說：「吾生之初，學校最盛，……彬彬乎文教稱極隆焉。」〔註 34〕在這樣的文化教育的態勢下，江南地區的居民擁有較高的文化水準，亦是可想而知，不光是文人士夫，即便市井間的販夫走卒同樣好學成風、即時聯對機敏過人，有事例可說明這個情況，萬曆時人沈德符《萬曆野獲編》卷二十六《諧謔》《賈實齋憲使》條中記載的一則軼事可作參見。〔註 35〕但也要看到明代各個行業都存在良莠參差的

〔註31〕 王錡：《寓圃雜記》卷五《蘇學之盛》，《吳中近年之盛》條中稱讚蘇州學校之盛況說：「吾蘇學宮，制度宏狀，為天下第一。人材輩出，歲奪魁首。近來尤尚古文，非他郡可及。自范文正公建學，將近五百年，其氣愈盛」……「至於人材輩出，尤為冠絕。作者專尚古文，書必篆隸，最服兩漢之域，下逮唐、宋未之或先。……人生見此，亦可幸哉。」參見：王錡《寓圃雜記》北京：中華書局，1984 年版，第 42 頁。

〔註32〕 王錡《寓圃雜記》，中華書局 1984 年版，第 45 頁。

〔註33〕 葉夢珠：《閱世編》卷二，《學校一》：「吾生之初，學校最盛。即如上海一學，除鄉賢奉祠生及告老衣巾生而外，見列歲科紅案者，異稟、增、附生，共約六百五十餘名，以一府五學計之，大概三千有餘，比昔三年兩試，科入新生每縣六十餘名，歲入稍增至七十，其間稍有盈縮，學臣得以便宜從事。是以少年子弟，援筆成文者，立登庠序。一時家弘戶誦，縣試童子不下二、三千人，彬彬乎文教稱極隆焉。」參見：葉夢珠《閱世編》，上海古籍出版社 1981 年版，第 26 頁。

〔註34〕 葉夢珠《閱世編》，上海古籍出版社 1981 年版，第 26 頁。

〔註35〕 萬曆時人沈德符《萬曆野獲編》卷二十六《諧謔》《賈實齋憲使》條中記載了一則軼事，「邑中先輩賈憲使實齋，名儒里居……一日雪後寒甚，披貂裘立門前。有一鄰舍年號倪麻子者，頗少慧好侮人，賈見其著屐，呼前曰：『我有一對，汝能屬句否』？因出曰：『釘靴踏地泥麻子』。倪曰：『對則能之，但不敢耳』。賈云：『吾不罪汝』。即對曰：『皮襖披身假畜生』。賈面發赤，咄嗟垢詈而入，市人皆大笑。」參見：沈德符《萬曆野獲編》北京：中華書局，1959 年版，第 666 頁。

情況，這點如前代一樣，沈德符說：「如畫工、棋博士、茶酒司之屬，咸得待詔翰林。猶今日中書科，薰蕕玉石之無別也。」〔註36〕此外，明中期以來興起的復古思潮，已經滲透到各個文化領域，王錡《寓圃雜記》卷五中記載明成化年間蘇州士風，「作者專尚古文，書必篆隸，駸駸兩漢之域，下逮唐宋，未之或先。」〔註37〕這股風氣不僅僅限於文學界，也涵蓋學術界與繪畫界，古文、古學、古畫並受到時人推崇追捧，不僅是文人士夫喜歡收藏古玩，作古文古字，即便是普通民眾在生活中也以追求古意爲榮，由此，好古崇古成爲當時各社會階層最流行的風尚之一，這說明一現象中國歷史悠久，文化積澱豐厚，古人爲今人留下輝煌的文化寶藏，在知識階層和尋常百姓的潛意識裏深埋這尊古的種子，只要有適合的土壤與氣候條件，就會產生巨大的社會文化張力。這股風氣的興盛也給文人與商人的收藏、鑒賞活動帶來影響，以至於他們的家居陳設、生活方式都被這種影響所滲透。

圖 2.7　周臣　流民圖　紙本水墨　縱 31.9 釐米　橫 244

　　觀察明代各階層不同的文化情況，它們之間存在著不可分割的聯繫，不同文化層面間的文化樣式相互影響、相互滲透；並且，明代中期是中國社會由傳統型轉向近代型的關鍵時期，明初時期多少還是體現了秉持傳統文化的一些特徵，但是在中後期就出現了許多新的特點，《明會要》卷五一《民政二》風俗中記載太祖朱元璋曾說道：「教化必本諸禮義。徒急於近效，而嚴其禁令，是欲澄波而反汨之也。」〔註38〕明顯朱元璋是用教化的力量去整頓風俗。明初時期對民間文化的控制雖說借助教化之功，但是在具體的實施上仍就以嚴法制約，強調官方文化的意識形態，必然阻滯民間文化的快速發展，時值明代中期之後，官方的文化控制力相對較鬆，民間文化的快速傳播和迅猛發展也就成自然之勢，通常情況下，各個層級的教官，民間的教書先生和散佈坊

〔註36〕沈德符《萬曆野獲編》，北京中華書局，1959 年版，第 254。
〔註37〕王錡《寓圃雜記》，中華書局 1984 年版，第 42 頁。
〔註38〕龍文斌《明會要》，中華書局 1956 年版，第 949 頁。

間的表演說唱藝人，加上專門從事世俗市井文學寫作的文人，將執政者的文件精神通過種種手段擴散到民間；民間的文化傳播又多依賴於民間藝人和下層的文化人向上匯總，經過層級較高的文人和士大夫加以篩選，再形成士夫、官僚們所欣賞的東西，這就是明中期時的較為典型的文化互動關係。

　　民間文化的普及推廣與政府採取科舉取士制度之間有內在的關聯，而且民間的教育經費來源主要是民間團體和開明士紳的社會資助，明代中期之後文化的發展，當然還是社會經濟的快速發展起到關鍵作用，但是在平民階層能夠讀書並且走上仕途的人仍舊是小部分，大多數人還是受了一定的文化教育之後，學習手藝，進入各個行業成為城市化進程中的生力軍，因為中國歷史上科舉制度的定立，不僅是選擇出仕從政的人才，更是以此為源頭改變了整個社會文化的結構狀況；再看明中期江南各階層間的文化流動和各種的人際交往，這是人們處於大的文化圈中的自然選擇，政府會將一些需要標榜出來的典型和楷模通過相應的方式進行宣傳，如官方將「瀛洲十八學士」〔註39〕、「雲臺二十八將」〔註 40〕等忠孝節義的傑出人物與故事情節通過演繹的形式，使得普通百姓樂於接受，並津津樂道於市井，執政者從而通過變化形式的手段將官方的文件精神與教化理念傳導下去。當社會各階層的文化出現交融的態勢時，便會出現適者生存的局面。也就是說，不同的文化能否並存，

〔註39〕 唐太宗時期唐太宗在做秦王時建「文學館」，收聘賢才，以杜如晦、房玄齡、于志寧、蘇世長、姚思廉、薛收、褚亮、陸德明、孔穎達、李玄道、李守素、虞世南、蔡允恭、顏相時、許敬宗、薛元敬、蓋文達、蘇勗，十八人並為學士，還命畫家閻立本為十八學士畫像，即為《十八學士寫真圖》，當時被唐太宗選入文學館者被稱為「登瀛洲」，後人有所謂「十八學士登瀛洲」。http://baike.baidu.com/view/4694257.htm

〔註40〕 雲臺二十八將，指的是漢光武帝劉秀麾下助其一統天下、重興漢室江山的二十八員大將。1、太傅高密侯鄧禹、2、大司馬廣平侯吳漢；3、左將軍膠東侯賈復；4、建威大將軍耿弇；5、執金吾雍奴侯寇恂；6、征南大將軍舞陽侯岑彭；7、征西大將軍陽夏侯馮異；8、建義大將軍鬲侯朱祐；9、征虜將軍潁陽侯祭遵；10、驃騎大將軍櫟陽侯景丹；11、虎牙大將軍安平侯蓋延；12、衛尉安成侯銚期；13、東郡太守東光侯耿純；14、城門校尉朗陵侯臧宮；15、捕虜將軍楊虛侯馬武；16、驃騎將軍慎侯劉隆；17、中山太守全椒侯馬成；18、河南尹阜成侯王梁；19、琅邪太守祝阿侯陳俊；20、驃騎大將軍參蓬侯杜茂；21、積弩將軍昆陽侯傅俊；22、左曹合肥侯堅鐔；23、上谷太守淮陵侯王霸；24、信都太守阿陵侯任光；25、豫章太守中水侯李忠；26、右將軍槐里侯萬脩；27、太常靈壽侯邳彤；28、驍騎將軍昌成侯劉植。http://baike.baidu.com/view/ 231893.htm

主要取決於自身的生命力，官方的控制手段無法做到全面的打壓，從中國歷代的文化流變史上看，盛唐兩宋肇始，文化不再是知識精英階層的專屬物，平民化色彩文化態勢就逐漸凸顯出來，平民文化因爲百姓的喜聞樂見而具有更強的傳播性，也受到更多的關注，這是流傳於宮廷的上層文化所不具有的優勢。明初相對枯燥、刻板的文化樣式在明朝建國一百多年以後，平民文化的勃興之勢方才起來，這不是個人的發明創造，而是文化具有自然選擇的屬性。

　　一般來說，人們對於文化的要求和選擇，總是有較爲強烈的向上傚仿與求新立異的趨向，事實上，明代中期以後城市出現中的文化態勢也正是符合了這樣的發展趨勢，明嘉靖初年，文人墨客的文章學問雖不比前人，但是聚會雅集之間，彼此的言談唱和還是不是規矩尺度，現在的狀況卻大多與村夫市井接近，嘉靖初年的農夫漁樵都有忠厚樸實的氣象，行爲舉止倒也是合規有禮，但是現今卻是各種情況都出現了僭越，世風迥異於前，人們交往的日常細節和房屋起居的規格上，較之前期也有所超越，尋常百姓家中的客廳就已經很奢華，甚至青樓中的裝潢也是華麗異常，市民階層向文人士夫的仿傚事例很多，當然這裡面也就不排斥魚龍混雜的局面，因爲個人的修養和格調品味的差異，最終的效果自然不同。〔註 41〕因此他在《客座贅語》卷五《風俗》中記載：「物力在外者侈，遊士豪客，競千金裘馬之風。而六院之油檀裙屐，浸淫染於閭閻，膏唇耀首，仿而傚之。」〔註 42〕之上所述可以看出明中

<hr />

〔註41〕　《客座贅語》卷五《建業風俗記》：「如云嘉靖初年，文人墨士，雖不逮先輩，亦少涉獵，聚會之間，言辭彬彬可聽。今或衣巾輩徒誦詩文，而言談之際，無異村巷。又云嘉靖初年，市井極僻陋處，多有豐厚俊偉老者，不惟忠厚樸實，且禮貌言動可觀。三四十年來隨通衢亦少見矣。又云嘉靖初，腳夫市口或十字路口數十群聚，澗邊深網，青布衫褲，青布長手巾，靸鞋，人皆肥壯。人家有大事，一呼而至，至於行禮娶親，俱有青布折，其人皆有行止。今雖極繁富市口，不過三五鶉瘦之人，衣衫襤褸，無舊時景象。又云正德中，士大夫有號者十有四五，雖有號，然多呼字。嘉靖年來，束髮時即有號。末年，奴僕、輿隸、俳優，無不有之。又云嘉靖十年以前，富厚之家，多謹禮法，居室不敢淫，飲食不敢過。後遂肆然無忌，服飾器用，宮室車馬，僭擬不可言。又云正德以前，房屋矮小，廳堂多在後面，或有好事者，畫以羅木，皆樸素渾堅不淫。嘉靖末年，士大夫家不必言，至於百姓有三件客廳費千金者，金碧輝煌，高聳過倍，往往重簷獸脊如官衙然，園圃僭擬公侯。下至勾欄之中，亦多畫屋矣。」參見：顧起元《客座贅語》北京：中華書局，1987 年版，第 169 頁。

〔註42〕　顧起元《客座贅語》，中華書局 1987 年版，第 26 頁。

期民間文化圈向上仿傚的事例，這段文字的記載沒有過多記述人們的吃穿，而是更注重風俗文化的介紹，下層社會文化對上層社會舊有文化圈的衝擊與仿傚，其中的關鍵因素在於明代中期江南市民階層力量壯大，社會商品經濟的發展，過去那些簡單枯燥的上層文化已經不能滿足社會文化的需求，這不僅是對於那些欲望奢靡已極的士大夫圈子已經沒有了吸引力，而是延伸到整個社會，尤其是那些經濟狀況發生變化的市民階層，能夠改變舊有文化的直接辦法就是吸收民間文化的形勢和內容去充實它們。

　　民間小說的流行，〔註43〕更加可以體現民間文化發展的突出特徵，於此情形，官員士夫也不以爲害，民間文化的種類和內容都很繁多，小說雜史、軼聞故事、貞婦烈女的事例也是傳唱不衰，對於那些沒有文化的家庭婦女，市間還有專門的繪圖本以供閱讀，至於丑角和戲伶則多在酒肆茶坊中演出以供百姓市民娛樂，而士夫文人有時也是爲了警示世人，參與一些勸誡性作品的創作當中，成爲日常市井文化的有力推手。故此葉盛在《水東日記》卷二十一《小說戲文》中記載：「……有官者不以爲禁，士大夫不以爲非；或者以爲警世之爲，而忍爲推波助瀾者，亦有之矣。」〔註44〕從此可以看出明中期以後，民間文化復歸求新，社會文化節奏加快，文風流行驟起變化，各種文化娛樂現象令人眼花繚亂，並促使了市鎮的繁榮，昔日的名都大鎮更加繁盛，交通樞紐碼頭或農村集市也被帶動起來；在王錡的著作中可以看到當時吳中地區的盛況，房屋眾多、屋簷高挑、亭臺密佈、城池廣闊、車馬紛紛、轎夫行人，水路中也是遍佈遊覽之船、觀山之舫、舟上歌妓妖嬈，絲竹弦樂相聞，坊市間物產豐厚，文玩、花果、珍奇異物年年遞增，江南之地同時人才輩出，不遜唐宋，這種局面的產生，王錡將它歸因於政府所採取的修生養息的政策，這個論述是有道理的。〔註45〕在《寓圃雜記》卷五《吳中近年之盛》中記載：

〔註43〕葉盛《水東日記》卷二十一《小說戲文》：「今書坊相傳射利之徒僞爲小說雜書，南人喜談如漢小王光武、蔡伯喈（邕）、楊六使（文廣），北人喜談如繼母大賢等事甚多。農工商販，鈔寫繪畫，家畜而人有之；癡騃女婦，尤爲所酷好，好事者因目爲女通鑑，有以也。甚者晉王休徵、宋呂文穆、王龜齡諸名賢，至百態誣飾，作爲戲劇，以爲佐酒樂客之具。有官者不以爲禁，士大夫不以爲非；或者以爲警世之爲，而忍爲推波助瀾者，亦有之矣。」參見：葉盛《水東日記》，中華書局1980年版，第213頁。

〔註44〕葉盛《水東日記》，中華書局1980年版，第213頁。

〔註45〕王錡《寓圃雜記》卷五《吳中近年之盛》：「以至於今，愈益繁盛，閭簷輻輳，萬瓦甃鱗，城隅濠股，亭館布列，略無隙地。輿馬從蓋，壺觴罍盒，交馳於

「人生見此，亦可幸哉。」〔註 46〕江南等城市、村鎮消費的增長還表現於人們對衣食住行吃喝玩樂的講究，享樂主義、奢侈風氣的蔓延，有大量文獻材料記載明自正、嘉以來世風日趨奢靡，南北皆然，經濟發達的江南地方更甚，四周郡縣的生產和消費都有向吳中地區看齊的意思，而且在儉樸與奢侈之間的社會易動，也引起當時一些文人的反思。〔註 47〕明人張瀚記載：「至於民間風俗，大都江南侈於江北，而江南之侈尤莫過於三吳。……蓋人情自儉而趨於奢也易，自奢而返之儉也難……。」〔註 48〕在以上記述之中，我們不難發現，文化的發展帶動了經濟的促進，經濟又是文化的支撐，兩者互不相離，文化活動充斥於整個社會經濟活動之中，成爲當時人們不可或缺的一部分，而且在其中有大量的民間專職從業人員，文化行爲轉換成經濟行爲，成爲保障他們衣食的來源。

　　明初至明中期，文人士夫階層還處於恢復元氣之中，其重要表現就是文化上的拘謹態度，葉盛曾記載他的友人范啓東，《水東日記》卷四《范啓東述前輩語》中云：「士大夫遊藝，必審輕重，……謂學文勝學詩，學詩勝學書，學書勝學圖畫。此可以垂名，可以法後；若琴弈，猶不失爲清士，捨此則末技矣。」〔註 49〕文中將文人士夫的文化活動按此等級來進行分類：文學、詩歌、書法、繪畫、琴弈，而且說除此之外俱不屬於清雅的文化活動之列，這是明初時期文人士夫圈子中的主流文化觀念，其實這種觀念的存在很是正常，因爲當時的讀書人的目的性是非常明確的，純粹自娛自樂的玩好只是個

通衢。水巷中，光彩耀目，遊山之舫，載妓之舟，魚貫於綠波朱之間，絲竹謳舞與市聲相雜。凡上供錦綺、文具、花果、珍羞奇異之物，歲有所增，若刻絲累漆之屬，自浙宋以來，其藝久廢，今皆精妙，人性益巧而物產益多。至於人材輩出，尤爲冠絕。作者專尚古文，書必篆隸，駸駸兩漢之域，下逮唐、宋未之或先。此固氣運使然，實由朝廷休養生息之恩也。人生見此，亦可幸哉。」參見：王錡《寓圃雜記》，中華書局 1984 年版，第 42 頁。

〔註 46〕王錡《寓圃雜記》，中華書局 1984 年版，第 42 頁。
〔註 47〕張瀚《松窗夢語》：「至於民間風俗，大都江南侈於江北，而江南之侈尤莫過於三吳。自昔吳俗習奢華，樂奇異，人情皆觀赴焉。吳制服而華，以爲非是弗文也；吳製器而美，以爲非是弗珍也。四方重吳服，而吳益工於服；四方貴吳器，而吳益工於器。是吳俗之侈者愈侈，而四方之觀赴於吳者，又安能挽而之儉也？蓋人情自儉而趨於奢也易，自奢而返之儉也難，今以淫靡之後而欲回樸茂之初，胡可得也！」參見：張瀚《松窗夢語》，中華書局 1985 年版，第 79 頁。
〔註 48〕張瀚《松窗夢語》，中華書局 1985 年版，第 79 頁。
〔註 49〕葉盛《水東日記》，中華書局 1980 年版，第 41 頁。

人在家的行為，科舉考試也是以文章為主，所以古代文人一直把文藝活動放在較為次要的位置；但是在明中期之後，這樣的觀念得到一定的改變，此時期的文人階層不但羽翼豐滿，而且不安於舊有的文化生活，他們逐漸走出原有的觀念，用放縱獵奇的心態去彌補文化心理的不足，與之相應的文化風氣也得以變化，他們的心態產生深刻變化，由崇尚高雅而趨向世俗，文人在人生態度、日常生活的方式、文藝思潮、審美意向、格調情趣乃至佛道觀念等諸多方面都帶有明顯的現實化、世俗化傾向。文人逐漸與市井階層產生交流，並且在生活上趨俗，文人開始關注自己的生計實務，經營謀利之事同樣進入文人的視野，他們開始重視百姓實用學問，注重追求現實世界的人生的快樂和幸福，強調自我價值的實現，自發的個性化因素逐漸增多，他們厭倦繁縟的禮儀，逾越限制性的規範，他們的思想不悖天理又順其自然，並以此心態積極從事文化藝術創作，生活中的文人將目光更多地投向世俗生活，從市民階層中吸取活潑、新鮮的養分，此時的文人越加「接受傳統文化中帶有異端色彩卻富有生命力的東西，擺脫各種束縛，發揚主體精神，大膽創新。」〔註50〕與此同時，這一時期文人士夫們的生活較之以前也有較大的改變，雖然他們還是大多處在閉門讀書的生活當中，而且社交圈中也並無多少平庸之士，只有士大夫過訪求見才時，才出來會客聊天，然而他們在家中卻是過著漸為奢華的生活，間歇之餘，賦詩寫字，與親朋共賞，每逢家中的名花開放之時，便召集朋客會飲，席間必說奇聞異事，好詩絕句，或以酒為令，嘲諷時政，一派風流文雅之勢，平日裏衣著華麗、〔註51〕自命清高，光是頭巾就有漢巾、晉巾、唐巾、諸葛巾、純陽巾、東坡巾、陽明巾、九華巾、玉臺巾、逍遙巾、

〔註50〕 夏咸淳《情與理的碰撞》，《明代士林心史》，河北大學出版社 2011 年版，第 202 頁。

〔註51〕 顧起元《客座贅語》卷一《巾履》：「近年以來，殊形詭制，日異月新。於是士大夫所戴，其名甚夥，有漢巾、晉巾、唐巾、諸葛巾、純陽巾、東坡巾、陽明巾、九華巾、玉臺巾、逍遙巾、紗帽巾、華陽巾、四開巾、勇巾。巾之上或綴以玉結子、玉花瓶，側綴以二大玉環。而純陽、九華、逍遙、華陽等巾，前後益兩版，風至則飛揚。齊縫皆緣以皮金，其質或以帽羅、緯羅、漆紗，紗之外又有馬尾紗、龍鱗紗，其色間有用天青、天藍者。至以馬尾織為巾，又有瓦楞、單絲、雙絲之異。於是首服之侈汰，至今日極矣。足之所履，昔惟雲履、素履，無它異式。今則又有方頭、短臉、球鞋、羅漢靸、僧鞋，其跟益務為淺薄，至拖曳而後成步。其色則紅、紫、黃、綠，亡所不有。即婦女之飾，不加麗焉。」參見：顧起元《客座贅語》，中華書局 1987 年版，第 23～24 頁。

紗帽巾、華陽巾、四開巾、花樣繁多，品種不一，頭巾之上還綴以玉結子、
玉花瓶，側綴以二大玉環，質地選擇上也有皮金、帽羅、緯羅、漆紗，馬尾
紗、龍鱗紗，顏色上有天青、天藍等，製作上又有單絲、雙絲之分；鞋子的
款式也是多種多樣，即便是婦女的衣妝也不過如此，所以看出文人一方面秉
持儒雅清正的傳統教導，一方面又坐享奢華豐富的物質生活。所以明人顧起
元在《客座贅語》卷一《巾履》中的描述可引爲參閱，他說：「近年以來，殊
形詭制，日異月新。於是士大夫所戴，其名甚夥，……即婦女之飾，不加麗
焉。」〔註 52〕至此，已可反映當時的文人士夫生活中的一個側面。對於文人
士夫們的生活狀態，西方傳教士利瑪竇有更爲直白的描述：「在中國，可以看
到有些城市是建築在河流湖泊之中的，就像威尼斯在海上那樣，有宮殿般的
船舶在其間往返。」〔註 53〕官員的家人甚至可以全部容納其中，和他們在庭
院裏的生活一樣逍遙，船上的設施一應俱全，也不用擔心開支與花費，這與
其說是遊船，倒不如說是移在船上的豪宅。利瑪竇的描述裏也暗含著某種信
息，即文人若不具備某種官職權力，那麼就不可能有公家支付大額賬單的條
件，文人士夫間的唱和也不會有這樣規格的待遇，並且在從政入仕之後，各
種優惠的政策就會向文人士夫階層傾斜，即便是他們致仕退居之後也可以保
障相當的家庭生活水準，其實這個問題黃仁宇先生已經給出了一個答案，他
在《中國大歷史》中寫道：「大凡個人在科舉場中得意即有社會上之名望，而
做了中等以上的地主，其優秀階級的地位已有了相當的保障，……大概一家
一戶之盛衰與科場之成敗互爲表裏。」〔註 54〕與文人士夫相比，市民階層具
有更加自由的環境和享受更加寬鬆的社會氛圍，雖然他們沒有更多的特權，
但是自由的生活與漫興的生存方式都給市民階層帶來更加舒適的環境，此時
期也由於社會物質的豐富和大眾文化生活水平的提高，加之這期間封建綱常
禮教較爲鬆弛，個人的自我意識逐漸從朦朧中覺醒，整體的社會心態也由收
斂、拘謹而趨向縱肆、放逸。「生活在這個時代的市井眾生具有得天獨厚的條
件，其思想之活躍，眼界之開闊，心態之展放，均爲前人所不及」〔註 55〕市
民階層的文化活動愈加活躍，不論是文學還是繪畫，他們在創作手法上已經
具備了自覺的意識。

〔註 52〕顧起元《客座贅語》，中華書局 1987 年版，第 23～24 頁。
〔註 53〕利瑪竇《利瑪竇中國札記》，廣西師範大學出版社 2001 年版，第 60 頁。
〔註 54〕黃仁宇《中國大歷史》，三聯書店 1997 年版，第 205～206 頁。
〔註 55〕夏咸淳《晚明時風與文學》，中國社會科學出版社 1994 年版，第 13～15 頁。

　　要瞭解明中期的文化態勢發生變化的動因，還必須把明代的王陽明的「心學」有個簡單的介紹，嵇文甫先生〔註56〕說道：「王陽明是宋明五百年道學史上最有光輝的人物。由他所領導起來的學術運動，是一種道學革新運動，也就是一種反朱運動。」〔註57〕王派學說的重要理念其一是『心即理』，〔註58〕王陽明提出理氣合一，從理氣合一又進一步提出『心即理說』。〔註59〕王陽明指出：「性是心之體，天是性之原，盡心即是盡性，惟天下至誠爲能盡其性，知天下之化育，……身之主宰便是心，心之所發便是意，意之本體便是知，意之所在便是物，……所以某說無心外之理，無心外之物」，〔註60〕王陽明在《傳習錄》中提綱性的提法就是「人心是天淵，」〔註61〕王陽明的心學是以心爲本體，因而這個心，他稱之爲『本心』（心之本源），這個『本心』是每個人都具有的，具體到每個人身上的。而每個具體的人除了『本心』，還有外在的身體，王陽明認爲身體是一切『私欲』的根本所在，一旦人以個人的身體利益爲出發點，也就有了『私欲』，滿足人的正常欲望是不違背天理的，並且王陽明還倡導這樣的觀念，正確地對待天理與個人的欲望，達到一種和諧與平衡是至關重要的，個性主體在王學中得到強調，欲望觀念在這裡得到認可，個體獨立自由在這裡開始抬頭，所以說，明代中期以後的浪漫主義思想就此發萌。在他的學術觀點中客觀承認了『私欲』的存在，他倡導的原本是『本心』與『眞心』，要人們回到人自身上來，要人們關注自身，關注本心，建立理想的道德標準和倫理秩序，但是客觀上王學的觀點也帶動了解放思想的因素，事實表明，他的理論起到了打破理學桎梏，瓦解傳統思想，解放世人精神的效果。王學反對假道學，因爲程朱理學的『存天理，滅

〔註56〕嵇文甫（1895～1963），原名嵇明，生於河南省汲縣，中國科學院學部委員，是當代著名的教育家、史學家、哲學家，鄭州大學首任校長，歷史學系的創始人，中科院哲學社會科學學部委員、河南大學及鄭州大學校長等職，爲開拓中國哲學史及古代思想史學術領域的研究，作出了重大貢獻。http：//baike.baidu.com/view/461320.htm

〔註57〕嵇文甫《晚明思想史論》，東方出版社 1996 年版，第 1 頁。

〔註58〕參見：陳榮捷《王陽明傳習錄詳注集評》，臺灣學生書局，1992 年版，第 72 頁。王陽明的理論一經提出，對明代中期以後的文學界、繪畫界的創作思潮產生巨大的影響，創作主體的個人意識被提到一個主要的地位，強調「性靈」和人之作爲人的主體創作價值，與過往的價值理念有很大的不同，這也是開創明代文藝新風的重要理論指導。

〔註59〕參見：陳榮捷《王陽明傳習錄詳注集評》，第 30 頁。

〔註60〕參見：陳榮捷《王陽明傳習錄詳注集評》，第 37 頁。

〔註61〕陳榮捷《王陽明傳習錄詳注集評》，臺灣學生書局 1992 年版，第 300 頁。

人欲』〔註62〕的觀念到此已經走到末路，而無論是學術思想的發展，還是世俗社會的要求，心學的出現都是順勢而生，所以王陽明的學說可謂體現了當時主要的時代精神。

圖 2.8　王履　華山圖

上面從政治、經濟、哲學思潮等幾方面闡述了明代中期的整體的文化圈的狀況，對於筆者往下的審美領域的研究做出了大的背景鋪墊。

2.2.3　明中期江南文人畫家和民間職業畫家的審美導向

通過對明代中期兩類畫家的審美導向研究，就是要考察當時的文化態勢下，士人文化和民間文化是如何被畫家們外化為具體作品的，這些具體形式以及所反映出的文化內容又為什麼是被看作是美的，也就是說不但要從作品的表層形式上發現文化內容，而且更要注重趨於發現其深層的審美意義。這

〔註62〕 「存天理，滅人欲」：宋代著名儒者程顥、程頤提出的道德修養目標，理解為保存心中的天理，消滅人的欲望。但是這種觀念在明代以後，尤其是王陽明的「心學」一經提出，就被世人所揚棄，重視現實享受的觀念就逐步取代了原有的理念，也為後來的文學、繪畫領域出現的革新奠定了理論基礎，而明代中期以後出現的種種變化基本與此理論有內在的聯繫。http：//baike.baidu.com/view/2995834.htm

裡就必然注意到當時文獻資料，它們多是「以隨筆的形式寫下的，又輯錄成集的，雖不系統，卻生動、韻致，常有真知灼見和點睛添毫之論，精彩卓絕、珠璣遍地。」〔註63〕

應該看到不同階層的審美趣味也有相應不同的層次，文人畫家和民間職業畫家的審美差異性客觀存在，審美趣味具有個體性很強的特點，文人畫家和職業性畫家審美主體身上所體現出來的審美傾向各自不同，他們都帶有強烈的個性色彩，也由於受教育的影響，不同階層的審美風尚和鑒賞能力也是千差萬別，但是由諸多個體所形成的整體審美趣味又會成為流派形成的先兆，這是由於彼此的相似性或相近性所導致，各個群體的審美趣味又對整個社會審美風尚產生影響，審美導向以審美理想為統帥，不同時期的審美理想具有特定的時代性、規律性和限制性的特質。在研究不同隸屬的群體產生的相異的審美導向時，會發現他們由於社會定位、出身環境、受教育程度的差別是其中重要的因素，因為相異的社會群體，他們的審美理想在不同的時期、不同的地域中，其審美構成因素也會發生組合與含量的變化。審美理想相當大的程度上決定了大眾的喜好，大眾的喜好又決定了流行的趨勢，所以，繪畫作品中可以見出審美理想轉型的跡象。對現實生活的關注，文人畫家和民間職業性畫家生存狀況的自我表達，此一時期都有呈現，古玩字畫從貴族、文人士大夫等特權階層手中，逐漸延伸到市民百姓的手中，從宮廷、藏家手中逐漸向文化市場靠攏，從感悟性的自娛層面轉向盈利性的投資方面轉化，亦可以說是繪畫作為文化產品具有了商品的特質，也可以認定為是社會文化發生轉型的表現形式之一。傳統文人繪畫出現世俗化的傾向，民間職業性畫家作品追求雅化的趨勢，這些表現與在明中期江南繪畫藝術中有合流態勢，這也與明代中期江南地區的整體文化狀況相類似，尤其是市民階層的介入，是人們主體與個性得以表現的一種徵象，所以，使得這一時期社會主流的審美取向呈現多元互動的局面。

2.2.4 文人畫家的審美導向

明代中期江南地區的文人畫家，在經過了宋元的文化及繪畫藝術繼承之後，逐漸從前人作品中——帶有古典崇高性質的和諧，向具有浪漫主義色彩的變體和諧轉型，這兩者有內在聯繫，但不隸屬於同一個審美範疇。明中期

〔註63〕 葉朗《現代美學體系》，北京大學出版社 1999 年版，第 91 頁。

之後，江南的文人畫就是逐漸從古典走向浪漫的審美歷程。「總的來說，所謂古典和諧美，就是把構成美的一切元素，素樸的辨證的結合成爲一個和諧的有機體。具體地說，就是主體與客體、人與自然、個人與社會、內容與形式在實踐的基礎上形成的和諧自由的關係中所呈現的對象性屬性，或者說是由和諧自由的審美系統所決定的對象的系統性質。」〔註64〕明中時期以後，文人更多的時候將『繪』〔註65〕多稱爲『寫意』或是『寫』〔註66〕，不但對山水園林稱之爲『寫』，後來連花鳥畫也稱爲『寫』，『寫』與『繪』的不同，不僅在於水墨和色彩的區分上，而且趨向於文人的心理層面，寫意比描製更符合文人追求自由的傳統，在簡極的筆墨形式下，文人追求的是一種內在豐富的理想境界，看似與現實無關的題材和形式更能準確的展現出文人的內心世界。「文人畫之要素：第一人品，第二學問，第三才情，第四思想。」〔註67〕陳師曾先生認爲具有此四種特質於一身者，才能得到畫作的完善，因爲他認爲藝術作爲外物的形式存在，只有以人感人，以內在的精神相應合者，才有此類似的感想，有此類似的精神，然後作品能感動人而能將自己感動。正所謂近世美學家所推論感情移入，即視移情的理論爲重要者，基本都與這樣的因素相關。陳師曾先生的《文人畫之價值》一文中，我們可以基本瞭解文人對繪畫的一個基本理路。明代繪畫與宋元繪畫不同，宋元繪畫強調古典與崇高的美，明代繪畫則在這種傳承中，更加強調作者主體性因素，作品內在的構成元素產生對立統一的面貌，他們試圖打破傳統古典和諧的畫面格局，畫家與所描繪的客體之間處在對立互補的關係之中，自然在作品中得到擬人化的表現，個人與社會既相互抗爭又彼此妥協，畫家在自我的感性因素和社會的理性約束之間尋求一種平衡，作品的內容與形式之間也呈現一種此消彼長的關係。下面就分幾個方面討論一下文人畫家審美導向的成因。

〔註64〕　周來祥《古代的美、近代的美、現代的美》，東北師範大學出版社 1996 年版，第 84 頁。

〔註65〕　「繪」：多指文人畫家對描繪性爲主的繪畫創作而言，這類繪畫在文人畫家看來沒有更多的主體表達的意思，較爲被動、機械，手法上也是帶有更多的程序性特點，多半爲畫工所採用，畫面靈性的表達不足，但是在中國繪畫史上，元明以前畫面的「繪製」手段都是主要的方式，只是在宋代蘇軾、二米等人開始，提倡畫面的士夫氣，這樣逐漸產生了「士人畫」和「工匠畫」的分野。

〔註66〕　「寫」：這是明代文人繼承宋元文人繪畫的一種畫面表達手法，強調意興的表達，在手段上沒有更多的束縛，並以此作爲文人畫的一個重要表徵。

〔註67〕　俞劍華《中國畫論選讀》，江蘇美術出版社 2007 年版，第 493～494 頁。

文人性情

　　文人作畫有自身的特點，抒情、表意爲主要目的，其畫也有相應的手法程序，這種程序有些類似於戲劇舞臺的表演程序，筆法、墨色有相應的情緒意味，經過長期歷史積澱下來性情表述方式，是文人階層約定俗稱，彼此認定的語言符號系統，觀者次第辨別其特定的筆墨關係，便可將這一特有的形式符號作爲框架繼承下來。文人畫中的模式，正因爲即是由彼此間的性情相通的心理認可而固定下來。因而，明代中期就出現的許多文人畫題材，基本以文人表現其性情、情韻爲多。他們對於山水題材的選擇是適應『仁者樂山，智者樂水』〔註68〕這一審美取向的，寄情於書畫間的山水符號，更是文人營造適應於自身心態、情致的一個自由樂園。

　　如果文人的山水情結體現了他們的崇尚自然、明哲避世的心態的話，那麼，他們對於『梅』、『蘭』、『竹』、『菊』四君子題材的反覆描繪更是文人意在彰顯自身『君子』的品格，大多數文人畫的風格，多呈現寧靜、清寒、空靈、淡雅的意境，形成了文人畫清雅靈性的總體藝術風格。文人內心性情的表達與他們對前輩大師作品的體驗也息息相關，宋元以來的名家作品對明代文人畫影響深遠，其畫面形式對於後繼者有難以超越之感，由此經常可見明代文人畫中借鑒前人畫面的山石、樹木重新加以組合排列，以形成自己的風貌，文人借助筆墨構造自己的感覺，借助前輩大師畫面的形式來書寫自己的胸臆，這是當時文人畫的一個明顯的特點，所以，文人筆下的山水很難說是哪一處具體的山水，他們並不十分在乎是否像某處的眞山實水。而且觀者要在日常生活中見到，也幾乎是不可能，因爲在文人畫中很難找到與實景相對的圖式，多半是文人們借景抒情的表意方式而已。文人所畫山水關鍵是得山水之靈性，山勢的起伏向背，山勢呈現的跳、坐、俯仰、掛腳；水流的迴轉來去，動態中具備的奔、怒等形勢都需要經營安排，作畫得山水自然的性情，才不會下筆鬆軟、呆板，也只有將自我融入到山水性情之中，畫面才得以生動。〔註69〕正如明末清初時的唐志契所云：「凡畫山水，最要得山水性情。……

〔註68〕「仁者樂山，智者樂水」出自《論語》《雍也》篇，因爲在中國畫的題材範疇中，山水題材是重要的組成部分，這直接體現文人的思想依託，並且強調人與自然相親近相融合，山水林泉之樂一直就是中國文人的生活追求，遠離喧囂塵世寄情於山水成爲中國文人自古以來的傳統。

〔註69〕參見唐志契《繪畫微言》「凡畫山水，最要得山水性情。得其性情，山便得環抱起伏之勢，如跳、如坐、如俯仰、如掛腳，自然山性即我性，水情即我情，

自然山性即我性，水情即我情，而落筆不生軟矣。……自然水性即我性，水情即我情，而落筆不板呆矣。……。」〔註70〕

基於這個緣故，我們能夠理解文人畫中那些反覆出現的題材，和相應的筆墨運用。其畫面抒情表意追求無限的心靈感受，表現一種形而上的灑脫，所以說，有時候文人畫總給人一種模式感抑或內在相似的感覺，然這樣說並不否認文人畫的價值，陳師曾先生就曾說過：「文人畫有何奇哉？不過發揮其性靈與感想而已。」〔註71〕可知文人畫的題材範圍是相對固定的，文人所做之事無非為文辭、詩賦而已。文人作文章詩辭賦的材料，也無非山川、草木、禽獸、蟲魚及尋常目所接觸的物象而已。文人其所有的感想思緒，也無非人情、世故、古往今來史實故事變遷而已。文人畫家所畫的題材，大多有相似性，若彼此的選擇相近，則文人畫家對題材的處理就有所不同，文人以此繪畫題材來寄託自己對人情世故獨特的感想，古往今來的文人思路感想，做文章可以，畫成作品亦可。幾百年的時間裏，即便大多數山水題材是如此相似，如此多的文人畫家就以此狹窄的題材，創作了如此眾多的繪畫作品，其價值存在自然是因為繪畫的內在表現，每幅作品都表現了不同的作者不同時期、不同境遇下對宇宙自然、人生性命的理解，這才是千變萬化的主旨內容。

閒雅繼世

文人階層大都閒雅繼世，經濟實力的壯大可以保障他們不為衣食所憂，這便使他們有了好尚詩文書畫的可能，越過生存的現實壓力，好文尚藝、鑒定收藏、品茗詩酒、談古論今就成為文人階層經常參與的活動，久之成風，變成文人生活中不可或缺的組成部分，成為文人生活方式的顯著特點。

明代家世較好、財力豐厚的文人家庭都會買些古畫以裝飾家居，有客人來訪時會將畫作掛出來與友人一同欣賞，並且這些人知道分辨畫作的好壞，知道繪畫的手段和技法，明瞭山水皴法、樹石的勾勒與暈染都有其章法，能

而落筆不生軟矣。水便得濤浪瀠洄之勢，如綺、如雲、如奔、如怒、如鬼面，自然水性即我性，水情即我情，而落筆不板呆矣。或問山水何性情之有？不知山性即止而情態則面面生動，水性雖流而情狀則浪浪具形。」俞劍華《中國畫論選讀》南京：江蘇美術出版社，2007年版，第316頁。
〔註70〕俞劍華《中國畫論選讀》，江蘇美術出版社2007年版，第316頁。
〔註71〕俞劍華《中國畫論選讀》，江蘇美術出版社2007年版，第476～477頁。

夠體味古人畫作中的意趣，能得此種意境者千百之中四五人而已。〔註72〕明代中期江南文人的生活方式也稱為文人性情人格的外化象徵，也是繼唐宋以來的生活模式，轉而變化創新，並逐步形成明代文人特有的時代風尚，對此，明人高濂在《遵生八箋》的《恬逸自足條》中精彩的描述，故摘錄於下：「余家深山之中，沒春夏之交，蒼蘚盈階，落花滿徑，門無剝啄，松影參差，禽聲上下，午睡初足，旋汲山泉，拾松枝，煮苦茗啜之。隨意讀《周易》、《國風》、左氏傳、《離騷》、太史公書，及陶杜詩，韓蘇文數篇。從容步山徑，撫松竹，與麛犢共偃息於長林豐草間，坐弄流泉，漱齒濯足。既歸竹窗下，則山妻稚子作筍蕨，供麥飯，欣然一飽。弄筆窗間，隨大小作數十字，展所藏法帖、筆跡、畫卷，縱觀之，興到則吟小詩，或草《玉露》一兩段，再烹苦茗一杯。出步溪邊，邂逅園翁溪友，問桑麻，說粳稻，量晴校雨。探節數時，相與劇談一晌，歸而倚杖柴門之下，則夕陽在山，紫綠萬狀，變幻頃刻，恍可入目。」〔註73〕這兩段文字我們可以看出當時的文人階層的普遍生活狀態，無節氣之限，松影與禽聲相伴，古籍與香茗隨身，觀鳥獸之跡，林泉之下與好友閒話桑麻、看晴雨，門外柴扉倚杖看夕陽，無比怡情愜意，從中也可看出，文人審美理想所具有的特色，所以研究文人階層的審美取向，應該與其生活方式緊密相聯，在特定的語境中去發現和總結。正因為文人的審美導向是其特定階層心理、文化特徵的再現，因此，在研究文人群體審美發展過程中，必然要對其生存環境、文化思想、外部條件方面進行探討，從而在較為廣義的層面上對文人階層的審美心理有準確的把握。

隱逸於市

明代中期江南的文人群體具有明顯的世俗化審美情趣，繪畫形式語言中出現不同於元代的世俗化傾向。市井小說、戲劇的繁榮不斷影響著文人階層的審美導向，文人參與市民生活，在民居、園林、出版印刷，插圖繪製上都有自己的建樹。江南地區迅猛發展的市民文化得到文人士夫的高度關注，並

〔註72〕「世人家多資力，加以好事，聞好古之家亦曾蓄畫，遂買數十幅於家。客至，懸之中堂，誇以為觀美。今之所稱好畫者，皆此輩耳。其有能稱辨真贋，知山頭要博換，樹枝要圓潤，石作三面，路分兩岐，皴綽有血脈，染渲有變幻。能知得此者，蓋已千百中或四五人而已。必欲如宗少文之澄懷觀道，而神遊其中者，蓋曠百劫而未見一人者歟。」參見：何良俊《四友齋叢說》，中華書局，1959年版，第258頁。

〔註73〕高濂《遵生八箋》，巴蜀書社1988年版，第250頁。

且，文人積極投入其創作當中，爲市民文化的發展注入了更多精緻高雅的因素，潛移默化中提升了市民階層對高雅文化的鑒賞力。隨著市民階層鑒賞力的提升，又或多或少地左右著他們對文化產品的選擇和判斷，有利於他們的審美品位的提高。與此同時，文人畫創作也要考慮到市場的需求，文人走出書齋面向大眾，也借助自身的文化修養提升市民階層的審美高度，文人從現實需要的生活層面來展示自身的文化底蘊。而且，市民階層的經濟狀況的好轉也爲收藏古玩、字畫提供了條件。但是在這當中，市民階層在選擇自己所收藏的字畫當中，在相關的文化活動當中，也貫穿著自身的審美意趣，而這方面又是文人群體在創作時兼顧到的因素。在園林建造方面，郭熙曾寫道：「君子之所以愛夫山水者，其旨安在？丘園養素，所常處也。泉石嘯傲，所常樂也。漁樵隱逸，所常適也。猿鶴飛鳴，所常觀也。塵囂韁鎖，此人情所常厭也。煙霞仙聖，此人情所常願而不得見也。」〔註 74〕明中江南文人在參與構築園林、景致設計方面亦可謂是積極，正如劉敦楨曾論及明代私家園林的主人們時說：「既貪圖城市的優厚物質供應，又不想冒勞頓之苦，尋求『山水林泉之樂』，因此就在邸宅附近經營既有城市物質享受，又有山林自然意趣的『城市山林』，來滿足他們各方面的享樂欲望。」〔註 75〕明代中期的江南文人階層的隱逸於市的根本所在，還是爲了實現他們自身的人格理想，因爲中國歷史上沿襲下來的讀書入仕的思想，一直是知識分子的人生追求，「古人有言：會心處不必在遠，翁然林水不覺魚鳥自來親人。今茲軒處市中，今人有山林之想，得不美乎。雖然境因人勝，人以境清，境勝人清，則神怡志定，於是可以進學矣。」〔註 76〕政治昌明，他們則出仕爲官，政局混亂，他們則避世求全，文人築園求隱於市，實則是政治上看似消極的積極等待。文人士夫在保持高尚人格的同時，也不忘卻世俗的現實享樂。此外，我們也可以在文徵明的《拙政園》圖冊〔註 77〕與沈周的《東莊圖》中可以清楚的看到文人階層的

〔註 74〕　郭熙《林泉高致》，《中國書畫全書 1》，上海書畫出版社 1993 年版，第 497 頁。

〔註 75〕　劉敦楨《蘇州古典園林的自然意趣》（伍蠡甫《山水與美學》，上海文藝出版社 1985 年版），第 301 頁。

〔註 76〕　張淑嫻《明代文人園林畫與明代市隱心態》，中原文物 2006 年 1 月，第 58 頁。

〔註 77〕　文徵明的《拙政園》圖冊，其主要就是爲當時的園主王獻臣所作，圖冊有類似於導遊圖的功用，文徵明繪製手法上也採用了一些民間職業性畫家的手法，故稱有「利」家意味，何良俊在《四友齋叢說》中也提到文人畫家文徵明的「行」、「利」兩方面都有建樹：「衡山本利家，觀其學趙集賢設色與李唐山水小幅皆臻妙，蓋利而未嘗不行者也。」參見：何良俊《四友齋叢說》，中華書局 1959 年版，第 267 頁。

城市園林情結。由此我們可以發現，這種來自民間階層的審美情趣，事實上是一種個性解放、主體提高、人與人逐漸平等的表現。民間的文化要求也可以佔據藝術表現的主導地位，世俗的審美心理也可以影響時代的審美發展，這本身就是對既定審美導向的反思。

2.2.5 民間畫家的審美導向

　　明代中期江南地區的民間畫家的審美導向，毫無疑問先要滿足市場的需要，因為對於民間畫家而言，他們的作品創作的目的就是為了維持生計，沒有生存條件的保障，民間畫家在作品中具有更高意義上的審美追求，那是不可想像的，因為我們知道，不同群體和社會階層的審美導向必然與其社會地位和經濟條件緊密相連，審美文化的研究不僅是從形而上的角度出發，因為審美知識隸屬與文化的一個分支，既然文化包含了生活的方方面面，所以，我們就可以從特定的民間畫家的生活共性特徵入手，發掘其繪畫創作中所折射出來審美的意義。

　　民間審美趣味滲透於大眾生活的各個方面，這是民間審美文化研究得以確立的前提。事實上，由於那個階層的審美理想所帶來的差異性，給觀者造成的審美品級上也有很大的差異性，不同階層中約定俗成的審美定式，有其內在的合理性與邏輯性，尤其是民間畫家所繼承的符號性規律。很大層面上，民間畫家所能擁有的自主性要大大小於文人畫家，因為民間畫家所作的一切努力，大都是為了盡可能的佔有市場，繪畫題材的選擇和市場定位，以及要考慮到的客戶群體，對於民間畫家而言，都有著較為嚴苛的限定。高居翰曾說：「左右中國繪畫的風格的區別，通常與繪畫藝術本身沒有必然關係，但是年代、地域、畫家的經濟地位、或是畫家的個性和人格的區別這些因素，都可以影響到藝術家作品的風格面貌……，這樣的觀念在中觀明代社會中佔有某種地位，他們所選擇的風格也因此受到影響，甚至因此而被決定……」〔註78〕文人畫家和民間畫家的區別，以及雙方畫風的互異，也可以用同樣的方式來解釋，不論文人畫家的技巧如何純熟，都不可能逾越自己的領域，而進入技巧完全成熟的職業性質的民間畫家及所繼承的既定風格範疇當中，否則，就會招致不利的批評，而民間畫家在某種程度上，縱然已經收到文人畫家的影響，但是無法藉此忘卻自己熟練高超的繪畫技巧，畢竟，純粹的文人畫風格對他

〔註78〕高居翰《江岸送別——明代初期與中期繪畫》，三聯書店 2009 年版，第 174～175 頁。

而言是格格不入的。明代這類以此爲職業的民間畫家的特徵明顯，他們大多中下階級出身，或是家境貧困，幼時卻天資聰穎，接受的教育也基本以科舉爲目的，或者是爲了學習某種手藝，他們抑或參與通俗文化創作，如雜戲、詞曲等，愛好優雅的都會生活，不拒絕縱情酒色，願與富裕或是有權勢的人結交，但也不至於諂媚承好，雖然他們也許是出生在不甚知名的地方，但這類畫家卻大多活躍在城市，比如南京或是蘇州，因爲他們既不是純粹的文人畫家，也有別於一般意義上的民間職業畫家，所以就其社會地位和繪畫成就，我們有理由對他們的繪畫創作加以重視和研究。

　　儘管文人畫家和民間畫家的審美理想有著相通的地方，但這並不意味著兩者之間的溝隙就此可以忽略，因爲不同的教育背景，迥異的家世出身和生存環境的差異，不同文化體系的隸屬，都會導致他們在繪畫題材、作品風格、具體實施的筆墨構成關係上的差異。也正是這些重要的限制性條件制約，才會產生文人畫家與民間畫家創作面貌的不同樣式。

題材範圍

　　明代中期以後，江南地區處在實用藝術品最爲發達的時期。生產技術的提高、物質的豐富、海外的貿易興起、享樂風潮的湧動等等都促使了它的繁榮。民間畫家創作的豐富和題材的廣泛，就是因爲市民階層的壯大，相應的文化要求的提高而來的，民間畫家創作的題材多取自民間傳說、戲文典故、生活時事，其創作手法精緻、細膩、形象活潑、豐滿，顯示出一種來自民間的健康、自然的風格。而這種形式在過去是大多數文人畫家的審美心理所排斥的。當時江南民間流行聽書，其評書、小說的結構布局是取自民間說書藝人的創造，但是書中文字取用，語言方式而是生活中的白話，人物形象也是三教九流、形形色色，十分貼近市民的生活狀態。這些評書小說從口語轉換爲文本，就需要借助插圖方式，用圖文並解的方式讓普通百姓讀懂其故事情節，受到市井百姓的歡迎，明刻《西廂記》、《金瓶梅》在當時都是有很多受眾的讀物，民間畫家的作品表現力世人的日常心態和市民的觀念。在生活實用的層面上，像瓷器、家具、服飾、飲食、習俗等上面，都留下了民間畫家和匠人的創作痕跡，在這些生活最常見的器物形式上，顯示出民間審美觀念變化的軌跡。民間繪畫在明代中期後出現了各畫種的繁榮，不但數量多、分綱細，而且民間畫家製作精美，反映當時的生活。年畫、風俗畫逐漸成爲百姓生活中必要的部分，如蘇州桃花塢就有繡像演變而來的插圖，並發展成爲

具有廣泛受眾的民間藝術形式，成爲有代表性的地方民間藝術流派。此外，民居建築、園林構建中也可看到民間畫家的身影，建築藝術直接貼近生活，也就更受到民間藝術的影響，江南民居著名的磚雕、石雕和木建築構件，雕刻內容以古樸、吉祥喜慶的圖式爲主。從這些明代江南市民生活日用品上，可以發現其具有雙重性質：一爲實用性，一爲審美性，這類實用品介於藝術與非藝術之間，被後人稱爲實用藝術品，它們本質屬性是實用的，其價值體現也是以實用爲主；但是在歷史傳承中，在特定文化視角下，這些實用品所反映出來的審美意義和審美屬性，就會超過其自身的實用屬性，而它們的審美價值也就大大高於其實用價值。

風格樣式

民間畫家的繪畫創作，帶有民俗色彩的作品與文人創作的繪畫作品相比較，其繪畫風格、創作手法則更具有百姓市民特色，這種分別並不是創作群體所決定，因爲民間畫家和藝人大都來自於市井百姓，其繪畫樣式和風格特點必然要考慮市場的反映，民間繪畫的發展，更多地取決於市民階層的審美要求，這也是文人畫走向市場必要考慮的因素，並且，市民階層的文化一直充當著雅俗文化之間的橋樑。市民文化在發展壯大的同時，廣泛吸取了文人士夫及宮廷文化中的有利成分。有效地促進了不同文化間的融合與交流。

民間繪畫受眾層次的構成，在江南地區以平民百姓爲基礎，這就決定了民間繪畫最終的呈現方式，更多地是群眾喜聞樂見的那些題材，正是這些限制性條件的存在，民間畫家的創作就更具有某種嚴苛性，不越章法，細緻精工的描繪成爲佔有市場的關鍵因素。其作品的風格樣式帶有明顯的規律性，民間畫家在作畫之先就已經有了比較完善的繪畫程序，這在民間畫訣當中可見一斑，畫人物有相對完整的規範要求，如畫武將就不能把脖項畫的很長，畫少女的肩膀不能畫的很寬，神佛要畫的秀麗端莊，畫美人要適當地拉長身體比例，畫貴婦人的妝扮要依照宮廷式樣，莊稼漢的衣服畫單薄一些可以顯得人物更加壯實等等。〔註79〕「畫將無脖項，少女應削肩，佛容要秀麗，神像須偉壯；貴家婦，宮樣妝……；莊稼漢，衣裳越薄越顯壯」〔註80〕對於頭、

〔註79〕 「畫將無脖項，少女應削肩，佛容要秀麗，神像須偉壯，仙賢意思淡，美人要修長，文人如顆釘，武夫勢如弓；貴家婦，宮樣妝；耕織女，要時樣；娃娃樣，要肥胖；莊稼漢，衣裳越薄越顯壯」。參見：王樹村《中國民間畫訣》，北京工藝美術出版社 2003 年版，第 16 頁。

〔註80〕 王樹村《中國民間畫訣》，北京工藝美術出版社 2003 年版，第 16 頁。

手、腳等部位的繪製也有相應的口訣和規範，〔註81〕畫景也有配景歌，〔註82〕如畫山石要注意形態樣貌，玲瓏的效果，流水要明澈具波紋，樹木參差現美感，遠處流水要斷續表現，山中見雲煙升騰，石徑迂迴通遠，竹葉禪堂松柏樓閣掩映，庭院朱欄小巧，村野酒店中聞得鴉噪之聲，山中翠綠景致中一片紅色酒簾，供遊人歡飲，屋內裝飾要簡單雅致，諸如此類。可參見王樹村先生的《中國民間畫訣》有相關記載：「石有老嫩峭玲瓏，水要明澈而波動。樹勢參差方爲美，遠流斷續是良工，……畫中美景說不盡，千萬不要樣幾重。」〔註83〕在顏料的配置上也有既定的方法，如顏料歌，「石青石綠爲上品，石黃藤黃用亦佳，金屑千年留寶色，章丹萬載有光華，雄黃價貴於赭石，胭脂不同色朱砂，銀朱膘腳皆可用，共說洋青勝靛花。」〔註84〕在配色方面，民間畫家也有自己總結的規律，如：「軟靠硬，色不楞；紅靠黃，亮晃晃；粉青綠，人品細；要想俏，帶點笑；要想精，帶點青」〔註85〕等等。這些民間繪畫的口訣與文人畫的畫論有相似之處，只是在語言方式上具有白話特徵，在組織文句上更加朗朗上口，易於記憶，這對於文化程度不高的民間畫家而言，更具有實用性。

筆墨關係

　　民間畫家在筆墨表現形式上，與文人畫家的筆墨有相似之處，但是也有自身的特點，筆墨關係在畫面中的地位，兩類畫家群體都十分重視，也總結出符合自身特點的筆墨規律，文人畫家在皴法和墨色的分佈上更有自主性，民間畫家更重視筆墨當中的描繪與渲染等手法，〔註86〕在當時的文人畫家和

〔註81〕「手大腳大不算壞，腦袋大了才發呆。」參見：王樹村《中國民間畫訣》，北京工藝美術出版社 2003 年版，第 17 頁。

〔註82〕「石有老嫩峭玲瓏，水要明澈而波動。樹勢參差方爲美，遠流斷續是良工。雲煙穿聚升騰勢，野徑迂迴道遠通。竹葉暗藏禪堂意，松柏樓閣氣勢雄。庭院更宜朱欄小，村店鴉噪意更濃。山景最好松攬翠，野渡酒簾一點紅。廳閣擺式爐瓶架，內當陳設几榻屏。畫中美景說不盡，千萬不要樣幾重。」參見：王樹村《中國民間畫訣》，北京工藝美術出版社 2003 年版，第 27 頁。

〔註83〕王樹村《中國民間畫訣》，北京工藝美術出版社 2003 年版，第 27 頁。

〔註84〕王樹村《中國民間畫訣》，北京工藝美術出版社 2003 年版，第 126 頁。

〔註85〕王樹村《中國民間畫訣》，北京工藝美術出版社 2003 年版，第 125 頁。

〔註86〕「工筆如楷畫，但求端正不難，難於筆活。故鬆髮絲毫不紊，衣裳錦繡儼然，固爲精巧，尤其筆筆有力，筆筆流行，庶脫匠派。欲脫匠派，先辨家法筆法，爲下手工夫。故衣紋用筆有流雲，有折釵，有旋韮，有淡描，有釘頭鼠尾，各體不同，必須考究，然後胸有成法。流雲法，如雲在空中旋轉流行也。用

民間畫家的筆墨手法之間，並無十分隔閡，只是不同的群體略有偏重而已，民間畫家的工筆畫筆法如同楷書的要求，必須端莊工雅，線條不亂筆道有力，畫面要脫離匠氣，手下工夫謹嚴，描法有流雲、折釵、旋韭、淡描、釘頭鼠尾描等，各種皴描的手法也是根據不同的對象來決定，雲氣空中飄蕩，人物衣襟飛散等形式用流雲法，毛筆選擇上要長鋒健韌；折釵法多是筆力剛勁，畫多衣厚裘、枯枝亂石、蓬蒿雜樹，筆勢也是急行急止，亂麻及荷葉皴法與之相近；旋韭法類似流雲法，只是筆力輕重上略有不同；解索皴法要注意乾瘦用筆，以區別旋韭法的肥碩筆道，作畫之前要研究大師的作品，如吳道子、李公麟等人的名作，尤其在淡描法的借鑒上，他們作品中的描法兩頭稍輕淡中間偏重，這種手法很適合畫仕女題材中的衣紋描繪；纖細中見骨力，釘頭鼠尾描在畫人物作品上用途廣泛，經常為人所採用。所以對於民間畫家的筆法記載才有「工筆如楷畫，但求端正不難，……故鬆髮絲毫不紊，……欲脫匠派，先辨家法筆法，為下手工夫。故衣紋用筆有流雲，有折釵，有旋韭，有淡描，有釘頭鼠尾，各體不同，必須考究，……學者亦宜從此入手」〔註87〕之說。

　　民間畫家中徒工開始學畫，必先學練筆法，臨摹各種筆姿樣稿，藉此以牢記筆法的順、轉、逆、挑；筆鋒的頓、挫、折、轉。不然作畫時用筆倒置則線條不貫連，弊病叢生。練習日久則筆力自然生發，用筆若無骨力，便會出現疲軟無神，了無生趣的樣式。在畫面墨法和具體的用筆上，民間畫家也

筆長韌，行筆宜圓，人身屈伸，衣紋飄曳，如浮雲舒卷，故取法之。其法如山石雲頭皴同意，寫炎暑秋涼，單紗薄羅，則衣紋隨身緊貼；若冬雪嚴寒，重裘厚襖，則衣紋離體闊折，宜活寫之。折釵法，如金釵折斷也。用筆剛勁，力趨鉤踢，一起一止，急行急收，如山石重亂柴、亂麻、荷葉諸皴，大同小異，像人身新衣膠漿，折生棱角也。旋韭法，如韭菜之葉，旋轉成圍也。韭菜葉長細而軟，旋回轉折，取以為法，與流雲同類。但流雲用筆如鶴嘴畫沙，圓轉流行而已。旋韭用筆輕重跌宕，於大圓轉中多少彎曲，如韭菜扁葉，悠揚輾轉之狀。類山石皴法之雲頭兼解索也。然解索之彎曲，筆筆層疊交搭；旋韭之彎曲，筆筆分開玲瓏。解索筆多乾瘦，旋韭筆宜肥潤，尤當細辨，李公麟、吳道子每畫之。淡描法，輕淡描摹也。用筆宜輕，用墨宜淡，兩頭尖而中間大，中間重而兩頭輕，細軟幼致，一片恬靜，嫵娜意態，故寫仕女衣紋，此法為至當。釘頭鼠尾法，落筆處如鐵釘之頭，似有小鉤；行筆收筆，如鼠子尾，一氣拖長。所謂頭禿尾尖，頭重尾輕是也。工筆人物衣紋，以此法為通用，細幼中易見骨力，故古今名家，俱多用之，學者亦宜從此入手。參見：王樹村《中國民間畫訣》，北京工藝美術出版社2003年版，第428～429頁。

〔註87〕 俞劍華《中國畫論選讀》，江蘇美術出版社2007年版，第428～429頁。

有自己的手法，乾染法：即用淡墨或水色重疊渲染，主要針對人物臉部及衣袍的退染；渲染法：多用水墨或色筆暈染大片景物或衣物的穿戴上；刷染法：以水混色平刷，常在暈染天空或平遠地面，如畫雪景用墨色染天空部分；戳點法：用筆頭直指畫紙或絹、牆，直接上點，常用於花樹或衣紋花簇、地毯花朵等內容；攉點法：其用筆與戳點法類似，但用筆下點後，筆向前力挑，畫水草荊棘之類常用；點、皴、擦等具體的手法也在各自的題材上有具體的運用。〔註 88〕民間畫家在筆墨關係上有較爲嚴格的規定性，但是這不意味著他們的繪畫就是僵化刻板的，相反，其中的翹楚，仍舊在這規定性的範疇中做出了優秀的創作。其上是民間畫家技法層面的介紹，但是要繪製一件脫俗的作品，還是有所要求的，〔註 89〕要迴避畫面格俗、韻俗、氣俗、筆俗、圖俗等，方可得畫面雅趣。對此，清人沈宗騫《芥舟學畫編》中有相關記載，部分摘錄如下：「夫畫俗約有五：曰格俗，韻俗，氣俗，筆俗，圖俗。其人既不喜臨摹古人，又不能自出精意，……謂之格俗；……無從尋其筆墨之趣者，謂之韻俗；格局無異於人，……謂之氣俗；……不識古人用筆之道，……故作狂態者，謂之筆俗；非古名賢事蹟，及風雅名目，……謂之圖俗。能去此五俗，而後可幾於雅矣。」〔註90〕

〔註88〕「（一）乾染：用淡墨或水色重疊渲染之謂。如暈染臉龐，退暈袍服等用之；（二）渲染：以水墨（或色）飽筆用在染大片景物或衣袍穿戴上；（三）刷染：以水混色平刷，常在染天空或平遠地面。雪景用墨色染天，餘皆藍色；（四）戳點：以筆頭直指畫紙或絹、牆上點。常用於點花樹或衣上花簇、地毯花朵等；（五）攉點：用筆法同上，但住筆下點後，筆向前挑，畫水草荊棘之類常用之；（六）點：用法較廣。如點眼睛、花蕊、珠寶飾物等，下筆要豎直，筆頭要飽含色或粉；（七）皴：以筆乾搓畫面，如畫胡桃皮；（八）擦：以乾筆蘸墨，筆頭橫臥摩擦畫面，兩法常用於肖像、面紋、樹幹、山景等處。」參見：王樹村《中國民間畫訣》，北京工藝美術出版社 2003 年版，第 133～134 頁。

〔註89〕「夫畫俗約有五：曰格俗，韻俗，氣俗，筆俗，圖俗。其人既不喜臨摹古人，又不能自出精意，平鋪直敘千篇一律者，謂之格俗；純用水墨渲染，但見片白片黑，無從尋其筆墨之趣者，謂之韻俗；格局無異於人，而筆意窒滯，墨氣昏暗，謂之氣俗；狃於俗師指授，不識古人用筆之道，或燥筆如弸，或呆筆如刷，本自平庸無奇，而故欲出奇以駭俗，或妄生圭角，故作狂態者，謂之筆俗；非古名賢事蹟，及風雅名目，而專取諛頌繁華，與一切不入詩料之事者，謂之圖俗。能去此五俗，而後可幾於雅矣。」參見：王樹村《中國民間畫訣》，北京工藝美術出版社 2003 年版，第 443 頁。

〔註90〕俞劍華《中國畫論選讀》，江蘇美術出版社 2007 年版，第 443 頁。

2.3　明中期文人畫家與民間畫家的師承和交遊

　　明代中期文人畫家和民間畫家都有自己的師承關係和交遊圈，因爲這種師承關係和交遊的緣故，也是直接將各自的繪畫傳統繼承下去的主要方式，中國民間歷來就有口傳心授的教育傳統，在繪畫藝術的傳承中更有清晰的體現，但是在明代中期的江南地區，這樣的師承關係和人際交遊更顯得錯綜複雜，因爲在當時的情況條件下，各色人等的交遊圈子呈現交集的狀態，不論是文人畫家還是民間畫家的，彼此交往密切，幾乎有相互影響和借鑒的關係，提攜與被提攜、影響與被影響的因素在兩類畫家中層層交疊，形成了江南文化圈中顯著的特點。

　　趙園的文章中寫道：「中國傳統文化中有關於『三統』的說法：『政統』、『親統』、『道統』。所謂『政統』，就是君臣；所謂『親統』，就是父子；而『道統』，主要是靠弟子來維繫的。」〔註91〕可見，中國的道統與教師的密切關係。道的傳承與延續，首先是教師的親授，再是弟子的學習，這是並存的兩個條件，缺一不可，「到了明代中期，……即使教師在制度上、在權力結構上的地位越來越低下，但是在理論上依然是重要的。尊師重道，尊師重教，是一個傳統。」〔註92〕但是在明代，無論是官學還是私塾，教師的地位在正統理論上都是受到了肯定的。

　　在當時社會條件下，文人和民間兩類畫家的教師和朋友也經常被提及，如果說到一個人學術和藝術上的淵源關係，總會找到他的師友淵源，從具體的事例中分析他與師友之間的交往，和給予他的幫助和影響。師友對於這些畫家的成長起著莫大的作用，因爲，師或友的角色無論是在古代還是在現代，都是很重要的倫理關係，而且比起君、親兩重關係來講，師友更少強制性，相較而言要平等一些，尤其是朋友，經常扮演者亦師亦友的角色。在「聞唐六如有人求畫，若自己懶於著筆，則請東村代爲之。」〔註93〕這段話中，我們看見周臣和唐寅亦師亦友的關係。因爲任何繪畫史上的事件都是相互聯結的，由複雜、可變因素相綜合的結果，瞭解其社會關係網絡對我們深入認識明中期江南的文人與民間畫家群體，對他們的傳承關係富有啓迪意義。江南

〔註91〕趙園《師道與師門——以明清之際爲例》，《社會科學論壇》2005 年 7 月，第111 頁。

〔註92〕趙園《師道與師門——以明清之際爲例》，《社會科學論壇》2005 年 7 月，第111 頁。

〔註93〕何良俊《四友齋叢說》，中華書局 1959 年版，第 268 頁。

的畫家們日常生活與創作的一系列變化，正是因爲他們在政治態勢、文化教育、經濟實力、社會地位、出身背景、興趣愛好等眾多因素的綜合作用下發生的。因此，在進入具體的闡述時，必須先對他們的人際關係的舞臺作一番研究。

　　下面先看一下文徵明家世及基本交遊狀況：文徵明先人文天祥（1236～1283）：「文森在蘇州的自宅旁興建一座文天祥祠，將文天祥視爲文家祖先，必定讓家族聲望向前躍進不少。」〔註94〕及至文氏先人文定聰舉家遷往蘇州定居。文林、文森父文洪〔註95〕先爲官後致仕，後在家教子讀書。再看文徵明（1470～1559），明憲宗成化六年出生於官宦之家，1472年，其父文林（1445～1499）中進士，這是明代文官考試的最高一級，所以文林加入當時的官僚體系，進士考試三年一次，全國每次只有300至400名考生得以考中，可見文林當時已經躋身於當時精英知識分子階層；1476年文徵明6歲，其母去世，文林請當時著名文人李東陽〔註96〕撰寫亡妻墓誌銘，也可見文氏家族在當時的名望與影響力；文徵明其母祁氏夫人，在當時被稱爲當世管道昇。〔註97〕1489年文徵明向沈周學畫之前，在家隨母學畫。文徵明叔父文森〔註98〕（1464～1525），1486年中舉，1487年中進士，官聲清廉，後進入都察院〔註99〕，因文林、文森兄弟的先後爲官，在物質條件上極大改變了文家的經濟狀況，也由此有了更優越的家庭教育背景，正是這樣的背景條件下，文徵明具備結交精英知識分子的可能；1485年文徵明16歲，其父文林出任南京太僕寺丞（從六品），〔註100〕此年文徵明與唐寅交好，唐寅經常造訪文家，文林對唐寅十分

〔註94〕柯列格《雅債──文徵明的社交性藝術》，三聯書店2012年版，第14頁。

〔註95〕文洪：先爲官後致仕，在家教子讀書，這爲文氏家族的後人採取讀書做官的方式打下了基礎。

〔註96〕李東陽16歲考中進士，爲皇帝親信，在當時赫赫有名，文林請李東陽爲其亡妻撰寫墓誌銘。

〔註97〕管道昇1262～1319，元代知名的女畫家，且是元代著名畫家趙孟頫之妻。

〔註98〕文森比文林小十九歲，由此文森視文林爲父，終生未敢頂撞……，文森撫育子侄輩則是禮嚴而情篤。文徵明曾說道：「徵名少則受業於公，賴其有成。及以薦入官，數書示其所志，思一見徵名，不及。及是歸，而公不可作矣。嗚呼痛哉！」參見：柯列格《雅債──文徵明的社交性藝術》，三聯書店2012年版，第13頁。

〔註99〕按：明代都察院由170位言官組成，言官可以說是儒家政治中維持良政的突擊部隊，也正是因爲由此，言官群體也獲得相關高層的庇護。

〔註100〕按：太僕寺主管馬政，皇帝出行等事務。

賞識，文徵明學畫很受唐寅影響，曾共同研究李唐的畫作。1489 年文徵明 19
歲，向沈周學習繪畫，沈周雖未入仕，但以布衣聞名天下，長於詩文書畫，
沈家在蘇州文化界影響深遠；1491 年文徵明從南京太僕寺少卿（正四品）李
應楨學書法，李應楨爲長洲人，他細授文徵明書法，並鼓勵文徵明力求創新，
不可只是跟隨古人。

　　1492 年文徵明 23 歲，娶崑山吳愈〔註 101〕第三女爲妻；1495 年，文徵明
從其父命，向吳寬學習古文，吳寬爲當時爲吏部右侍郎，吳、文兩家同住長
洲，他與文徵明父親文林爲同年中進士，吳寬被點爲狀元。文徵明還與當時
名臣王鏊〔註 102〕交誼深厚，王鏊與文林交好，對文徵明及唐寅的庇護很多，
其家藏宏富，經常拿出收藏的歷代名人字畫與後輩學習，且在 1506 年邀文徵
明一同參與編撰《姑蘇志》，文徵明排名第七。文徵明還與王獻臣交往甚密，
王獻臣是當時蘇州幾個大園林的地主之一，從文徵明一件重要的書畫作品可
以看出，因爲文徵明的《拙政園圖冊》即爲王獻臣所作，上述可見文徵明三
四十歲左右，在他去北京任翰林院待詔（1523〜1526）之前，就與當是蘇州
文化圈及政界中最知名的人物建立了良好的關係，而這些人在當時乃至到現
在都是歷史上鼎鼎大名的人物。不論是從文徵明的家世還是他所受到的教
育，在當時看來都是可圈可點的。而且，在文徵明暮年結交的後輩何良俊發
現蘇州的社交生活中的一個顯著特點。就是長輩會帶著子侄輩一同參加宴會
或文人雅集的活動，文徵明就曾帶著兒子文嘉出席社交場合。何良俊也認爲
在弟子等人成年之後，多接受一些長輩的教育比自己在外面游蕩要好得多，
這是樹立正確觀念的開始，而且對於未來的功名事業，子弟們同一些官位或
是社會地位較高的人交往，或是向其請教，這都是有好處的事情，參加科舉
考試，在當時也成爲文人階層的必然選擇，然而文徵明自己的科舉之路似乎
走的不順，從下可見：

　　1495 年，文徵明 26 歲，一試應天，不中。（按：應天即今天的南京）

〔註 101〕按：文徵明岳父吳愈 1475 年中進士，1490 年四川敘州府知府，1503 年升河
　　　　南省右參政，即一省之中第二高的行政長官。1504 年致仕，1522 年加贈正三
　　　　品嘉議大夫的榮銜。
〔註 102〕按：王鏊（1450〜1524），蘇州人，1474 年中鄉試第一名，摘得「解元」頭
　　　　銜，1475 年，會試第一名，坐擁「會元」頭銜，後廷試第三名，應爲「探花」
　　　　郎，這樣的考試成績在科舉取士的年代裏，可謂是天下聞名，後晉爲戶部尚
　　　　書兼文淵閣大學士。次年晉少傅兼太子太傅、武英殿大學士，官居一品。

　　1498 年，文徵明 29 歲，二試應天，不中。（唐寅鄉試第一，並刻「南京解元」印）

　　1504 年，文徵明 35 歲，三試應天，不中。

　　1507 年，文徵明 38 歲，四試應天，不中。

　　1510 年，文徵明 41 歲，五試應天，不中。（回鄉修寓所：停雲館）

　　1513 年，文徵明 44 歲，六試應天，不中。

　　1516 年，文徵明 47 歲，七試應天，又不中

　　1519 年，文徵明 50 歲，八試應天，又不中。

　　1522 年，文徵明 53 歲，九試應天，仍不中。

　　1523 年，文徵明被工部尚書李充嗣推舉進京擔任翰林院待詔，這主要還是文氏家族的社會影響力所致，在其中文徵明又結識了不少名士，並且參與編修《武宗實錄》，此外還遊覽了北京附近的名勝，但是文徵明不諳官場規則，不久就辭官回鄉。〔註103〕相關史料記載文徵明「但居官未久，即生歸志。」〔註104〕據柯律格的考證，文徵明被分到翰林院，成為一名翰林院待詔，這相對而言是處於較低的官級，但是翰林院〔註105〕作為明代政府組織裏精英知識分子集中地，這裡通常被認為是晉升為高官的跳板，傑出的文人士子大多在此起家。「文徵明的頭銜是『待詔』，從名稱上看來，雖不入九品之流，然似有可圖。」〔註106〕我們認定『待詔』〔註107〕這個官職上其實有相當的模糊性，但是文徵明並不以這樣的稱呼放在自己身上為不雅之事，相反，文徵明倒以此事的經歷為以榮耀，因為他在北京這段時期的詩作下面大多數都簽下『待詔』落款字樣，在他以後的創作也經常用『翰林院待詔』的字樣落款。對於

〔註103〕　參見：劉綱紀《文徵明》，長春：吉林美術出版社，1996 年版，第 202 頁。「大約嘉靖改元之後，為顯示朝廷德政，工部尚書李充嗣巡撫吳中時，將九試不第，在吳中士人中甚有聲望的徵名薦於朝。四月十九日至京，閏四月初六日授翰林院待詔，參與編修《武宗實錄》，結識翰林院楊慎等人。此年四月於午門見世宗及其後，遊覽京中及近郊諸名勝，均有詩紀之，時時流露感恩喜悅之情。但居官未久，即生歸志。」

〔註104〕　劉綱紀《文徵明》，吉林美術出版社 1996 年版，第 202 頁。

〔註105〕　筆者按：在明代，從翰林院裏面晉升其實是不容易的事情，官員的結黨情況和論資排輩的現象尤為突出。

〔註106〕　柯列格《雅債——文徵明的社交性藝術》，三聯書店 2012 年版，第 88 頁。

〔註107〕　待詔：多指寺廟筆劃的畫匠，因此主張此詞普遍被用來稱呼工匠或者是做買賣的，如剃頭、醫生、占人、畫壁等。參見：柯列格《雅債——文徵明的社交性藝術》北京：三聯書店，2012 年版，第 88 頁。

辭官一事，文徵明有『致長兄札』這一書信也可以作爲直接的證據，以此來判斷文徵明當時在北京的境況；1526 年他回到蘇州，還經常拿出在北京這段時期的詩作重新抄錄，並以大尺幅出現，由此亦可看出文徵明看重的是什麼，柯律格的描述應該是合理的，〔註108〕他說：「眞正重要的是『曾經』當官這麼一回事，是否當個眞正的官，反倒在其次了。」〔註109〕。

　　沈周（1427～1509）長洲人，出身於書香門第，曾祖沈良琛移居相城，置田產安其家。沈良琛雅好書畫，與元末畫家王蒙關係很好。沈周早年的繪畫老師是杜瓊、劉珏。杜瓊曾與沈周父親沈恆先後受業於陳繼之門，杜瓊同時也是沈恆的繪畫老師，故董其昌這樣指出：「沈恆吉學畫於杜東原，石田先生之畫傳於恆吉……」〔註110〕沈周最初也隨他學畫。今藏於臺北故宮博物院的《廬山高圖》掛軸就是沈周 41 歲時爲祝賀老師陳寬（陳繼之子）70 大壽而作的山水巨製。沈周的另一位老師劉珏（1410～1472），字廷美，號完庵，長洲人，官至刑部主事，且在仕途上知進退，長於鑒賞收藏、書畫創作。劉家與沈家事親戚，沈周之姐嫁與劉珏長子，故劉珏屬父執輩，然兩人卻結下了忘年之交。沈周雖隱居不仕，然交友甚廣，四方名士過從無虛日，他所住的『有竹居』，經常邀友舉行文會雅集，吟詩作畫，觀賞古玩。所交有文人、官宦，也有方外之士。吳寬、都穆、文林、文徵明堪稱莫逆之交，文徵明曾記：「佳時聖日，必具酒肴，合近局，從容淡笑。出所蓄古圖書器物，相與扶玩品題以爲樂。晚歲名益盛，客至亦益多，戶履常滿。先生既老，而聰明不衰，酬對終日，不少厭怠。風流文物，照映一時。百年來東南文物之盛，蓋莫有過之者。」〔註111〕其中與吳寬（1435～1504）情誼最深。1469 年（成化五年）

〔註108〕參見：肖燕翼《有關文徵明辭官的兩通書札》故宮博物院院刊. 1995 年第 4 期，第 45～46 頁：「閏四月廿又八日，小弟徵明端肅四拜，書奉長兄大人雙湖先生侍次。自呂城之別，次日遂渡江進至寶應，不及顧舟，別買小舟而行。以前事緒想阿弟歸，知之悉矣。自三月初七日離淮，直至四月十九日始得到京，途中辛苦萬狀，說不能盡。閏四月六日，蒙恩叨授翰林待詔，維是於科第世業絕望，而潦倒之餘，得此亦足自慰。惟是平素淺薄，外有虛名，中無實學，有愧朝廷盛舉耳。兼是官清祿薄，向來所齎不多，買宅買馬大費經營，欲取家小，自不容易，緣此亦不甚樂也。吾兄此來懷抱何如，糧役想不至相及。弟一向因循，不敢率易致書者，以郭公心事難知耳。當從容求其親識轉達，庶有濟也……。」

〔註109〕柯列格《雅債──文徵明的社交性藝術》，三聯書店 2012 年版，第 88 頁。

〔註110〕畫作：明，杜瓊《南村別墅圖》，卷後紙董其昌題，上海博物館藏。

〔註111〕柯列格《雅債──文徵明的社交性藝術》，三聯書店 2012 年版，第 34 頁。

吳寬會試落地，同時又連喪子女，吳寬悲痛至極，沈周作詩以慰藉吳寬，詩題：《聞吳原博既不捷於禮闈，又連失子女，恐其遠回有不堪於懷者，先此爲慰》，詩云：「聞道故人今薄命，病懷臨燭夜無眠。……長鬚未白青春在，仁者終當有象賢。」〔註112〕後 1472 年（成化八年）吳寬中狀元，沈周又賦詩文致賀。1477～1479 年期間，沈周爲吳寬繪製《東莊圖》，以上種種我們可以看出沈周與吳寬的交誼。徐有貞也是沈周社交圈中重要的人物，徐有貞〔註113〕是跨正統、景泰、天順年間的重臣，徐有貞弟徐有賢的孫女，嫁與沈周之子沈雲鴻，兩家有姻親關係。1467 年，沈周築有竹居，徐有貞賦詩相贈：「風逆客舟緩，日行三里餘，遙知有竹處，便是隱君居，詩中大癡畫，酒後老顚書，人生行樂爾，世事其何如。」〔註114〕與沈周交厚的還有王鏊，王鏊在《石田先生墓誌銘》中稱：「（沈周），景泰間已有重名。汪郡守濬，欲舉應賢良，不果。王端毅公巡撫南畿，尤重之。一時名人，皆折枝納交。後學好事者，日造其廬而請焉。」〔註115〕

　　唐寅（1470～1523），生於商人之家，與文徵明同歲，唐寅的遠祖唐輝，李世民起兵晉陽（今山西太原南晉源鎮）時，唐輝的九世孫唐儉隨軍出征，戰功卓著封莒國公，死後圖象畫於凌煙閣，至明代唐泰任兵部車駕主事，隨明英宗出征，死於土木堡之役，後唐氏宗族遷往蘇州定居。唐寅父唐廣德開設酒食店，家境富裕，其父爲光耀門庭，不惜重金延聘飽學之士教唐寅讀書，唐寅自幼聰慧，刻苦好學。1485 年（成化二十一年），唐寅 16 歲，以第一名成績考取秀才，唐家人丁不旺；1488 年，唐寅 19 歲，完婚；1493 年，唐寅 24 歲，其父唐廣德，其母、其妻先後離世，唐寅悲痛欲絕，且唐寅不善打理家務，漸貧，這給唐寅後來的生活造成極大影響。

　　1494 年，唐寅 25 歲，與徐禎卿結交爲好友，徐禎卿爲吳縣人，家無藏書，卻無所不通，此時，唐寅、祝允明、徐禎卿、文徵明號稱『吳中四才子』。唐寅

〔註112〕王榮民《從石田稿看沈周的交遊》，文獻 1999 年 4 月第 2 期，第 171 頁。
〔註113〕徐有貞：「官至華蓋殿大學士，一生經歷了兩次國家重大變故，一次是土木堡之變，一次是明英宗復辟。在英宗政變中，他起到了舉足輕重的作用。」參見：王榮民《從石田稿看沈周的交遊》，文獻 1999 年 4 月第 2 期，第 171 頁。
〔註114〕林家治《壯觀集》（《明代蘇州傑出書畫藝術家匯觀》，河北教育出版社 2011 年版），第 29 頁。
〔註115〕陳根民《沈周與宰執官遊交遊考》，《杭州師範學院學報》（社會科學版）2002 年 6 月，第 96 頁。

26 歲時，與文徵明「商酌畫法，皆推李晞古畫爲初學楷模。」〔註116〕唐寅 27 歲時，「仍不事舉業，祝允明勸之，乃閉門讀書。」〔註117〕1498 年（弘治十一年）唐寅 29 歲，去南京應試，中舉人第一名，人稱『唐解元』。〔註118〕與唐寅交好的有沈周（1427～1509），王稚登在《吳郡丹青志》中有記載：「（沈周）先生繪事爲當代第一……山水人物花鳥禽魚悉入神品。……一時名士如唐寅、文璧之流，咸出龍門。」〔註119〕從中可知，唐寅曾經有向沈周學畫的經歷。與唐寅交好的還有吳寬（1435～1504），字原博，號匏庵。長洲人。他在成化八年（1472 年）狀元及第。後唐寅被牽進科場案，爲吳寬所營救。王鏊（號守溪）也是唐寅社交圈中重要的人物，唐寅在《柱國少傅守溪先生七十壽序》中有記：「寅承訓誨，亦能以言行自福其身者，故繪長松泉石圖，……以代稱祝。」〔註120〕從中可見王鏊平時對唐寅的庇護。文徵明父文林同樣是唐寅生活中重要的人物，因文徵明的關係，對唐寅提點甚多，唐寅 23 歲時，因爲文徵明父親文林從任上病歸，每次唐寅來拜會文林時，文林都會指出唐寅的過失，直言相告不加掩飾，原因就是「愛其才藝，不厭說項。」〔註121〕但是唐寅還是我行我素，與祝允明、錢同愛一道仍然流連聲色，只有文徵明能獨善其身。

周臣也曾經是唐寅的業師之一，而且關係密切，清人王應奎在《柳南隨筆》卷五中記載：「昔人謂唐子畏畫師周臣。」〔註122〕文徵明與唐寅同歲，來往密切，交誼甚厚。因唐寅「雅姿疏朗，任逸不羈。」〔註123〕其友祝允明慕其才對唐寅有所規勸，〔註124〕此後唐寅開始閉門讀書，心無旁鶩，去南京考試中舉成名。從祝允明對其的規勸中，可見兩人關係很好。1499 年，唐寅 30 歲，因科場案下獄（被吳寬救出），絕意仕途，繼室與唐寅反目，次年唐寅休妻。1503 年，唐寅築桃花塢，從此說文唱和、寄情花酒的人生。

〔註116〕 唐寅《唐伯虎集》，三晉出版社 2008 年版，第 194 頁。
〔註117〕 唐寅《唐伯虎集》，三晉出版社 2008 年版，第 194 頁。
〔註118〕 《明史·選舉志二》：通以鄉試第一爲解元，會試第一爲會元，殿試第一爲狀元。
〔註119〕 于安瀾《吳郡丹青志》，人民美術出版社 1963 年版，第 1 頁。
〔註120〕 安永欣《生涯畫筆兼詩筆——淺析唐寅書畫爲業的生存方式》（《飾》2009 年 3 月，第 33 頁。
〔註121〕 唐寅《唐伯虎集》，三晉出版社 2008 年版，第 193 頁。
〔註122〕 王應奎《柳南隨筆》，中華書局 1983 年版，第 87 頁。
〔註123〕 周道振、張月尊《唐伯虎全集》，中國美術學院出版社 2002 年版，第 540 頁。
〔註124〕 參見：周道振、張月尊《唐伯虎全集》杭州：中國美術學院出版社，2002 年版，第 536 頁。祝允明云：「萬物轉高轉細，未聞華峰可見都聚；惟天極峻且無外，故爲萬物宗。寅始則可，久乃大契。」

在這裡介紹了唐寅社交圈中的幾個重點人物，實際唐寅的社交範圍要大大超過上面所述，唐寅的這些師友，如吳寬、程敏政、文林、沈周、周臣、杜堇、王鏊、文徵明、祝允明、都穆、徐禎卿、王寵、張靈、仇英、文嘉、陳淳、對於詩文書畫都有很高的造詣，其中很多人都在中國文化史上留下大名，他們彼此間又「同時同地，聲氣相通」，〔註125〕所以自然形成「靈秀薈萃，偏於東南」〔註126〕的局面。筆者從唐寅的生存條件和主要的交遊狀況先做一個梳理，這對後面理清民間職業畫家群體的創作有先期引領作用。

仇英的生卒年，畫史上沒有明確的記載，文嘉在題仇英畫作《玉樓春色圖》中云：「仇生負俊才，善得丹青理。盛年逐凋落，遺筆空山水。」〔註127〕文嘉對仇英的畫作一直心欽佩，所以在仇英的這幅作品上題跋以茲紀念。〔註128〕文中提到仇英盛年凋落，而盛年一般不超過50歲。董其昌也在《畫禪室隨筆》中記載：「畫之道所謂宇宙在乎手者，眼前無非生機，故其人往往多壽。至如刻畫細謹，為造物役者，乃能損壽，蓋無生機也。黃子久、沈石田、文徵仲皆大耋，仇英短命，趙吳興止六十餘條……」〔註129〕文嘉和仇英是同時代人，董其昌也不過較仇英晚數十年，由這兩段文字可以看出仇英的壽命確實不是很長，但是董其昌將仇英的壽命與作畫聯繫在一起，就有些偏頗了，如果繪製工筆丹青就是為造物所役，那是沒有道理可言的，這一點似乎也成了董其昌說不能學此一派的潛在原因，筆者在後面還會對此問題進行探討。據徐邦達先生的考證，「仇英的生年應在1502年或是1503年，卒年應該是1552年。」〔註130〕仇英生於蘇州太倉，在他十五六歲時，離開太倉來到蘇州謀生。因為蘇州在當時的江南已經成為經濟、文化的中心，蘇州的絲織、刺繡、木雕、髹漆行業發達，於是仇英來到蘇州之後先是以漆工為業。另外仇英選擇

〔註125〕周積寅《吳門畫派與明四家》（故宮博物院《吳門畫派研究》，紫禁城出版社1993年版），第97.

〔註126〕周積寅《吳門畫派與明四家》（故宮博物院《吳門畫派研究》，紫禁城出版社1993年版），第97.

〔註127〕徐邦達《歷代書畫家傳記考辨》，人民美術出版社1983年版，第40頁。

〔註128〕參見：徐邦達《歷代書畫家傳記考辨》，人民美術出版社，1983年版，第40頁。「至今藝苑名，清風滿人耳。偶見實父此圖，不覺生感，乃題數字於上，覽者尚當寶之。萬曆戊寅仲春，茂苑文嘉記。」

〔註129〕董其昌《畫禪室隨筆》，山東畫報出版社2007年版，第70頁。

〔註130〕徐邦達《歷代書畫家傳記考辨》，人民美術出版社1983年版，第40頁。

此地謀生也有自己的考慮，因爲當時許多著名的畫家都在此居住，唐寅的住處『桃花塢別墅』、文徵明的『文衙弄』、祝枝山的『三茅觀巷』俱在此地。唐寅曾就有詩云：「世間樂土是吳中，中有閶門又檀雄。翠袖三千樓上下，黃金百萬水西東。五更市賈何曾豔，四遠方言總不同。若使畫師描作畫，畫師應道畫難工。」〔註131〕地利條件使得仇英有了就近結交文化名人的可能。後仇英遇見文徵明，文徵明對其大力提攜，並於1517年邀仇英繪製《湘夫人》圖，但是當時仇英功力尚淺，不能達到文徵明的要求，文徵明後來自己畫了一幅《二湘圖》，王稚登有點評：「太史公此圖，筆法如屈盤鐵絲……，力能扛鼎者，非仇英輩可得夢見也。」〔註132〕因爲文徵明的關係，仇英與文徵明子姪、學生輩的交往也很多，文徵明的學生王寵認爲仇英作畫，筆不妄下是有根據的，因爲仇英在作畫時必先仔細安排，反覆斟酌，率性而爲的畫作幾乎不見，而且因爲仇英是精於臨摹古畫，在他的繪畫生涯中大多數的筆法都有出處，〔註133〕仇英的人物畫師法吳道子；樹石等師法劉松年；宮室房屋師法郭忠恕；山水師法李思訓；更重要的是他還把眾家之長相互交融，山水樹木、亭臺樓閣都細加經營，因爲仇英的作品中貫穿這些大家的有點，所以他的作品一經出現，世人自然珍重有加。並且筆者在仇英的《職貢圖》中也發現一些信息，文徵明有題跋云：「此卷爲仇實父所作。……觀其奇形怪狀，深得胡瑰、〔註134〕李贊華〔註135〕之妙。」〔註136〕其中可見文徵明對仇英的讚

〔註131〕林家治《仇英畫傳》，山東畫報出版社，2004年版，第4頁。

〔註132〕林家治《仇英畫傳》，山東畫報出版社，2004年版，第6頁。

〔註133〕參見：王寵在仇英的《蘇若蘭迴文圖》題跋：「仇實父工於繪事筆不妄下。樹石師劉松年，人物師吳道子，宮室師郭忠恕，山水師李思訓。其於唐宋名家無不摹訪，其妙以一人而兼眾長，故才幅半縑皆視爲拱璧。況上圖爲管夫人補、遺其經營、苦惱更倍於他作。至於境界寥廓、鋪張壯麗、人物纖妍、種種具備，豈非宇宙間希覯哉。幸得展現，因識與於左。」林家治《仇英畫傳》，山東畫報出版社2004年版，第7頁。

〔註134〕胡瑰：晚唐時期的優秀畫家，傳世作品《卓歇圖》，此作前半段表現狩獵歸來的騎士正在休息的場面，人物活動豐富，人物神情多樣，整個場面既有深度，又有廣度，既自然又熱鬧，極富有游牧生活的氣息。畫卷後半段表現貴族宴飲的場面。全卷結構疏密相間，人物、風光相得益彰，是一幅難得的傳世珍畫，現藏故宮博物院。

〔註135〕李贊華：（899～936）（五代・後唐）本名耶律倍，小字圖欲，契丹人，遼太祖耶律阿保機長子。遼世宗耶律阮之父。通陰陽，知音律，工遼、漢文章，擅畫契丹人物。

〔註136〕林家治《仇英畫傳》，山東畫報出版社2004年版，第11頁。

賞。此圖上面還有文徵明的學生彭年的題跋，〔註137〕題跋大意就是說仇英，吳中（太倉）人，少年時向周臣學習繪畫，尤其擅長臨摹，周臣去世之後，仇英的臨摹畫作獨步江南二十年，無人可與之相比，而今仇英也以去世，這樣的畫作已經不可能再有，這幅《職貢圖》原藏在陳官家中，陳官亦是長洲人，與仇英交厚，並且請仇英到家作畫，在仇英創作時，陳官從來不相催促，只是讓他安心作畫，仇英創作一幅作品幾易寒暑，畫面構思巧妙，精雅富麗，物象各盡形態，雖然此作多爲外國進貢之士，但是仇英細加考察其特徵風貌，不違背歷史考據，這點幾乎可以與古人接近，對此種創作，文徵明也是佩服之極。從中可看出幾條信息，一是仇英曾向周臣學畫；二是仇英作畫精細入微，絲毫不苟；三是收藏家陳官不惜時間、工本，延請仇英作畫，只是爲了得到仇英的良作。並且從徐邦達先生的考證仇英在大收藏家項元汴家『館饋項氏十餘年』。從上述的文字我們可以看出仇英活動的基本概況：少年階段師從周臣，由漆工轉爲畫師，奠定了繪畫基礎，受到最初的繪畫教育；後經過文徵明的栽培，收益良多，且與文氏家族及文徵明的學生輩都建立了良好的關係；在項元汴家臨摹古畫，一心學習古人；這三個基本情況綜合在一起成就了仇英的畫名。

〔註137〕彭年題跋：「右《職貢圖》，十洲仇君實父畫。實父名英，吳人也。少師東村周君盡得其法。尤善臨摹。東村既役，獨步江南者二十年，而今不可復得矣。此卷畫於懷雲陳君家，陳君名官，長洲人，與十洲善，館之山亭，屢易寒暑，不相促迫，由是盡獲其心匠之巧，精妙麗密，各盡其態，雖人殊國異，而考按圖志，略無違謬，能事直出古人之上，衡山太史公論之洋矣。然非好古誠篤如陳君，抑豈易得哉。……嘉靖壬子（三十一年）臘月，沛，彭年。」參見：仇英《職貢圖》題跋，絹本設色，手卷，29.8x580.2cm，北京故宮博物院藏。

第 3 章　明中葉江南的商業、畫家生活方式及鑒藏對藝術創作的影響

3.1　江南園林的興盛及商業與市場

　　明代中期以後，江南造園之風大盛，這一時期又以江南的私家園林爲其中的精品，文人的私家園林主要是反映文人情趣，將文人的審美理想貫穿其中，具有耐人尋味的詩情畫意的藝術風格，是中國園林中的精華所在。

　　明初時，朱元璋曾規定：「不許宅前後左右多佔地，構亭館，開池塘，以資遊眺」〔註1〕但是明中期以後經濟發展迅速，禁令鬆弛，奢靡之風日盛，各地宅第逾制，造園之風興起。也正是有了這樣的經濟條件和相對鬆弛的政府管理，私家園林才有可能出現這樣的發展。而且此時期造園理論也非常成熟，計成就有重要的造園理論《園冶》面世，文震亨的《長物志》也是其中重要的著作。加之江南地區山川秀麗，河道水網縱橫，氣候溫潤宜人，也爲園林的興起提供了便利的自然條件。明代中期的王陽明的心學的蓬勃發展，當時的精英知識分子以內心的反省來代替對社會的關心，因爲當時知識界出現的人本主義思潮的關係，所以，這些知識分子又不能完全離開這樣一個喧囂的城市環境，他們通過「享樂代替克己，以感性衝動突破理性的思想結構，在放浪形骸的厭世背後潛藏著對塵世的眷戀和一中朦朧的自我實現的追求，」〔註2〕明代，文人園林才開始眞正具有了詩情畫意的特點，這與文人大量參與

〔註1〕　張廷玉《明史》，中華書局 1974 年版，第 1671 頁。
〔註2〕　張敏嫻《明清文人園林藝術》，紫禁城出版社 2011 年版，第 7 頁。

到私家園林的建設當中密切相關，文人之所以參與到園林建設當中，袁宏道的論述可探一觀：「天下之人，……幽人韻士，屏絕聲色，其嗜好不得不鍾於山水花竹。」〔註3〕江南的文人既想在城市中生活，又不想喧囂煩心，想得到山林之趣，營造園林自然是不二的選擇，文人的私家園林較皇家園林不同，他們在相對狹小的空間裏，運用其造園的知識特點，在園林中巧妙地做到了以小見大，以少見繁，曲折幽泂，引人入勝的藝術效果。史料記載：「吳中富家竟以湖石築峙奇峰陰洞——雖闆閤下戶，亦飾小小盆島為玩。」〔註4〕中看出，江南的大戶可以花費鉅資營造私家園林，得山林之趣，然市井小戶人家也好尚此道，即便沒有財力修築園林，也要購置一些盆景加以裝飾家居，可見其風之盛；諸多私家園林中石壁青苔密佈，飛流橫空，人在石洞中行進，奇巧布置如鬼斧神工一般，溪水溝壑萬重疊加，遊覽者幾乎在其中都要迷失方向，〔註5〕由此我們能夠看出當時的園林建設已經到了相當高的水平。

圖 3.1　拙政園景　小飛虹

〔註3〕　袁宏道《袁宏道集箋注》，上海古籍出版社 1981 年版，第 817 頁。

〔註4〕　黃勉之《吳風錄》(《叢書集成新編》，新文豐出版公司 1986 年版)，第 209 頁。

〔註5〕　袁宏道也曾記載：「畫壁攢青，飛流界練，水行石中，人穿洞底，巧逾聲稱，幻若鬼工，千溪萬壑，遊者幾迷出入。」參見：袁宏道《袁宏道集箋注》，上海古籍出版社 1981 年版，第 180 頁。

圖 3.2　拙政園海棠春塢庭院鳥瞰

圖 3.3　文徵明　眞賞齋圖卷

在社會和經濟原因之外，明代江南文人參與造園還出於下列幾個原因。
第一：尋找鬧市中的清閒娛樂場所，在遍遊大山江河之外，還能夠在相對集中的景觀中，獲得人與自然想交流的機會，得到遊觀的妙趣，因此在園林中印證古人山水思想，以獲得自娛的效果；其二：園林作爲農業場所以事生產，園林歷來就有從事生產的功能，因此在園林中廣種作物、瓜果，說文解字中也有「園：所以樹果也」〔註6〕，以資生計。其三：文人雅集，中國傳統中就有雅集的文人交遊形式，這是知識分子的一種自發形成的文化活動，藉此交換

〔註 6〕 許慎《說文解字》，中華書局 1963 年版，第 129 頁。

彼此的文化心得，通過詩文唱和獲得精神的愉悅，也藉此評判時政，文人雅集不僅是文化自娛的象徵，也是知識界關注時事的一個平臺，通過在園林中集會，明代文人較之前代有了更多的機會話語交流空間；其四：隱逸於市，在明代中期的江南，很多知識分子大都有仕途多舛的經歷，他們當中不論是遭到貶謫還是絕意仕途，或是致仕歸鄉，其普遍心態是心力俱疲，需要獲得寧靜的生活以平復心態。但值得注意的是，他們當中相當一部分知識分子歸之林下，仍舊心懷理想抱負，期待著日後功業上有所成就，於是在鬧市中修築園林居所就是他們不二的選擇。文人選擇園林，從事園林題材的繪畫創作也反映出明代隱逸文化與專制制度之間的一種妥協，正像沈顥所說：「古來豪傑不得志於時，則漁耶樵耶，隱而不出。……伸毫構景，無非拈出自家面目。」〔註7〕

山水題材的作品一直就是中國畫的主要題材，在明代亦不例外，山水精神一直是中國畫家追求的東西，山石的堅硬和山勢的多變都給世人產生聯想，不論是懸崖澗壑還是敞豁空谷，都用於暗示人生經歷，而水體的描繪則更多地被借喻為人們應對這些境遇的方法，山林情趣也多被逃離塵世的隱者所鍾愛，這些因素與宋代郭熙在《林泉高致·山水訓》中記載〔註8〕有相近之處，明代文人雅士的興建園林之風，其實就是欲將自然中的山水靈性一併收入有限的空間裏，做到足不出戶也可領略自然之情趣。「山，大物也。其形欲聳撥，欲偃蹇，欲軒豁，欲箕踞，欲盤礴，欲渾厚，欲雄豪，欲精神，欲嚴重，欲顧盼，欲朝揖，欲上有蓋，欲下有乘，欲前有據，欲後有倚，欲上瞰而若臨觀，欲下游而若指麾，此山之大體也，水，活物也，其形欲深靜，欲柔滑，欲汪洋，欲迴環，欲肥膩，欲噴薄，欲濺射，欲多泉，欲遠流，欲瀑布插天，欲濺撲入地，欲漁釣怡怡，欲草木欣欣，欲挾煙雲而秀媚，欲照溪谷而光輝，此水之活體也。」〔註9〕文震亨《長物志》中也提及：「園林水行

〔註7〕 沈顥《畫塵》，(中國書畫全書編纂委員會《中國書畫全書4》，上海書畫出版社1993年版)，第815。

〔註8〕 郭熙在《林泉高致·山水訓》：「山，大物也。其形欲聳撥，欲偃蹇，欲軒豁，欲箕踞，欲盤礴，欲渾厚，欲雄豪，欲精神，欲嚴重，欲顧盼，欲朝揖，欲上有蓋，欲下有乘，欲前有據，欲後有倚，欲上瞰而若臨觀，欲下游而若指麾，此山之大體也，水，活物也，其形欲深靜，欲柔滑，欲汪洋，欲迴環，欲肥膩，欲噴薄，欲濺射，欲多泉，欲遠流，欲瀑布插天，欲濺撲入地，欲漁釣怡怡，欲草木欣欣，欲挾煙雲而秀媚，欲照溪谷而光輝，此水之活體也。」參見：俞劍華《中國畫論類編》，人民美術出版社1957年版，第638頁。

〔註9〕 郭熙《林泉高致》(俞劍華《中國畫論類編》，人民美術出版社1957年版)，第638頁。

最不可無……須修竹者木，怪藤醜樹，交覆角立，蒼崖碧潤，奔泉泛流，如入深岩絕壑之中，乃爲名區勝地也。」〔註10〕這是中國山水畫的原理之一，同樣也適用於園林建造。沈周在爲吳寬繪製的《東莊圖》中，詳細描繪了 1、東城——2、菱濠——3、西溪——4、南港——5、北港——6、凳橋——7、稻畦——8、桑洲——9、果林——10、菜圃——11、振衣崗——12、鶴洞——13、朱櫻徑——14、折桂橋——15、艇子浜——16、麥山——17、荷花灣——18、竹田——19、全眞館——20、續古堂——21、拙修庵——22、耕息軒——23、曲池——24、知樂亭。沈周爲在《東莊圖》中表現了東莊天然的田園景致，其畫面的用墨布色自然率直，用色清雅，筆法質樸，把江南早期的尙保留古樸農家特色的園林景色表現的淋漓盡致。沈周借助空靈的皴擦手法，將畫面細膩的層次率直地表現出來，呈現了東莊光影相疊、空氣溫潤清新的環境，此時的沈周不對物象作更加繁瑣的刻畫，筆法上相對從容，注重穩定厚實的畫面意趣。

圖 3.4　沈周　《東莊圖》《稻畦》

〔註10〕 文震亨《長物志》，浙江人民美術出版社 2011 年版，第 52 頁。

　　文徵明也在 1533 年爲王獻臣繪製了《拙政園三十一景圖》，此時的文徵明的《拙政園圖》與沈周繪製的《東莊圖》有些不同，沈周在《東莊圖》中還是強調園林的自然、質樸的特性，人借助自然中的景致稍加裝點，構築的茅屋村社大都保留村野志趣，但是在文徵明的《拙政園圖》中，人化自然的痕跡就明顯多了起來，而且文徵明就《拙政園圖》還有詩、記出現，他的《王氏拙政園記》中介紹了園中的主要景致，一、夢隱樓；二、若墅堂；三、繁香塢；四、倚玉軒；五、小飛虹；六、芙蓉隈；七、小滄浪亭；八、志清處；九、柳隩；十、意遠臺；十一、釣磐；十二、水花池；十三、淨深亭；十四、待霜亭；十五、聽松風處；十六、怡顏處；十七、來禽囿；十八、得眞亭；十九、珍李阪；二十、玫瑰柴；二十一、薔薇徑；二十二、桃花沜；二十三、湘筠塢；二十四、槐幄；二十五、槐雨亭；二十六、爾耳軒；二十七、芭蕉檻；二十八、竹澗；二十九、瑤圃；三十、嘉實亭；三十一、玉泉。對此文中記載：「槐雨先生王君敬止，所居在郡城東北界婁、齊門之間。居多隙地，有積水亙其中，稍加濬治。……凡爲堂一，樓一，爲亭六，軒、檻、池、臺、塢，澗之屬二十有三，總三十有一，名曰拙政園。」〔註 11〕在這篇記文中，我們可以看出其中景致的安排與布置，基本突出了造園者構思的精巧和良苦用心。明代江南文人之所以對園林產生如此依戀，我們可以在文徵明《王氏拙政園記》的後半部分找到解答：「古之名賢勝士，固有有志於是，而際會功名，不能解脫，又或升沉遷徙，不獲遂志，……即解官家處，所謂築室種樹，灌園鬻蔬，逍遙自得，享閒居之樂者，……亦或有所不逮也，……是故高官勝仕，人所慕樂，而禍患攸伏，造物者每消息其中，使君得志一時，而或橫罹災變，……君子於此，必有所擇矣。」〔註 12〕

　　上述可見，人們在園林中所得到的審美體驗，與古人借詩言志有關，畫家作品中透露出的寧靜淡泊、志趣高遠的意境，使觀者雖置身於世俗凡塵之中，而又能超越喧囂，從而清醒地認識到生命的本質及生存的價值，對於現實的文人士夫的失意狀況也是一種心靈的慰藉。同時也可以看出，園林這一中國古代建築的特殊的空間形式，以獨有的方式貫徹了明代文人與自然相和諧的理想，與社會相連接的橋樑；同時，園林的存在也構築了文人心靈的精神庇護所。

〔註 11〕陳從周《園綜》，同濟大學出版社 2011 年版，第 181 頁。

〔註 12〕陳從周《園綜》，同濟大學出版社 2011 年版，第 182 頁。

圖 3.5　文徵明　拙政園冊　小飛虹頁

圖 3.6　沈周　東莊圖冊　耕息軒頁

　　明代中期之後的江南，由於商業與經濟的發達，而構成了收藏書畫客觀的物質基礎，〔註13〕但是在各人的鑒定眼力和收藏方式上都有不同，可謂是五花八門，明人沈德符有相關的論述，他說在文人築園，欣賞歌舞之間隙，還會涉及到古玩收藏，一些文人世家資巨富，多採取收購的方式；而一些在朝的高官，如嚴嵩之流則多是使用手中的權勢進行掠奪式的收藏，隨著自己的權勢衰落，一些高官的家產又被抄沒入官府，進入大內，但同時又由於皇帝疏於朝政，不理國事，無力給朝中官員發餉，只好又將部分書畫流出，此時就有富貴官宦高價收入，成為自己的收藏；在張居正執政的時期，他也是酷好書畫，經營書畫的賣家迫於張居正薰天的權勢，都不敢拿贗品敷衍，於是張居正的收藏多是精品，只是隨著張居正的倒臺，藏品又被抄入內府，旋即又散失民間，此時由於財富雄厚，江南的項元汴家族興起，故項氏收入大量精品，成為海內著名的收藏家；而王世貞兄弟和董其昌的收藏眼力卻是公認地好，董氏甚至有『法眼』之稱；由此我們可以在《萬曆野獲編》的記載中看見當時收藏風氣之盛、手段之多。當時人們在收藏書畫的取向選擇上，當時也有一定的區分，文震亨曾記載：「書學必以時代為限，六朝不及魏晉，宋元不及六朝與唐。畫則不然，佛道、人物、仕女、牛馬，近不及古；山水、林石、花竹、禽魚，古不及近……近代唐、沈及吾家太史和州輩，皆不藉師資，窮工極至，藉使二李復生，邊鸞再出，亦何以措手其間？故蓄書必遠求上古，蓄畫始自顧、陸、張、吳，下至嘉隆名筆，皆有奇觀。」〔註14〕文震亨認為書法作品收藏的排序是魏晉、六朝、唐、宋，時代隔得越遠越好。

〔註13〕「嘉靖末年，海內晏安。士大夫富厚者以治園亭、教歌舞之際，間及古玩。如吳中吳文恪之孫，溧陽史尚寶之子，皆世藏珍秘，不假外索。延陵則稽太史應科，雲間則朱太史大韶，吾郡項太學錫山、安太學、華戶部輩，不惜重資收購，名播江南；南郡則姚太守汝循、胡太史汝嘉亦稱好事。若輩下則此風稍遜。惟分宜嚴相國父子、朱成公兄弟，並以將相當途，富貴盈溢，旁及雅道。於是嚴以勢劫，朱以貨取，所蓄幾及天府。未幾冰山既泮，金穴亦空。或沒內帑，或售豪家，轉眼已不守矣！今上初年，張江陵當國，亦有此嗜，但所入之途稍狹，而所收精好。蓋人畏其焰，無敢欺之。亦不旋踵歸大內，散人間。時韓太史世能在京，頗以廉直收之。吾郡項氏，以高價購之。間及王弇州兄弟。而吳越間浮慕者，皆起而稱大賞鑒矣！近年董太史其昌最後起，名以最重，人以法眼歸之。篋笥之藏，為時所豔。山陰朱太常敬循，同時以好古知名。」參見：沈德符《萬曆野獲編》，中華書局1959年版，第654頁。
〔註14〕文震亨《長物志》，浙江人民美術出版社2011年版，第70頁。

圖 3.7　《天工開物》插圖（取繭）

但是繪畫作品他認為古代不如近代，當然這樣的觀點只是他的一家之言，其中的道理還值得斟酌。文人士夫的收藏鑒賞風氣也帶動了普通市民對書畫作品的愛好，所以一般的文人士子，商賈百姓也大量參與其中，可謂是上行下效。明人李日華在《味水軒日記》中有一小故事記載：「八月十一日……又步至六橋，至項老兒店，與之雪藕而食。項老欣然出卷軸相評賞，……項老……隱西湖岳祠側近。老屋半間，前為列肆，陳瓶盎細碎物與短松瘦柏蒲草棘枝，堪為盆玩者。……有以法書名畫來者，不吝傾所蓄易之。……其中不能無良苦，而意自津津……交易之外，絕無一言。或論價不相值，即交膝胡床，呼之不復應矣。」〔註15〕但是當時很多古董書畫是贗品，贗品的大量出現也證明了當時書畫交易的市場很好，眾多仿冒的名人字畫出現在市場當中，江南一帶情況更是如此，所以沈德符說：「骨董自來多贗，而吳中尤甚，文士藉以糊口。」〔註16〕對於市場上的情況，書畫大家如沈周、文徵明等人基本採取寬容的態度，沈周就曾買得他人失竊之書而無償奉還失主，卻不言賣贓者姓名一事；市井販夫走卒持紙向沈周索畫，沈周一概答應絕無難色；對坊間流傳仿冒自己的贗品也不加追究，甚至還為仿作題款以解救他人之貧困。〔註17〕文徵明對這樣的狀況也是坦然處之，並且文徵明的代筆者還很多，其子侄、學生輩都曾是他的代筆者，文嘉就曾對文徵明的細筆風格的畫作進行代筆；文彭就是專為文徵明的書法進行代筆；《明畫錄》就記載文徵明的學生朱朗，因「山水與文徵明酷似，多託名以行」，〔註18〕朱朗仿文徵明的畫很多，而自己的作品卻十分少見。王紱就曾提到：「四方乞詩文字畫者，踵接於道。書生故人子弟有求輒應，而富貴人不易得片紙。外國使者過吳門，望裏肅拜，以不見為恨。文筆遍天下，門下士贗作者亦頗多，徵明亦不禁。」〔註19〕

此外，明代民間繪畫活動活躍，從城市至鄉村都有民間畫家的身影，明朝政府每年徵調的民間工匠就有6000多人，其中就有不少民間畫家，並且，

〔註15〕李日華《味水軒日記》（《中國書畫全書3》，上海書畫出版社1993年版），第1176頁。

〔註16〕沈德符《萬曆野獲編》，中華書局1959年版，第655頁。

〔註17〕李日華《味水軒日記》（《中國書畫全書3》，上海書畫出版社1993年版），第1176頁。

〔註18〕參見：謝稚柳《中國書畫鑒定》，東方出版中心2009年版，第222頁。

〔註19〕王紱《書畫傳習錄》（中國書畫全書編纂委員會《中國書畫全書3》，上海書畫出版社1993年版），第289頁。

他們成立了相應的組織，稱之爲『畫場』〔註20〕或是『畫幫』（蘇州的畫工行會）〔註21〕，江南蘇杭地區就是民間畫家集中的地區之一，民間畫家的在當時可謂生意興隆，而且他們的顧客不僅限於吳中一地。民間工匠有不同的分工，如泥水作主要是應對寺院裏面的彩塑，壁畫、彩燈畫多是交予油漆匠人，相對而言，只有肖像畫、神佛題材，或是繪製年畫的民間畫家是專業的，題材內容上，但凡文士大夫所不欲抑或不屑揮毫做的繪畫工作，而世人又喜好的題材，皆是民間工匠所爲，但是大多數民間畫家都沒有留下姓名，留下名姓的仇英只是他們當中的少數佼佼者而已。

　　接下來再看一下當時的書畫交易的場所：閱市：是當時江南書畫交易的主要場所之一，這個詞在李日華的《味水軒日記》中就經常出現，如：「萬曆三十七年五月：六日，……相與閱市，購得羅長源《路史》全帙十六本，汪然巨觀。」〔註22〕「十七日，閱市。……見壁間郭忠恕《溪山樓閣》單幅，筆意明秀，縑色沉古，眞跡也。」〔註23〕在短短一月之中，李日華的日記裏就出現兩次逛閱市的記載，可見當時文人們去此地的頻率之高。廟會市場：杭州文化產品交易地還有昭慶寺，其香火旺盛，張岱在《陶庵夢憶》中記載：「西湖香市，起於花朝，盡於端午。……而獨湊集於昭慶寺。昭慶兩廊，故無日不市者。三代八朝之骨董、蠻夷閩貊之珍異，皆集焉。」〔註24〕寺廟附近由於香客眾多，集中了三教九流各色人物，不同層次購買力的人群雲集，對古董書畫交易起到重要的作用。官邸與試院附近，在官邸和試院附近有許多古董攤，這也是根據來往的人群職業、身份所決定，因爲出入於這兩處的人多是官宦和文人，具有購買古玩字畫的能力和眼力，《戒庵老人漫筆》曾記載沈周的一幅詼諧的聯句：「小門面正對三公之府，大斧頭專打萬石之家。」〔註25〕此中得知，從事古玩書畫交易的商人，把自己的店鋪開到官宦之家對面、貢院附近，主要是有更多的機會將貨物賣出。李日華在其日記中對這個狀況也有記錄：「萬曆四十年九月七日，……經貢院前，列肆中有倪雲林畫一

<hr>

〔註20〕　按：萬曆年間的徽州汪姓畫工的行會，民間畫家以行會的組織來保障他們的生產生活。參見：王伯敏《中國繪畫通史》，三聯書店2000年版，第307頁。
〔註21〕　王伯敏《中國繪畫通史》，三聯書店2000年版，第307頁。
〔註22〕　李日華《味水軒日記》，上海遠東出版社1996年版，第21頁。
〔註23〕　李日華《味水軒日記》，上海遠東出版社1996年版，第22頁。
〔註24〕　張岱《陶庵夢憶》，中華書局2008年版，第127頁。
〔註25〕　李詡《戒庵老人漫筆》，中華書局1982年版，第41頁。

軸。」〔註 26〕文房：文人的居所和書齋也是江南地區書畫交易的重要場所，在文房中，古玩書畫的購買者有充分的時間和舒適的環境，從容地品鑒書畫的真偽，且文房的布置雅致，使觀畫者更加舒心地觀賞書畫，有利於做出正確的判斷。李日華記載：「萬曆三十九年四月二十一日，裝潢人湯二引一客待物之寓，有郭忠恕《寒林樓閣圖》一卷，袁清容跋仇英《明皇訓子圖》一卷，唐伯虎《桂叢仕女》，高房山《春山曉霧》，碧玉冠導一，古印章銅玉各一。」〔註 27〕這些交易都是在文人士夫的文房中進行的，這樣更加利於文人對藏品「長日永夜展玩不休」。〔註 28〕書畫船：江南水網密佈，河運發達，船是主要的交通工具之一，由此，書畫古玩在船上進行交易的形式出現，但是不少古董商人都擁有自己的書畫船，〔註 29〕李日華也記到：「萬曆三十八年正月十三日，吳人張慕江來……平生以書畫船行江湖間。今所攜有……倪迂《松坡平遠》，闊福……文徵仲山水一幅……又黃筌吐綬雞一幅，展翅鷺一幅，皆真。」〔註 30〕當然，書畫船也有贗品假貨出售，味水軒日記中亦有記載：「萬曆四十二年十二月七日，近日蘇人書畫舫，滿載悉偽惡物。」〔註 31〕以上種種皆是江南地區書畫交易的狀況。

3.2 耕讀世家與沈周的現實關懷

沈周（1427～1508），字啓南，號石田，長洲（今江蘇蘇州）相城（鄰近陽澄湖）人，生於 1427 年（明宣德二年），出生於書香門第。明代中期在蘇州地區形成的吳門畫派，沈周就是其開創者。而吳門畫派是明代最重要的文人畫流派之一。王稚登曾評價沈周爲當代第一，他在《吳郡丹青志》中記：「先生繪事爲當代第一，山水、花竹、禽魚悉入神品。其畫自唐宋名流及勝國諸賢，上下千載，縱橫百輩，先生兼總條貫，莫不攬其精微。」〔註 32〕明代中

〔註 26〕李日華《味水軒日記》，上海遠東出版社 1996 年版，第 263 頁。
〔註 27〕李日華《味水軒日記》，上海遠東出版社 1996 年版，第 168 頁。
〔註 28〕汪砢玉《珊瑚網》（中國書畫全書編纂委員會《中國書畫全書 5》，上海書畫出版社 1993 年版），第 1199 頁。
〔註 29〕書畫船：書畫船的説法源於黃庭堅贈米芾的一首詩：萬里風帆水著天，麝煤鼠尾過年年。滄江靜夜虹貫月，定是米家書畫船。參見：葉康寧《從「味水軒日記」看晚明的書畫消費空間》文史知識，2011 年第 6 期，第 63 頁。
〔註 30〕李日華《味水軒日記》，上海遠東出版社 1996 年版，第 74～75 頁。
〔註 31〕李日華《味水軒日記》，上海遠東出版社 1996 年版，第 428 頁。
〔註 32〕于安瀾《吳郡丹青志》，人民美術出版社 1963 年版，第 1 頁。

期是中國畫的發展方向和審美意識發生重大轉折時期，前後思潮的不同是以
沈周的繪畫風格爲分水嶺，他堪稱爲里程碑式的人物。

圖 3.8　天工開物　北耕兼種圖

沈周祖父沈澄，字孟淵，工於詩文，重禮義，絕意仕途，以高隱爲樂，深受士大夫敬重。明初時節，政法嚴峻，不少讀書人都無意於仕途，沈澄亦爲其中之一，吳寬在《隆池阡表》中記載：「永樂初，以人才徵，引疾歸臥江南，有詩名於時，而厚德雅量，福厦最盛。」〔註33〕沈澄與陳汝言是好友，陳汝言與元代畫家王蒙、倪瓚交善，工畫，風格近王蒙，沈澄受其薰陶，亦善書畫鑒賞。澄有二子，長子沈貞，字貞吉，爲沈周伯父；次子沈恆，字恆吉，即沈

圖 3.9　十竹齋畫譜

周之父。兩人均工詩善畫。並且沈澄在生活中愛好詩酒書畫，常與友人飲酒唱和，隱居江湖之間，過著恬淡的田園生活，並以此爲家訓傳承下來。吳寬就曾記述：「沈氏……以高節自持，不樂仕進，子孫以爲家法。」〔註34〕

　　錢謙益曾記載沈周祖父沈澄：「居相城之西莊，日治具待賓客，飲酒賦詩，或令人於溪上望客舟，唯恐不至。」〔註35〕沈周父、伯亦繼承其家風，經常會飲賓客，酒樽不空，終日不倦。〔註36〕可謂是「同心良友閒日過從，坐臥笑談隨意所適。」〔註37〕沈周父輩性格曠達，不拘小節，甘於隱居生活，而無俗事紛擾，每逢風和日麗的時節，沈周父親、伯父等人都會穿上古人服飾，登高樓遠眺，神情爽然，抑或劃舟入城留居禪寺僧房，焚香煮茗與友人高談，只是以詩文爲唱和，並不將市井功利之事放在心上，看浮華塵世如煙雲。〔註38〕

〔註33〕 單國強《沈周的生平與藝術》，人民美術出版社 1996 年版，第 1 頁。
〔註34〕 單國強《沈周的生平與藝術》，人民美術出版社 1996 年版，第 1 頁。
〔註35〕 錢謙益《列朝詩集小傳》，上海古籍出版社 1983 年版，第 217 頁。
〔註36〕 吳寬：《隆池阡表》《家藏集》卷七十，四庫全書本：「平生好客，綽有父風，日必具酒肴以須，客至，則相與劇飲。」參見徐慧《論多重性身份對沈周繪畫的意義》浙江社會科學，2009 年第 11 期，第 90 頁。
〔註37〕 謝肇淛《五雜俎》（陳寶良《明代社會生活史》，中國社會科學出版社 2004 年版），第 87 頁。
〔註38〕 吳寬：《隆池阡表》「風日清美，每被古冠服，登樓眺望，神情爽然。或時扁舟入城，留止必僧舍，焚香淪茗，……特使諸子歌古詩章以爲樂，其視市朝榮利事眞有漠然浮雲之意。」參見徐慧《論多重性身份對沈周繪畫的意義》浙江社會科學，2009 年第 11 期，第 90 頁。

明中期思想家陳獻章就曾說過：「山林亦朝市，朝市亦山林。」〔註39〕從內心來區分山林和朝市，所以隱居並不以居住地來作標準，其實不論身在何處，這些江南的文人都是可以密切聯繫實際生活的；此外，沈周父、伯輩一心安於田居以治生產實務，性喜交四方賓朋，酷好書畫品評、古玩鑒賞，且又工於詩文，郁逢慶在《書畫題跋記》卷十二中記到沈周父沈恆吉亦有自題畫云：「此老粗疏一釣徒，服也非儒，狀也非儒。年來只爲酒糊塗，朝也村酤，暮也村酤。胸中文墨半些無，名也何圖，利也何圖。煙波染就白髭鬚，出也江湖，處也江湖。」〔註40〕對沈周父、伯輩，張丑《清河書畫舫》中亦有記載：「貞吉畫師董源，可亞廷美。其弟恆吉，更虛和瀟灑，不在宋元諸賢下。並招隱，構有竹居，兄弟讀書其中，工詩善畫，臧或亦解文墨。」〔註41〕且沈周父、伯熱心提攜後輩，日間家中賓客常滿，一時名流、後學之輩常聚於此以聽其教導，年輕人「見尊長，多執年幼禮」，〔註42〕沈貞、沈恆對後學之人也是添加指導，促使其學問的增長，由此許多後輩也因此成名，而這些都給沈周的成長產生深遠影響，沈周後來的名望是與其家庭教育密不可分，對於沈周的名望，錢謙益記述道：「吳人屈指先哲名賢，縉紳首稱匏翁，〔註43〕布衣首推白石翁。」〔註44〕況且沈周自幼天資聰慧，稟賦異於常人，爲少年才俊之士，其性格亦爲風流恬淡，好詩酒書畫，交遊廣闊，其生活方式與其父祖輩如出一轍，正所謂「浮華一世中，倏若飛鳥過。生時不肯飲，死後將如何？」〔註45〕所以沈周的日常交遊中還有及時行樂的意味；沈周在宴請賓客之時，熱心異常，惟恐請客不至，經常使人迎接，還因爲看水面上漁舟蕩起波紋，誤認爲友人已到。沈宅裏經常出現「擊鼓會佳客，秩秩滿中堂」〔註46〕

〔註39〕陳獻章《陳獻章集》卷四〈春日醉中抒懷〉，中華書局 1987 年版，第 364 頁。

〔註40〕徐慧《論多重性身份對沈周繪畫的意義》，《浙江社會科學》2009 年 11 月，第 90 頁。

〔註41〕單國強《沈周的生平與藝術》，人民美術出版社 1996 年版，第 1 頁。

〔註42〕王丹丘《建業風俗記》，陳寶良《明代社會生活史》，中國社會科學出版社 2004 年版，第 619 頁。

〔註43〕按，吳寬號。

〔註44〕錢謙益《列朝詩集小傳》，上海古籍出版社 1983 年版，第 275 頁。

〔註45〕高啓《擬古》（夏咸淳《情與理的碰撞：明代士林心史》，河北大學出版社 2011 年版），第 19 頁。

〔註46〕高啓《擬古》（夏咸淳《情與理的碰撞：明代士林心史》，河北大學出版社 2011 年版），第 19 頁。

的場面；正是由於沈家好客之風很盛，四方賢士名人後學之輩，但凡有路過此地者，紛紛登門造訪，因此才有《列朝詩集小傳》中所云「海內名士，莫不造門」〔註47〕的盛況。從這點也可看出沈周「大隱在朝市，何勞避世喧」〔註48〕的處世心態。

故此，陳欣在爲沈周父親撰寫的《同齋沈君墓誌銘》中這樣讚譽相城沈氏家族：「其族之盛，不特資產之富，蓋亦有詩書禮樂以爲之業。當其燕開，父子祖孫相聚一堂，商榷古今，情發於詩，有倡有和。儀度文章，雍容詳雅。四方賢大夫聞風踵門，請觀其禮，殆無虛日。三吳一時論盛族，咸推相城沈氏爲之最焉。」〔註49〕

圖 3.10　十竹齋畫譜　　　　　圖 3.11　十竹齋畫譜

由於沈周敦厚隨和、仁慈曠達的性格，加之孝悌豪爽、淡泊無爲的行止，使他成爲吳中地區文人士夫敬重的長者，其繪畫滲透著淳樸磊落的風格，體現了豁達儒雅的氣質，沈周的詩文、畫藝廣爲人們稱頌和追捧，沈周的作品從京師到福建川廣等地，都有很多人求購，可見其名聲之大。〔註50〕如錢謙

〔註47〕錢謙益《列朝詩集小傳》，上海古籍出版社 1983 年版，第 217 頁。
〔註48〕盧柟《敘隱五首》（陳寶良《明代社會生活史》，中國社會科學出版社 2004 年版），第 83 頁。
〔註49〕徐慧《論多重性身份對沈周繪畫的意義》，《浙江社會科學》2009 年 11 月，第 90 頁。
〔註50〕王鏊《石田墓誌銘》：「近自京師，遠至閩楚川廣，無不購求其跡，以爲珍玩。風流文翰，照映一時，其亦盛矣！」參見：單國強《沈周的生平與藝術》，人民美術出版社 1996 年版，第 2 頁。

益論及沈周的詩文時說：「一時巨公勝流，則皆推其詩文。」〔註51〕何良俊論及沈周的繪畫有過評述，他認爲沈周的作品可與趙孟頫、高克恭及元四家等人比肩，與主要就是他的畫面氣韻直追宋人，氣息和格調都很高。〔註52〕沈周性情豁達，〔註53〕胸襟闊達。曾不嫌卑微裝飾太守府邸，以盡百姓服役之職責；但是也由於沈周的名氣很大，新任的地方官又不明了，地方官彙報工作時被上級問到沈周的狀況，他漫不經心的答道，似乎有這樣一個人，但是今天沒來，直至後來這個官員才知道自己將沈周徵入民夫行列，在爲府邸繪製壁畫，此時的地方官尷尬異常，連忙去向沈府謝罪，沈周卻不以此事爲恥，從中亦可見沈周心胸之豁達，而這一段故實也被《明史》等正史所記載。從相關記載中可從一個側面知道沈周的家世爲人，其一，沈家交遊廣闊；其二，沈周爲人低調，並不以充當雜役以爲恥辱。沈周還有買得他人失竊之書而無償奉還失主，卻不言賣書者姓名；販夫走卒持紙索畫，一概應之，了無難色；對市面流傳自己的僞作也不加追究等等事例，不一而論。沈周的人品可謂：「無將赫赫者，下比棲棲人」〔註54〕，並且他的人品和畫品可以說在當時就相得益彰，爲世人所重。

　　沈周對於鑒賞在當時亦爲大家，其祖、父輩都精於此道，家藏宏富，家中藏有大量的古籍書畫，因沈家事當時望族富戶，家資豐厚，又以詩書繼世，優游繪事之間，廣有餘財來搜集文玩字畫，沈周時常「散金時買畫，補屋爲藏書」〔註55〕因此，沈周在這樣的環境之下也便練就了鑒賞的眼力，並且沈

〔註51〕　錢謙益《列朝詩集小傳》，上海古籍出版社1983年版，第268頁。

〔註52〕　「衡山評畫，亦以趙松雪、高房山、元四大家及我朝沈石田之畫，品格在宋人上，正以其韻勝耳。」參見：何良俊《四友齋叢說》，中華書局1959年版，第264頁。

〔註53〕　「有郡守徵畫工繪屋壁。里人疾周者，入其姓名，遂被攝。或勸周謁貴遊以免，周曰『往役，義也。謁貴遊，不更辱乎』卒供役而還。已而守入覲，銓曹問曰：『沈先生無恙乎？』守不知所對，漫應曰：『無恙。』見內閣，李東陽曰：『沈先生有牘乎？』守益愕，復漫應曰：『有而未至。』守出，倉皇謁侍郎吳寬，問：『沈先生何人？』寬備言其狀。詢左右，乃畫壁生也。比還，謁周舍，在拜引咎，索飯，飯之而去。」參見《明史》，中華書局1974年版，第7630～7631頁。

〔註54〕　高啓《擬古》（夏咸淳《情與理的碰撞：明代士林心史》，河北大學出版社2011年版），第30頁。

〔註55〕　高啓《擬古》（夏咸淳《情與理的碰撞：明代士林心史》，河北大學出版社2011年版），第30頁。

周在書畫文玩的收藏方面，經常帶著自己的藏品與友人相互品評，有時竟是累月不歸，文徵明對此有過記述。〔註56〕沈氏家族通過大量的收藏，鑒賞前輩大師的眞跡，又通過「經歷幾世，士大夫寶玩欣賞，與詩畫並重」〔註57〕的積累，沈周的繪畫水平也在其中日漸增長，奠定了沈周作品中的高曠古雅的特質，因爲中國傳統繪畫當中很重要的一環就是臨摹古代大師的作品，在臨摹當中體味古畫當中的筆墨與經營之法，細讀參研古人的手法與心得，從而形成自己的作品畫貌。清人王時敏所云：「吳門自石田翁、文、唐二公時，唐、宋、元名跡尚富，鑒賞盤礴，與之血戰。觀其點染，即一樹一石，皆有原本，故畫道最盛。」〔註58〕可見在中國傳統繪畫當中，學習古人的眞跡是何等重要。

　　沈周的生活中不僅是在詩文畫藝、鑒賞收藏及他與友人的唱和，與官宦的結交方面，他對現實農家生活的關注更能夠體現沈周的本色，其上述的種種文化行狀，其實主要還有是出於對生計方面的實際考慮，這點仍然與當時的社會環境有密切的聯繫，沈周對時局的關注並不因爲自己隱居鄉間而減少，對於現實生活層面的經營也不因爲從事詩文、書畫的創作而有所忽略，相反，沈周因爲無有功名保身，從而更加密切地注意身邊情形的種種變化，以安排家業與自身的進退，對於時政的得失，沈周同樣時時掛心，喜憂之情常常溢於言表，所以沈周周圍的人都說他雖然隱居，但還是沒有忘卻世間事，以沈周爲代表的隱士也在「尋求更爲有效的方法來平衡金錢和道德」〔註59〕這兩者之間的關係；沈周生活中雖常有登高遠眺，觀雲煙山川之時，閑暇中仍舊賦詩作畫，優游於丹青繪事，但是這仍然是一種表象，只是社會「並沒有剝奪精英階層以財富尋求個人快樂幸福的權利」，〔註60〕用詩文書畫以自適的前提仍舊是實際的生存，沒有物質生存條件的保障，就不會有文人雅士的書畫生涯，現實生存與書畫創作之間，可以說是皮與毛的關係。沈周在《奉和陶庵世父留題有竹別業韻六首》中云：「舊宅西來無一里，別成農屋傍長川。

〔註56〕　文徵明：「時吳有沈周先生，號能鑒古。尚古時時載小周從沈周先生遊，互出所藏，相與評騭，或累旬不返。成化、弘治間，東南好古博雅之士稱沈先生，而尚古其次焉。」參見徐慧《論多重性身份對沈周繪畫的意義》浙江社會科學，2009 年第 11 期，第 93 頁。

〔註57〕　袁宏道《瓶花齋集》，張長虹《品鑒與經營：明末清初徽商藝術贊助研究》，北京大學出版社 2010 年版，第 45 頁。

〔註58〕　鄭午昌《中國畫學全史》，世紀出版集團、上海古籍出版社 2008 年版，第 337 頁。

〔註59〕　卜正民《縱樂的困惑：明代的商業與文化》，三聯書店 2004 年版，第 239 頁。

〔註60〕　卜正民《縱樂的困惑：明代的商業與文化》，三聯書店 2004 年版，第 240 頁。

真堪習靜如方外，雖可爲家尙客邊。賃地旋添栽秫壟，鑿池新蓄漚麻泉。北窗最愛虞山色，也似香爐生紫煙。」〔註61〕由此詩中可以看出沈周的宅邸『有竹居』田壟圍繞，桑麻密植的概況；用「一畝陰竹樹，一畝栽花果，二畝種瓜菜」〔註62〕來形容沈宅的相關環境亦不爲過。

　　沈周十分重視現實農村生活的觀察，以細緻的筆法描繪出農民的實際生活狀況。對此他也有相關的記述。〔註63〕農家生活的辛苦，沈周時時看在眼裏，不敢忘卻，他時刻注意到農家中「通渠灌圃隨時序，分畦引架勤培瓠」〔註64〕的日常生活；因爲文人要保持自己「好古董，好花鳥，兼以茶淫橘虐、書蠹詩魔」〔註65〕的興趣愛好，就必須關注農事，且農事在社會生活中起到至關重要的作用，關係到百姓的生存，同時也是隱居文人最爲重要的物質保障，否則文人就不可能有「喜作閒人，酒席間只談風月」〔註66〕的生活。

圖 3.12　十竹齋畫譜　　　　　　　圖 3.13　十竹齋畫譜

〔註61〕　徐楠《試論沈周的農村生活詩》，《廈門教育學院學報》2008 年 4 月，第 1 頁。
〔註62〕　陸紹珩《醉古堂劍掃》（伊永文《明代衣食住行》，中華書局 2012 年版），第 168 頁。
〔註63〕　沈周《堤決行》：「湖田築堤低且狹，潦深土疏還易塌。轟然有勢若崩崖，詠耳作聲同決閘。愴惶填塞無取泥，少補東塌仍缺西。呼兒撾鼓報鄰里，乍斷乍連聲不齊。江風沖潮江雨大，白波直向人頭過。老農袖手不可攔，歎息還來屋中臥。」參見：徐楠《試論沈周的農村生活詩》，廈門教育學院學報 2008 年第 4 期，第 2 頁。
〔註64〕　陳鐸《圍戶》（伊永文《明代衣食住行》，中華書局 2012 年版），第 74 頁。
〔註65〕　張岱《自爲墓誌銘》（伊永文《明代衣食住行》，中華書局 2012 年版），第 116 頁。
〔註66〕　張岱《遊山小啓》（伊永文《明代衣食住行》，中華書局 2012 年版），第 118 頁。

沈周隱居的現實生活中也享有靜謐、質樸的田園樂趣，看沈周的《耕樂》詩中云：「良家無外慕，躬耕修隱德。庚庚東西畝，宜禾更宜麥。……林春鳥雀鳴，鄰並戒作息。……兒孫候歸來，竹石燈火夕。引殤漫沾醉，偃息就北壁。所得還自賀，不敢忘帝力。」〔註 67〕從他的『所得還自賀，不敢忘帝力』中可以得到一個明確的信息，沈周是與當時的政府持一定程度的合作態度，並且沈周用詩歌表現生活中的情境，他通過比擬、象徵的手法將自然景觀中的狀態表現出來；正是因爲沈周生活在「官車客馬交馳騁，紅塵軋投康與莊」〔註 68〕的現實環境中，他的人生態度中必然有其恭順、圓融的一面。當然，沈周生活中悠閒愉悅的狀態也很常見，他的《冬日過田家》詩中可以見到：「門枕碧流盡，垂楊列岸齊。樹中茅暎屋，垣外菜分畦。噪雀叢晴薄，行人影潦溪。……性情兼禮數，眞至見天倪。」〔註 69〕沈周以其現實、樂觀的生活態度給他帶來了很大的名聲，也是沈周長壽的另一原因，他曾云：「天地假我有其軀也，丹青假我有是圖也。我尙假農有禾一廛，有豆一區，我尙假儒有此衣冠，有此走趨……活一年，拼踴年田，以爲養親；存一日，讀一日書，以爲自娛也歟！」〔註 70〕

之於對沈周的田園隱居生活的研究，筆者認爲沈周只是在一定程度上採取與政府合作的態度，但是隱居不仕更是出於對當權者的某種警惕心理，莊子曰：「所謂隱士者，非伏其身而弗見也，非閉其言而不出也，非藏其知而不發也，時命大繆也。」〔註 71〕從莊子的言論中可以看出，人們對隱居生活的選擇往往是出於某種無奈，在朝廷荒政的前提下，文人才會採取這樣的方式以自保，因爲沈周性格中多少還有「丈夫立萬仞，肯受尋尺拘？」〔註 72〕的特點，至於身邊友人對沈周的推薦爲官一事，《沈周年譜》中有記載：「景泰五年（1454 年）沈周 28 歲，蘇州知府汪滸欲舉啓南應賢良，以書敦遣。啓南筮《易》，得遁卦九五，曰：『嘉遁貞吉』，卒辭不應。」

〔註 67〕徐楠《試論沈周的農村生活詩》，《廈門教育學院學報》2008 年 4 月，第 1 頁。

〔註 68〕郭翼《崑山謠送友人》（夏咸淳《情與理的碰撞：明代士林心史》，河北大學出版社 2011 年版），第 14.

〔註 69〕徐楠《試論沈周的農村生活詩》，《廈門教育學院學報》2008 年 4 月，第 1 頁。

〔註 70〕呂友直《試論沈周寫意花鳥畫風格成因》，《河南省美學會月刊・美與時代》2010 年 8 月，第 73 頁。

〔註 71〕郭慶藩《莊子集釋》，中華書局 1961 年版，第 555 頁。

〔註 72〕陳獻章《陳獻章集》（夏咸淳《情與理的碰撞：明代士林心史》，河北大學出版社 2011 年版），第 133 頁。

〔註 73〕從此事中可以看出，沈周對於做官的態度其實是比較曖昧的，一方面，沈家有先人的家訓存在，即不出仕爲官；另一方面，沈周亦有經世之才，名聲響亮，他同樣擁有讀書人經世報國的願望，是否出仕這件事情也引起他的反覆思索，所以借占卦來定其最終選擇，最後卦象顯示『嘉遁貞吉』，〔註 74〕沈周才放棄了做官的念頭。

3.3　從《長物志》看文氏家族

　　《長物志》是文震亨的著作，震亨，字啓美，明萬曆十三年（1581 年）生，長洲人（今江蘇蘇州）；文徵明曾孫，文彭孫，文震孟之弟，文元發第二子。曾祖文徵明官居翰林待詔，以書畫詩文稱雄吳中，祖父文彭官居南京國子監博士，工於書畫篆刻，父文元發官至河南衛輝府同知，亦以書畫詩文著稱於世；兄文震孟於天啓二年（1622 年）狀元及第，授翰林院編修，後官至禮部尚書，東閣大學士；文震亨天啓元年（1621 年）卒業國子監，並以琴書之才名滿皇城，崇禎十年（1637 年）爲授武英殿中書舍人。其書畫繼承家風，山水以韻格取勝。1645 年，清兵破蘇州，文震亨投河未遂，後絕食而死，年六十一，諡節愍。

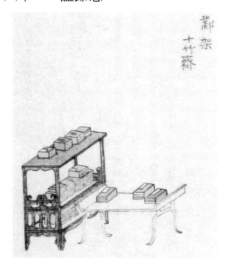

圖 3.14　十竹齋畫譜圖

3.15　十竹齋畫譜

〔註 73〕章培恒《沈周年譜》，復旦大學出版社 1993 年版，第 54 頁。
〔註 74〕「嘉遁貞吉」：意指隱退得十分美好，堅持這種狀態不作改變會吉祥。

　　文震亨出生於書香門第，自幼繼承家學，文震亨除了傳統學問之外，還精通音樂，對造園方面有獨到的研究，《長物志》就是他的經典之作，『長物』的意思就是身外之物，此說源於《世說新語》。文震亨用『長物志』作為書名，並非作者只想表達這些物品時滿足生活的必須品，其中更多的事反映當時文人風雅的生活狀況。文震亨所處的晚明時代，文人士大夫都沉浸在風花雪月的生活當中，「選聲伎，調絲竹，日遊佳山水。」〔註76〕是他們主要的生活方式。在這種社會思潮下，文人留心於自己的住所，精心將其打造成為一個雅致且富有情趣的地方，文人在住所上首選在山林，鄉居村舍稍為次之，遠郊又次之，當時的文人縱使不能在山林中生活，但是在城市中建構雅廬，〔註77〕以求鬧中取靜，其中種植佳木，放置金石圖畫、善本古玩，就算足不出戶，也可得古人之意。《長物志》全書共十二卷，分別是室廬、花木、水石、禽魚、書畫、幾塌、器具、衣飾、舟車、位置、蔬果、香茗十二部分，作者對於室內架構、器具文玩、書畫點評、焚香煮茗俱有自己的見解，看出作者的真性情，可知他對生活的觀察與經營。

好尚風雅：

　　對於《長物志》這部著作，筆者觀察到作者文震亨對生活中的亭臺樓閣、花鳥蟲魚、文玩古畫、焚香煮茗等方面只是一個客觀的描述，文字表面是對物品本身作功能與物質性上的闡述，但是在其主觀方面卻是想反映文人對生活雅趣的追求，從中看出詩意的存在，對《長物志》的理解在沈春澤的序〔註78〕中可以得到一些提示，文人記述這樣一部生活中的點滴經驗和精微

〔註75〕「長物」的說法出自《世說新語》，中記載：「王恭從會稽還，王大看之。見其坐六尺簟，因語恭：『卿東來，故應有此物，可以一領及我。』恭無言。大去後，即舉所坐者送之。既無餘席，便坐薦上。後大聞之，甚驚，曰：『吾本謂卿多，故求耳。』對曰：『丈人不悉恭，恭作人無長物』。」 文震亨《長物志》浙江人民美術出版社，2011年版，第4頁。

〔註76〕汪有源、胡天壽《圖版長物志》，重慶出版社2008年版，前言。

〔註77〕「居山水間者為上，村居次之，郊居又次之。吾濟縱不能棲巖止谷，追綺園之蹤，而混跡塵市，要須門庭雅潔，室廬清靚。亭臺具曠士之懷，齋閣有幽人之致。又當種佳木怪籜陳列金石圖書。令居之者忘老，寓之者忘歸，遊之者忘倦。蘊隆則颯然而寒，凜冽則煦然而奧。若徒侈土木，尚丹堊，真同桎梏樊檻而已。志室廬第一。」 文震亨《長物志》第23頁。

〔註78〕參見《長物志》，第23頁，沈春澤序：「近來富貴家兒與一二庸奴鈍漢，沾沾以好事自命，沒經賞鑒，出口便俗，入手便粗，縱極其摩挲護持之情狀，其侮辱彌甚，遂使真韻、真才、真情之士，相戒不談風雅。」

的細節安排，還是有其目的，主要是爲了強調自己生活的脫俗性，以及如何做到風雅這一點。可以說整部《長物志》中主要貫穿的就有『風雅』這一主要命題，但是如何獲得雅趣，這就需要有眼力，有修養的人才可以做到，並不是口上說雅就可以的，如文震亨在《長物志》卷十《位置》序中記載：「須安設得所，方如圖畫。」〔註 79〕宅邸庭院中的物什須要擺設停當，方可有畫面的愉悅之感。書中《小船》一節作了相應的描述，〔註 80〕其中我們不難看出作者詩意般的描寫，小舟似乎已經不再是實用之物，文人在小舟中雖手執釣竿，但目的卻是吟誦風月，小船已經成爲了一個點綴生活的文化符號。

在《長物志》《海論》一段中，文震亨認爲設計者在構築園林時，要追求古意不要流於時弊；崇尚樸素不要追求淫巧；追求節儉而不能陷於奢華。因爲愛好潔淨舒雅是人的本性特點之一，是自然生發的結果，文人有品位的風雅之事中包含著寧願保留古意，而不在於追求風潮時尚；寧願追求合乎本性的質樸、寧靜，而不追求繁縟、奢華的裝飾，這一切努力都是文人脫俗生活的具體呈現，在宅邸中的多餘的裝飾都是有礙於文人自然性情的流露。此外，文人生活中品茗〔註 81〕是件重要的事情，焚香品茶是體現其雅趣的表現之一，飲茶被文人賦予了更多的文化意義，他們認爲飲茶是最不帶功利色彩的活動，可以友人間坐而論道，清心智悅神氣，初日東升或是夕陽暮靄都是飲茶的好時候，與飲茶相件的活動可以是在閱讀間，也可以暢想吟誦，同時是文人秉燭夜讀，助興商談的必備之物，茶的其餘等等功用在文震亨《長物志》卷十二《香茗》中也多有論及。香茗對於肉食者而言自然是清淡之物，文人追求儒雅的君子品格也在其中得以體現。雅致的意味還體現在簡樸上面，《長物志》卷三《水石》中提及：「一峰則太華千尋，一勺則江湖萬里。」〔註 82〕是在居住的環境裝飾還是在有取捨的事情上面，簡與繁、得與失的對峙關係

〔註 79〕　文震亨《長物志》，浙江人民美術出版社 2011 年版，第 135 頁。

〔註 80〕　「小船，長丈餘，闊尺許。置於池塘中，或時鼓枻中流；或時繫於柳陰曲岸，執竿把釣，弄月吟風。」《長物志》，第 134 頁。

〔註 81〕　《長物志》卷十二〈香茗〉，第 153 頁：「香、茗只用其利最溥。物外高隱，坐語道德，可以清心悅神。初陽薄暝，興味蕭騷，可以暢懷舒嘯，晴窗搨帖，揮塵閒吟，篝燈夜讀，可以遠闢睡魔。青衣紅袖，密語談私，可以助情熱意。坐雨閉窗，飯餘散步，可以遣寂除煩。醉筵醒客，夜語蓬窗，長嘯空樓，冰弦戛指，可以佐歡解渴，品之最優者，以沉香、芥茶爲首，第焚煮有法，必貞夫韻士，乃能究心耳。」

〔註 82〕　文震亨《長物志》，浙江人民美術出版社 2011 年版，第 52 頁。

永遠存在，如何進行選擇才是文人們最重要的課題。於是，前輩文士的生活選擇就成爲他們首先考慮的模本，文震亨《長物志》卷六中，論及《榻》、〔註83〕《禪椅》〔註84〕時就提到關於一些家具裝飾的注意事項，木紋中有斷紋的、有螺鈿裝飾的，其形制都比較古雅，在製作中也是需要注意利用材質本身的美感，儘量不要露出太多的斧斤雕刻的痕跡。在《長物志》的許多論述中，不難看出作者的種種言論，都強調一種順其自然，反對刻意裝飾的意味。

各有所宜：

《長物志》中一個重要的思想就是各有所宜，無論是什麼對象，只要在適宜的位置上，就不會產生突兀生硬之感，這其中暗示著一個文人的心理世界，即各得其所，文人在舉業、進退和生活諸方面都有這樣的安排，生活中的一切也投射出他們心理的暗示，所以文震亨出：「隨方制象，各有所宜。」〔註85〕文震亨認爲諸如几榻等家具，雖然長短不一，放置在齋室當中時，必須古雅，在使用的角度上，可以展看經史、觀賞鍾鼎、品評書畫，諸如此類的文化活動俱能展開，這是結合古雅與實用的範例之一，相關細節在《長物志》卷六《几榻》中有記載。〔註86〕對於文人之衣飾，文震亨也有所論述，他認爲文人的衣飾必須合時宜，因爲文人不能穿著高官的朝服，也不應當像暴富之家的人那樣，掛珠垂玉，但是文人仍然要對衣飾〔註87〕有所選擇，不同的季節和場合都要考慮，正所謂他在《長物志》卷八《衣飾》中指出：「居城市有儒者之風，入山林有隱逸之象。」〔註88〕服飾不光是生活當中的必需品，而且是文人體現其身份和性格特點的重要對象，得體與否，從中可看出其人的品味，因此，服飾對於人而言是呈現其風貌的載體。和時宜是當時文人，乃至大多數人主動或是被動的選擇，時宜需要把握，在當時的文人看來是必要的，因爲其上升的路線只有科舉取士，沒有功名之時，必須

〔註83〕《長物志》卷六〈榻〉第87頁：「有古斷紋者，有元螺鈿者，其制古雅自然。」
〔註84〕《長物志》〈禪椅〉第89頁：「須瑩滑如玉，不露斧斤者爲佳。」
〔註85〕文震亨《長物志》，浙江人民美術出版社2011年版，第134頁。
〔註86〕《長物志》〈几榻〉第87頁：「古人製几榻，雖長短廣狹不齊，置之齋室，必古雅可愛，又坐臥依憑，無不便適，……以之展經史，閱書畫，陳鼎彝、羅肴核、施枕簟，何施不可？」
〔註87〕《長物志》卷八〈衣飾〉第127頁：「衣冠制度，必與時宜。吾儕既不能披鶉帶索，又不當綴玉垂珠，要須夏葛冬裘，被服嫻雅，居城市有儒者之風，入山林有隱逸之象，若徒染五采，飾文繢，……亦豈世人粲粲衣服之旨乎？」
〔註88〕文震亨《長物志》，浙江人民美術出版社2011年版，第127頁。

要審時度勢，合乎潮流時宜，因此文人在自身的生活環境裏滲透出『合宜』的觀念實在勢在必然，依勢而生，依勢而長，此爲順其自然的表現，生活是文人心理層面的表現，其點滴細節都會反襯出文人的性格和嗜好，如何處理好『宜』與『忌』的相互關係，如他在卷十《小室》中提及：「几榻俱不宜多置，但取古制狹邊書幾一，置於中，上涉筆硯、香合、薰爐之屬，俱小而雅。」〔註 89〕還有在《置瓴》中提到：「堂屋宜大，書室宜小，貴瓦銅，賤金銀，忌有環，忌成對。」〔註 90〕在《椅、榻、瓶、架》也提及：「忌靠壁，平設數椅。」〔註 91〕因爲『合宜』就是『忌諱』的反面，所以其中也暗示著當時文人在實際的生活環境中要注意何種進退關係。對於『合宜』的觀念的直接表述，筆者認爲，當時精通經史書畫的文人對於位置的關注猶有興趣，看《長物志》卷十《位置》中有《懸畫》一節，其中云：「懸畫宜高，齊中僅可置一軸於上，若玄兩壁及左右對列，最俗。」〔註 92〕其中可見如何確定主次關係，並且安排好呼應的節奏，不光是室內裝飾的安排，也預示著對生活的安排。

天地自然：

人與自然的和諧是自古以來中國的傳統思想，人處在自然當中只能合理的利用自然給人提供的條件，並加以合理的改造，這種思想在《長物志》中亦有許多表露，文震亨提出，夏季的房屋應該敞開，撤去窗檻等阻礙，屋前種植梧桐，屋後栽種修竹，以遮蔽暑氣，屋內陳設木幾於中，長榻邊不放屏風，北窗涼爽處設一竹床，上置席墊用以睡臥，木幾之上放置大硯、水盆、銅尊鐘彝，再放若干建蘭在側，屋內奇峰古樹，清泉白石，不妨多陳列，使人望去如入清

圖 3.16　十竹齋畫譜

〔註 89〕　文震亨《長物志》，浙江人民美術出版社 2011 年版，第 138 頁。
〔註 90〕　文震亨《長物志》，浙江人民美術出版社 2011 年版，第 137 頁。
〔註 91〕　文震亨《長物志》，浙江人民美術出版社 2011 年版，第 136 頁。
〔註 92〕　文震亨《長物志》，浙江人民美術出版社 2011 年版，第 136 頁。

涼界中。〔註 93〕具體描述，可參看《長物志》卷十《位置》中有《敞室》一節。古代文人重視居住環境與自然的和諧關係在其中可以見到，居室之中的陳設和外部自然的構造需要產生生態呼應的效果，在卷一《室廬》中《山齋》一節亦有提及：「雨漬苔生，綠縟可愛，繞砌可種翠雲草令遍，茂則青蔥欲浮。」〔註 94〕並且，經營好花木是件極其複雜的工作，所謂「弄花一歲，看花十日」〔註 95〕，種植花木，必要用玲鎖護持，以防有人踐踏，或是搭棚遮陽，以防暴曬；若在庭院或涼亭邊就適宜種植虬枝古松，枝葉需要根據美感進行修剪，水邊石際都是種植的上佳選擇，觀感上或是一望成林，或是孤枝獨秀，草木的種類上不可過於繁雜，最好是依據四季節氣來安排，桃、李、杏、梅、蘭、菊各有所歸，苔蘚與藥草的搭配，觀之古意最濃；菜圃、豆棚、桑、麻間隔，文人時作農夫，亦是雅事。文震亨為詳細闡述其對自然的感悟與經驗，在《長物志》卷二《花木》序中對此有記載〔註 96〕。在自己的居住環境裏加入花草植物等因素，看來是自古以來文人的傳統，合理利用自然花木對宅邸進行裝飾和點綴，是從古至今中國傳統中的慣例，體現著古代中國人借自然景觀與自身情思相融合的情狀。可見，文人借有形的景物載體來烘托自身無形的情愫，以有限的庭園景致再現自己曠世的胸懷。

強調身份：

文震亨的《長物志》有個明顯的特點，那就是具有百科全書的性質，在

〔註 93〕 《長物志》〈位置〉第 139 頁：「長夏宜敞室，盡去窗檻，前梧後竹，不見日色。列木幾極長大者於正中，兩傍置長榻無屏者各一，……北窗設湘竹榻，置簟於上，可以高臥。几上大硯一，青綠水盆一，尊彝之屬，俱取大者；置建蘭一二盆於几案之側，奇峰古樹，清泉白石，不妨多列。湘簾四垂，望之如入清涼界中。」

〔註 94〕 文震亨《長物志》，浙江人民美術出版社 2011 年版，第 26 頁。

〔註 95〕 文震亨《長物志》，浙江人民美術出版社 2011 年版，第 33 頁。

〔註 96〕 《長物志》〈花木〉序，第 33 頁：「弄花一歲，看花十日，故幃箔映蔽，玲鎖護持，非徒富貴容也。第繁華雜木，宜以敞記。乃若庭除檻畔，必以虬枝古幹，異種奇名，枝葉扶疏，位置疏密。或水邊石際，橫偃斜坡；或一望成林，或孤枝獨秀。草花不可繁雜，隨處植之，取其四時不斷，皆入圖畫。又如桃、李，不可植於庭除，似宜遠望；紅梅、絳桃，俱藉以點綴林中，不宜多植。梅生山中，有苔蘚者，移置藥欄，最古。杏花差不耐久，開時多值風雨，僅可作片時玩。臘梅，冬月最不可少。他如豆棚、菜圃，山家風味，故自不惡，然必闢隙地數頃，別為一區，若於庭除種植，便非韻事。更有石桑木柱，架縛精整者，愈入惡道。至於秋藝蘭栽菊，古各有方，時取以課園丁，靠職事，亦幽人之務也。」

生活層面的種種對象和居住環境及花木的配置上，都有較為仔細的記錄，分類也很全面，科目繁多但是不顯得雜亂，條理性很強，細緻的區分了雅俗之間的界限，分清楚合宜與禁忌之間範疇，文震亨此書可以得知文人是如何安排生活的，房屋、室廬有秩序；花木、水石重秀遠；禽鳥、魚蝦出情趣；書畫、古籍看雋永；几榻、桌椅有定式；飲食、品茗重清淡之味；衣飾、佩戴有王、謝之風。這點我們在沈春澤在《長物志》序〔註 97〕中即可見到；而且《長物志》一書通篇可以看出文震亨文章背後的含義，那就是強調其讀書人的身份，確立與俗漢之間的界標，因為世人的生活消費活動，對於商人和富足的市民階層而言也能做到，但是文人要顯示其特殊性，就一定會強調山林泉壑志趣，在詩酒品茗之間花費時間，對於古籍文玩，圖史鐘彝等對象都情有獨鍾，這些也許就是世間的尋常對象，但是被文人賦予了不同的人文色彩，因為文人在其中灌注了自己的才華、性情和韻致，他們迴避了世間的奢靡俗氣的消費觀念，是借助士人的真性情、真韻致方得以做到，非此不能區分出文人與市井之間格調的高低。相關細節沈春澤序中有記述。〔註 98〕象徵文人身份可以是擁有土地、財富，但這只是起始階段，發展到後來就是他們對文化產品的熱衷，這其中有一個悄然的變化，因為文人生活消費中的文化觀念就演變成了區分高低、雅俗的分水嶺，商人和平民的追捧與模倣，與社會競爭壓力之下產生的文化焦慮意識，也迫使文人士夫進一步想擺脫這樣的氛圍，從而凸顯自己的文化地位，這在柯律格的著作《長物志：近代早期中國的物質文化與社會地位》〔註 99〕中就有相關的描述：「由物品表達的社會區分

〔註 97〕　《長物志》序，第 22 頁：「予觀啓美是編，室廬有制，貴其爽而倩、古而潔也；花木、水石、禽魚有經，貴其秀而遠、宜而趣也；書畫有目，貴其奇而逸、雋而永也；几榻有度，器具有式，位置有定，貴其精而便、簡而裁、巧而自然也；衣飾有王、謝之風，舟車有武陵蜀道之想，蔬果有仙家瓜棗之味，香茗有葡會、玉川之癖，貴其幽而閒、淡而可思也。」

〔註 98〕　《長物志》序，第 21 頁：「夫標榜林壑，品題酒茗，收藏位置圖史、杯鐺之屬，於世為閒事，於身為長物。而品人者，於此觀韻焉、才與情焉，何也把古今清華美妙之氣於耳目餞不可食之器，尊逾拱璧，享輕千金，以守我之慷慨不平，非有真韻、真才與真情以勝之，其調弗同也。」

〔註 99〕　參閱：Craig Clunas. Superfluous Things：Material Culture and Social Status in Early Modern China. Polity Press. 1991 年版，第 160 頁。「On the whole，it seems likely that social distinction expressed through things was as its sharpest among the different sections of the elite，where the need to emphasize distance from that which threatened to be most close was particularly acute.」

是劃分精英不同成分的最顯明的形式，其間尤爲重要的是，需要強調分開那
離他們最近、威脅他們社會地位的人。」〔註100〕對於社會上的階層的差異，
好尙也不盡相同，不同的群體，在處理許多具體的實物——如房舍、家具、
器物、花草裝飾上都是有所差異，尤其在文化產品的消費中，可以明顯看到；
這種對於生活器物、家居裝飾美感的不同見解，產生分歧的原因，並不是由
於單純的形式美感和製作規範不同所決定，其中也不存在更多的審美稟賦差
異，而是因爲階層身份上的迥異，這會導致文人採取種種辦法來固守這樣的
傳統審美優勢。因此凡勃倫說：「這個準則制定，哪些事物卻是屬於某一消費
者所屬的那個階級的榮譽消費的範圍。這是禮儀傳統上的差別，這類傳統告訴
我們，哪些嗜好品和美術品是可以消費而不致損及消費者的身份的。」〔註101〕

　　從其上對《長物志》的論述中，我們基本可以理出文氏家族的整體文化
性格，文氏家族在限期掌握的經濟資本與社會關係的資本上，都給家族帶來
文化便利，而且其家族勢力的擴大，也是由於文化資本的積累爲其主要原因，
文氏家族在明代社會特定的文化氛圍之下，家族中的後嗣對家學的繼承，與
先輩的文化傳承有莫大的關係，家長對後輩書畫、詩文的教授，以及與周邊
接觸人士的交往，都在潛移默化中不斷規範其家族的意志，家族整體的價值
取向也具有某種共性因素，順潮流、合時宜，在世俗環境下盡可能地做到既
『和而不同』的諧調狀態，文震亨的《長物志》中透露出來的文化視角：既
要周全又要比較，這種觀念在相對長期的、漸變式的世風狀態下，形成了文
化意義上的、約定俗成的價值理念。

　　正是由於文氏家族長期的物質及文化積累，族人中功名舉業的成功，造
成了巨大的文化影響力，他們掌握著某種文化話語的權利，進行雅俗之間的
區分，劃定正統的範疇，形成帶有約束性的文化框架，於是，家族中文人士
夫如何生活，如何消費也都是需要與其身份相符合。從上述文本中的種種論
述可以得知這個重要的信息，即「文震亨在《長物志》中闡述各種長物鑒賞
之道的潛在意圖是想告訴那些附庸風雅的社會大眾：最重要的並不是擁有這
些東西，而是擁有它們的方式。」〔註102〕

〔註100〕萬木春《味水軒裏的閒居者：萬曆末年嘉興的書畫世界》，中國美術學院出版
　　　　社 2008 年版，第 24 頁。
〔註101〕凡勃倫《有閒階級論》，商務印書館 2004 年版，第 103 頁。
〔註102〕李志明《閱讀〈長物志〉：從文本到話語》，《中國園林》2009 年 11 月，第 9
　　　　頁。

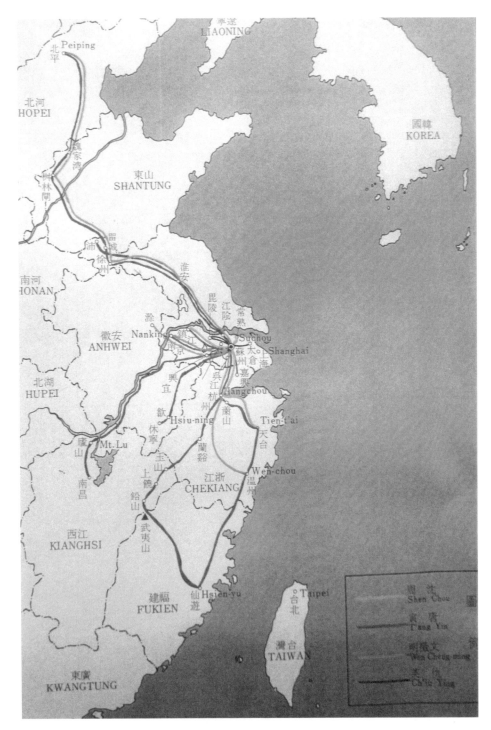

圖 3.17　明四家行程遊歷圖（《文徵明畫繫年》）

3.4　唐寅與功名

　　唐寅在明代中期的江南可謂是盛名卓著，不論是詩文還是書畫，都是明代江南地區的翹楚人物，唐寅雖生於市井商賈之家，由於其父對他的培養不惜花費重金，延聘名師教授，加之唐寅自幼聰慧，有過人之才，王稚登論及唐寅：「才氣雄逸，花吐雲飛。先輩名碩，折節相下。」〔註103〕也由於唐寅才高，四方賓朋亦對他有心結交。且唐寅年少中舉，獲『解元』，爲人所稱道，有記載說，鄉試三年一考，每次都有數千人，文徵明云：「鄉貢率三歲一舉。合一省數郡之士，群數千人而試之，拔其三十之一，升其得雋者曰舉人。又合數省所舉之士，群數千人而試之，拔其十之一，升其得雋者曰進士。」〔註104〕從文徵明的話中很清楚瞭解到，每次參加鄉試的有數千人，在鄉試中考上的幾率爲三十分之一；每次參加會試的人也有數千人，而會試中舉人考上進士的錄取率爲十分之一，但是舉人是最重要的一關，否則無法在進行下一步考試，中可見中舉之難，因此當時就有『金舉人，銀進士』的說法。〔註105〕唐寅在這方面取得的成績在世人看來都是值得豔羨的，但這些成績的取得，與他當時所處的環境和師長朋友給他營造的氛圍分不開，因爲「一個有才能的人想迅速的幸運地發展起來，就需要有一種很昌盛的精神文明和健康的教養在他那個民族裏得到普及。如果能在一種和名士碩儒近距離接觸的環境下成長或能在身後的家學背景下成長的人都是很幸運的。」〔註106〕看唐寅少年時期的環境：不論是他的家庭，還是師友都給他很大的幫助，加上自身的勤奮，於是成名很早，舉業有望這對於唐寅而言，似乎是開啓了一扇通向成功的大門，不出意外的話，這是合乎邏輯的推論。唐寅有《題畫》云：「秋月攀仙桂，春風看杏花。一朝欣得意，聯步上京華。」〔註107〕又有他的《題畫雞》一詩中云：「血染冠頭錦作翎，昂昂氣象羽毛新。大明門外朝天客，立馬先聽第一聲。」〔註108〕從中不難看出一個意氣風發的少年才子的形象，而且唐寅也有十足的把握搏得功名，不負其父的厚望，以光耀唐氏門楣。

〔註103〕周道振、張月尊《唐伯虎全集》，中國美術學院出版社 2002 年版，第 546 頁。
〔註104〕周道振《文徵明集》，上海古籍出版社 1987 年版，第 462 頁。
〔註105〕顧公燮《丹午筆記》，江蘇古籍出版社 1985 年版，第 67～68 頁。
〔註106〕歌德《歌德談話錄》，人民文學出版社 1978 年版，第 140～141 頁。
〔註107〕周道振、張月尊《唐伯虎全集》，中國美術學院出版社 2002 年版，第 102 頁。
〔註108〕周道振、張月尊《唐伯虎全集》，中國美術學院出版社 2002 年版，第 102 頁。

圖 3.18　顧閎中　韓熙載夜宴圖 局部

　　然而在這一切的表象背後，還是隱藏著危機，唐寅交遊圈中具有眼光的長輩也發現唐寅的弱點，並以告誡的方式預示了唐寅後來的悲劇，文嘉在《先君行略》中記載道：「南濠都公穆博雅好古，六如唐君寅天才俊逸，公與二人者共耽古學，遊從甚密，……唐亦中南京戊午解元。時溫州在任，還書誡公曰：『子畏之才宜發解，然其人輕浮，恐終無成。吾兒他日遠到，非所及也。」〔註 109〕文嘉的《先君行略》中提及都穆古雅、唐寅俊逸、文徵明與此二人共研學問，交遊甚密，當年唐寅考中，得『解元』，但是文徵明父親文林針對文徵明考試失利一事，寫信回家，明確的指出了唐寅的問題，文林認爲唐寅其人輕浮，日後恐終無成，勸誡並鼓勵文徵明勤加用功，他日必有所成，日後的榮名並非唐寅所能享。當然，這段文字中，文林也有安慰文徵明的意思，因爲文徵明早年不慧，功名舉業似乎無望，但是這一點也正是文徵明低調處事、苦心修爲的前提，這方面則恰恰又是唐寅的早年特徵所在，即天才外露。唐寅在他的《進酒歌》中寫道：「吾金莫放金叵羅，請君聽我進酒歌。爲樂須當少壯日，老去蕭蕭空奈何？……君不見劉生荷鍤眞落魂，千日之醉亦不惡，又不見畢君拍浮在酒池，蟹螯酒杯兩手持。勸君一飲百斗，富貴文章我何有？空使今人羨古人，總得浮名不如酒。」〔註 110〕其中可以看到唐寅以此傚仿李白的行狀，其詩也是模倣李白的《將進酒》，詩中大有恃才傲物，目空一切的感覺。唐寅也知道自己天才早慧，於是在生活中不加檢點，放浪行跡，沉迷聲色，唐寅的性格特點在一定程度上給自己後來的人生際遇埋下了伏筆，這

〔註 109〕周道振《文徵明集》，上海古籍出版社 1987 年版，第 1620 頁。
〔註 110〕陳伉、曹惠民《唐伯虎詩文書畫全集》，中國言實出版社 2005 年版，第 327頁。

點明人顧璘在《國寶新編》中論及唐寅：「弱居庠序，漫負狂名。」〔註 111〕
意指唐寅年少得中，暴享大名；《唐刻全集》中也記載到：「狂士標格，才子
聲明。」〔註 112〕筆者在研究中發現，唐寅後來被牽進科場案一事，雖有冤屈
的成分，但是這與唐寅自身孤傲、狂放的性格不無關係。尤其在面對重大的
人生轉折期，不知收斂其鋒芒，在當時的政治態勢下，必然導致惡性的後果，
因為天縱其才的反面就是天妒英才，導致「當時無敢為唐生稱冤者」，〔註 113〕
而明代讀書人的進身之階就是科舉取士，如果考中，他們庶人的身份也會由
此得以改變。在這種關鍵時期，總有不為人所探知的細節在微妙地起著作用，
左右著事物的發展，從而關係到個人的前途。

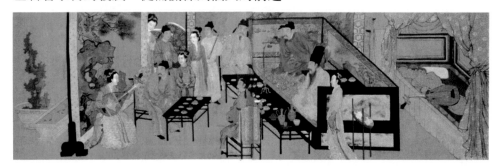

圖 3.19　唐寅　仿韓熙載夜宴圖　局部

　　對於 1499 年，即弘治十二年二月的『科場案』，《明孝宗實錄》中有詳細
的記載〔註 114〕，戶科給事中華昶上奏於朝，說主考官程敏政賣題作弊，甘心
與市井為伍，考試尚未進行，考題就已經洩露於外，江陰縣舉人徐經、蘇州

〔註 111〕　周道振、張月尊《唐伯虎全集》，中國美術學院出版社 2002 年版，第 543 頁。
〔註 112〕　陳伉、曹惠民《唐伯虎詩文書畫全集》，中國言實出版社 2005 年版，第 549 頁。
〔註 113〕　周道振、張月尊《文徵明年譜》，百家出版社 2002 年版，第 98 頁。
〔註 114〕　參見《明孝宗實錄》第 2592 頁：今年會試，臣聞士大夫公議於朝，私議於巷，
　　　　　翰林學士程敏政假手文場，甘心市井，士子初場未入而《論語》題已傳誦於外，
　　　　　二場未入而表題又傳誦於外，三場未入而策之第三、四問又傳誦於外。江陰縣
　　　　　舉人徐經、蘇州府舉人唐寅等狂童孺子，天奪其魄，或先以此題驕於眾，或先
　　　　　以此題問於人。此豈科目所宜有？盛世所宜容？臣待罪言職，有此風聞，願陛
　　　　　下特敕禮部場中朱卷，凡經程敏正看者，許主考大學士李東陽與五經同考官重
　　　　　加翻閱，公為去取。俾天下士就試於京師者，咸知有司之公。上令禮部即議處
　　　　　以聞。禮部言：『昶必有所聞，故陳此奏』。但恐風聞之事猶或未真，況未經開
　　　　　榜，不知所指實之人曾取中否？豈如所奏，行令李東陽會同五經同考試官將場
　　　　　中朱卷凡經程敏政看中者重加翻閱，從公去取，以息物議。開榜日期，亦豈改
　　　　　移本月二十九日或三月初二日。上從之，命以三月初二日放榜。」

府舉人唐寅等人先期一步得到考題在眾人面前驕狂，拿著題目向人詢問答案，這種事情不應當出現在明主主政的盛世，這件事情已經到了『公議於朝，私議於巷』的地步，給事中華昶認為自己有風聞言事的職責，所以請弘治皇帝下旨徹查此事，覆查禮部中的朱卷，凡經過程敏政批閱過的卷子，一律請大學士李東陽會同其他主考官審閱，以得公正的評價，通過這件事也告訴天下來京考試的舉子，相關部門是秉公辦事的。對於給事中華昶的奏疏，孝宗弘治帝的態度還是比較謹慎的，他認為華昶的彙報不像是空穴來風，所以要禮部查出程敏政批閱的朱卷中是否有徐經和唐寅的名字，禮部在處理這件事上也是審慎，禮部官員怕冤枉好人，雖有風聞一說，但是沒有最終公榜，很難說明情況，所以禮部奏請皇帝，要大學士李東陽與其他考官複審，根據相關考生答題的好壞來給出公正的判斷，以平息眾議，公榜的日期也往後延。通過梳理我們可以看出，此次『科場案』的引發，其消息來源是『公議於朝』且『私議於巷』，於公而言，朝中的官僚階層似乎是要肅清這種不良現象，以維護集團自身所謂的公正性；於私而言，街頭巷尾的坊間議論，裏面或多或少的帶有了既『羨』又『妒』的市井意味。如果沒有這些好事者，給事中華昶也不會風聞言事〔註115〕，這件糾纏不清的『科場案』〔註116〕也就不會發生，也因為科舉取士是國家的一件重要的事項，皇帝自然會重視考試中出現的問題，所以明孝宗對此事責令禮部覆查，並延緩公榜日期。後李東陽奉旨與諸考官詳查此事，得出結論〔註117〕，認為給事中華昶彈劾程敏政泄題一案，已經查實，徐經、唐寅二人的試卷不在正榜的名單之內，有其他的考官的簽字以證明這點，並且李東陽和眾考官一同審閱，定下三百名考上的考生名單，此事以作具結。此事實已經說明，主考官程敏政、考生唐寅、徐經等人並無

〔註115〕 按：明朝置給事中，掌侍從、諫諍、補闕、拾遺、審核、封駁詔旨，駁正百司所上奏章，監察六部諸司，彈劾百官，與御史護衛補充。另負責編纂詔旨題奏，監督諸司執行情況。鄉試充考試官，會試充同考官，殿試充受卷官；冊封宗室、諸藩或告諭外國時，充正、副使；受理冤訟等。品卑而權重。

〔註116〕 流傳甚廣的此事件的另一版本是「都穆告密說」，都穆亦為唐寅好友，也一同參加此次科舉考試，由於1494年，即弘治七年，都穆曾在華昶家中教讀，與華昶相識，將科場泄題一事相告，故後有「科場案」的發作。

〔註117〕 參見陳寒鳴《程敏政與弘治己未會試「鬻題」案探析》中國社會科學院研究生院學報1998年第4期，第67頁。「給事中華昶劾學士程敏政私漏題目於徐經、唐寅，禮部移文，臣等重加翻閱去取。其時考校已定，按彌封號籍，二卷俱不在取中正榜之數，有同考官批語可驗。臣復會同五經諸同考連日再閱，定取正榜三百卷，會外簾比號拆名。今事已竣，謹具以聞，幸下禮部看詳。」

科場舞弊，但是華昶、唐寅、徐經等人同樣也被治罪下獄，這對於當事人而言是不公平的法律制裁，因爲言官有風聞言事的權利，考生也有自己的申訴權，但是在當時的社會環境和條件下，都被處理，這多少是有些冤枉的，這點從《明孝宗實錄》中可見。〔註118〕

　　唐寅對這段備受冤屈的經歷也有痛徹心扉的記載，在《唐伯虎全集》卷五《與文徵明書》中他寫道：「牆高基下，遂爲禍的。側目在旁，而僕不知；從容晏笑，已在虎口。庭無繁桑，貝錦百匹；讒舌萬丈，飛章交加。至於天子震赫，召捕詔獄。身貫三木，卒吏如虎，舉頭搶地，湅泗橫集，而後崑山焚如，玉石皆毀；下流難處，眾惡所歸。」〔註119〕文中可知道『科場案』給唐寅的人生所帶來的劇變，他也由此受人鄙夷、側目。這場飛來的橫禍本源於坊間市井的謠傳，又引發了朝廷大臣的相互參劾，事態形式又呈現詭譎的局面，唐寅深陷其中，百口莫辯，因爲這個時候的唐寅僅僅是被人作爲一個棋子或是籌碼在使用了，唐寅處在其中也是身不由己，情況再次失控。『科場案』原本了結的事情再次出現變化，因有記載，〔註120〕工部都給事中林廷玉因爲也是眾考官之一，他還是質疑主考官程敏政出題閱卷之事，聯合給事中尚衡、監察御史王綬等人上疏請求釋放華昶，逮捕程敏政，徐經又上奏申辯，說華昶挾私誣陷程敏政，並且請求保釋，明憲宗只好再命三法司複審，經過錦衣衛拷問，徐經說程敏政曾經輔導過他們，並收取過報酬，左都御史閔珪等人上奏皇帝，請求拿問程敏政以對質，皇帝將奏疏扣押十餘天方才同意這樣辦。文中顯示的信息是仍舊有人揪住『科場案』不放，並要嚴懲主考官程敏政，面對這樣的狀況，程敏政自然不服，自去午門跟當事人對質，程敏政指出徐經和唐寅二人都不在朱卷之列，又對相關的試卷進行覆核，都御史閔珪等人還想多位官員一同會審此事，但是皇帝認爲沒有這個必要，只要從實覆查即可，所以再一次拷問徐經，徐經只好承認前次是因爲扛不過拷打，屈

〔註118〕《明孝宗實錄》第 2599 頁：「（三月）丙寅，下戶科給事中華昶及舉人徐經、唐寅於獄。」

〔註119〕唐寅《唐伯虎全集》，中國書店 1985 年版，第 3 頁。

〔註120〕參見《明孝宗實錄》第 2634 頁：「（四月）工科都給事中林廷玉以嘗爲同考試官與知內簾事，歷程敏政出題閱卷取人可疑者六。既而，給事中尚衡、監察御史王綬皆請釋昶而逮敏政。徐經亦奏昶挾私誣指敏政，復屢奏自辯，且求放歸。及置對鎮撫司，以經、昶等獄辭多異，請取自宸。上命三法司及錦衣衛廷鞫之。經即自言敏政嘗受其金幣。御史左都御史閔珪等請逮敏政對問，奏留中十餘日，乃可之。」

打成招一事，向程敏政求學卻有此事，也有相關報償，但是並沒有對其進行賄賂以購考題，坊間流言有不實之處，因程敏政講課時提及可能出現的重點，所以徐經和唐寅二人在考前作模擬訓練，而正好此次出題又有相關的試題出現，被人訛傳為泄題，故有科場一案的出現。此事到此總算有一個終結，皇帝作出了最終的判決：因科考一案，主考官程敏政不必嫌疑，招致世人非議，行為有辱斯文，命其致仕退休，不久後，程敏政氣鬱而死；給事中華昶等人所言不實，彈劾失據，將其調南京太僕寺擔任主簿一職，其實這也是對官員的另外一種形式的發配；徐經和唐寅二人犯夤緣求進〔註121〕之罪，被罷黜功名罰做小吏。〔註122〕事情發展到這一步，不論是原告和被告都沒有得到好的結局，相對唐寅與徐經而言，他們在整個事件中只是弱勢群體，更是冤案中的受害者，他們沒有力量與朝廷的官僚進行抗衡，只好接受這個屈辱的命運安排。但是唐寅還是心有不甘，幸虧昔日故交，也是在朝中為高官的吳寬多方奔走營救，唐寅等才保住性命。另外的一種敘述就是對於『都穆告密說』，〔註123〕並唐寅此事結局，筆者不再展開論述前後原委，在《唐伯虎全集》附錄六，唐寅年表中有精練的文字記載。

〔註121〕　夤緣求進：成語，意指拉攏關係，攀附權貴，以求高升。

〔註122〕　參見《明孝宗實錄》第 2659 頁：「六月，先是給事中華昶奏學士程敏政會試漏題事，既午門前置對。敏政不服，具以昶所指二人皆不在中。列而復校，所點可疑者十三卷，亦不盡。經校閱，乞召同考試官及禮部掌號籍者面證。都御史閔珪等請會多官共治，得旨不必會官，第從公訊實以聞。復拷問徐經，辭亦自異，謂：「來京之時，慕敏政學問，以幣求從學，間講及三場題可出者，經因與唐寅擬作文字，致揚之外。會敏政主試，所出題有嘗所言及者，故人疑其買題，而昶遂指之，實未嘗賂敏政。前懼拷治，故自誣服。因擬敏政、經、寅各贖徒，昶等贖徒，且劾敏政臨財苟得，不避嫌疑，有玷文衡，遍招物議，及昶言事不察，經、寅等夤緣求進之罪。上以招輕參重有礙，裁處命再議擬以聞。珪等以具獄上，於是命敏政致仕，昶調南京太僕寺主簿；經、寅贖罪，畢送禮部奏處，皆黜充吏役。」

〔註123〕　《唐伯虎全集》附錄六，唐寅年表：「弘治十二年己未（1499 年）（唐寅）三十歲，程敏政與李東陽同主會試。二場後，給事中華昶疏劾敏政與徐經有私，語連唐寅。時榜未發，詔東陽復閱敏政所取卷，無徐、唐。言者猶未已，下程敏政、唐寅、徐經及華昶於詔獄。坐經嘗執贄見敏政、寅嘗乞敏政文，同黜為吏。敏政勒致仕，昶言事不實，調南太僕主簿。……都穆中進士。華昶之發難，穆實囑之，故寅誓不與相見，吳中諸公皆薄之。穆晚年亦悔之。寅黜為浙藩吏，吳寬致書浙大吏為之左右。或勸寅往就，為後來地，異時不失一命；終恥之，不就。」後一年，「弘治十三年庚申（1500 年）（唐寅）三十一歲。家居沉湎，生計日薄；繼室反目紕雜。致文徵明書，歷敘款曲；告以欲遠遊東南，以弟申為託。」

圖 3.20　唐寅　西洲話舊圖

　　事已至此，一場鬧劇就此落幕，但是給當事人之一的唐寅造成極大的影響，因爲他後面的生活瞬間發生了改變，悲劇已然開演，唐寅的舉業之路就此斷絕，他的第二任妻子看其無望亦離他而去，加之唐寅父親唐廣德去世，又因唐寅不善持家，但仍是終日沉淪，借酒色流連以忘憂，以致後來家道中落，陷於貧困，對於種種不幸，唐寅自己亦有深刻反省，他在給文徵明的信中寫道：「計僕少年，居身屠酤，鼓刀滌血。獲奉吾卿周旋。頡頑婆娑，皆欲以功名命世。不幸多故，哀亂相尋，父母妻子，蹢躅而沒，喪車屢駕，黃口嗷嗷，加僕之跌宕無羈，不問生產，何有何亡，付之談笑。鳴琴在室，坐客常滿，而亦能慷慨然諾，周人之急。」〔註124〕回到家中的唐寅看到家中境況亦有記載：「反視室中，甌破缺，衣履之外，靡有長物……嗟嗟咄咄，計無所出。將春掇桑甚，秋有橡實；餘者不迨，則寄口浮屠，日願一餐，概不謀夕也。」〔註125〕這種朝不保夕的日子對於之前風流蘊藉的才子唐寅來說，以前實在是無法想像的，這位少年天才，成名既早，聲名亦大，經此變故，方知人情冷暖，世態炎涼。舉目無援之時，尚有弱弟需要照顧，此種狀況實爲惋惜，《與文徵明書》中有記：「但吾弟弱不任門戶，旁無伯叔，衣食空絕，必爲流莩。僕素論交者，皆負節義。幸捐狗馬餘食，使不絕唐氏之祀，則區區之懷，安矣樂矣。」〔註126〕此事之後的唐寅，開始了鬻文賣畫的生活，以前的風流才子也必須混跡市井之間，以謀得生路，他留下的關於其生活困苦的詩句很多，如：「十朝風雨苦昏迷，八口妻孥並告饑，信是老天真戲我，無人來買扇頭詩」；「書畫詩文總不共，偶然生計寓其中。肯嫌斗粟囊錢少，也濟先生一日窮」。〔註127〕其詩《漫興》十首中有記：「萬點落花俱是恨，滿懷明月既忘貧。」〔註128〕「親知散去綈袍冷，風雪欺貧瓦灌冰。」〔註129〕

　　唐寅遭此變故，行徑愈加放浪，更加沉迷眠花醉酒的生活，但仍保有東山再起的功名之心，因唐寅於1514年，即正德九年，他45歲時應寧王之聘，入寧王府作幕僚，但後來發現寧王有謀逆不軌之意，裝瘋而被遣走，故後來寧王謀反失敗，因唐寅藉故離開而保住性命，所以細查唐寅的功名與人生之路實在多舛。

〔註124〕唐寅《唐伯虎全集》，中國書店1985年版，第2頁。
〔註125〕唐寅《唐伯虎全集》，中國書店1985年版，第3頁。
〔註126〕唐寅《唐伯虎全集》，中國書店1985年版，第4頁。
〔註127〕唐寅《唐伯虎全集》，中國書店1985年版，第2頁。
〔註128〕唐寅《唐伯虎全集》，中國書店1985年版，第2頁。
〔註129〕唐寅《唐伯虎全集》，中國書店1985年版，第20頁。

縱觀唐寅的一生與舉業仕途的關係，便可以得知當時的大多數庶人是怎樣看待功名一事，真實的唐寅沒有成為士夫官僚，但是也就是因為其遭遇的種種變故，更加襯托出他的才華，這才給後人留下了一個多才多藝的風流才子的形象，因此，筆者引唐寅的自題《西洲話舊圖》中的《言懷》詩作本節的總結：「醉舞狂歌五十年，花中行樂月中眠。漫勞海內傳名字，誰信腰間沒酒錢。書本自慚稱學者，眾人疑道是神仙。些須做得工夫處，不損胸前一片天。」〔註130〕

3.5 項氏收藏與仇英的繪畫

項元汴（1524～1590），字子京，又稱墨林山人，別號香岩居士，浙江嘉興人，能詩善畫，精於鑒賞收藏，家藏宏富，明代著名的收藏家。經歷三朝明代皇帝，即明世宗朱厚熜（1522～1566）、明穆宗朱載垕（1567～1572）、明神宗朱翊鈞（1573～1620）時期。

項氏收藏最早也是由於家世緣故，項元汴出身望族，宋代時，項氏先祖項煒即已是翰林院學士，項元汴父項銓，官至南京吏部郎中，極善理財，有記載其父：「公衣恆大布，膳不兼饌，曰無暴珍也。」〔註131〕又廣交賓朋，從此項家日富，後其父將家財分給項元汴三兄弟，這樣給項氏兄弟奠定了收藏的經濟基礎，並自項元汴始，項氏家族又造就了大批書香子弟，以繼承詩書大雅，數代中人才輩出，同時也形成了一個龐大的書畫收藏世家，之於項氏家族的宏富收藏，這在中國書畫史及鑒藏史上也是十分罕見的案例。

回到明代中期項元汴所處的江南社會，無論是政治環境、經濟實力還是文化方位方面，都有其優越性，並且收藏活動具有重要的文化功用，因為人類歷史上的文化傳承與收藏其實是密不可分的，只有借助對古物的瞭解才能夠辨別歷史信息，而且只有賢者才能從收藏的玩物喪志的誤區中走出來，能夠在收藏中知道何為輕重之分、經權〔註132〕之用，董其昌在《骨董十三說》中記載：「人能置身優游閑暇之地，留心學問之中，得事物之本末終始，而後應物，不失大小輕重之宜、經權之用，乃能即物見道，學之聚之，問之辨之，其進有不量者矣。故曰唯賢者能好之而無敝也。」〔註133〕收藏的手段和方式再

〔註130〕唐寅《唐寅畫集》，人民美術出版社 2001 年版，第 56 頁。
〔註131〕陳麥青《隨興居談藝》，復旦大學出版社 2003 年版，97～98 頁。
〔註132〕經權：儒家用語。「經」指事物的常住性；「權」指事物發展過程中的變動性。
　　　　在方法論上，「經」是根本原則；「權」即權變，是對原則的靈活運用。
〔註133〕董其昌《骨董十三說》，金城出版社 2012 年版，第 5 頁。

就是達官貴族的倒臺，家藏散落民間，《鈐山堂書畫記》是文嘉於明嘉靖乙丑年（1565 年）參與清點遭官府抄沒的嚴嵩家產所藏書畫時做的筆記，其中就有大量的名跡在冊，法書有鍾繇與王羲之真跡，王獻之《鴨頭丸帖》、索靖《出師頌》……，唐、宋、元各朝的名家真跡力作同樣眾多，虞世南《夫子廟堂碑》、顏真卿《爭座位帖》、歐陽詢《千字文》、孫過庭《書譜》、張旭《春草貼》、懷素《自敘帖》、宋徽宗《書女史箴》、蘇軾《前赤壁賦》、黃庭堅《諸上座帖》、米芾《天馬賦》、趙孟頫《六體千字文》、祝允明《秋興八首》等等，不一而論。

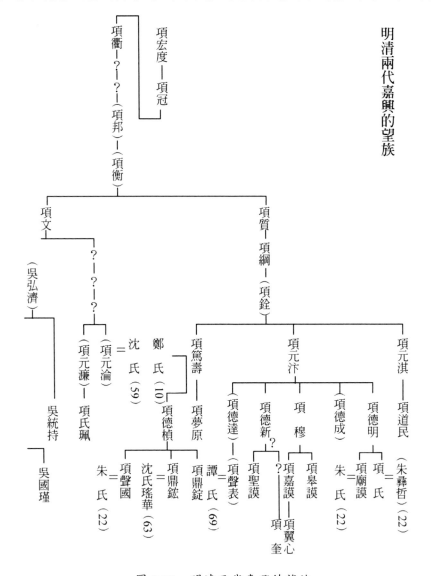

圖 3.21　明清兩代嘉興的望族

　　畫跡就有：展子虔《遊春圖》、吳道子《觀音變相圖》、閻立本《職貢圖》、王維《雪溪圖》、韓滉《晉公演樂圖》、韓幹《圉人呈馬圖》、顧閎中《韓熙載夜宴圖》、黃筌《白雁圖》、宋徽宗《秋禽圖》、周文矩《文會圖》、王齊翰《勘書圖》、張擇端《清明上河圖》、文同《細竹圖》、蘇東坡《木石圖》、李公麟《孝經圖》、李成《盤車圖》、董源《山水圖》、范寬《關山雪渡圖》、郭熙《山水圖》、李唐《長江雪霽圖》……米芾、馬遠、夏圭、馬和之、劉松年、李嵩、蘇漢臣、趙孟頫、錢舜舉……戴進、邊景昭、孫龍、沈周、文徵明、唐寅、仇英等諸前輩大師與當時名家的畫跡在嚴府都以精品入藏。由於篇幅關係，筆者暫略其古董、文玩、古籍善本、珍寶玉器等項。

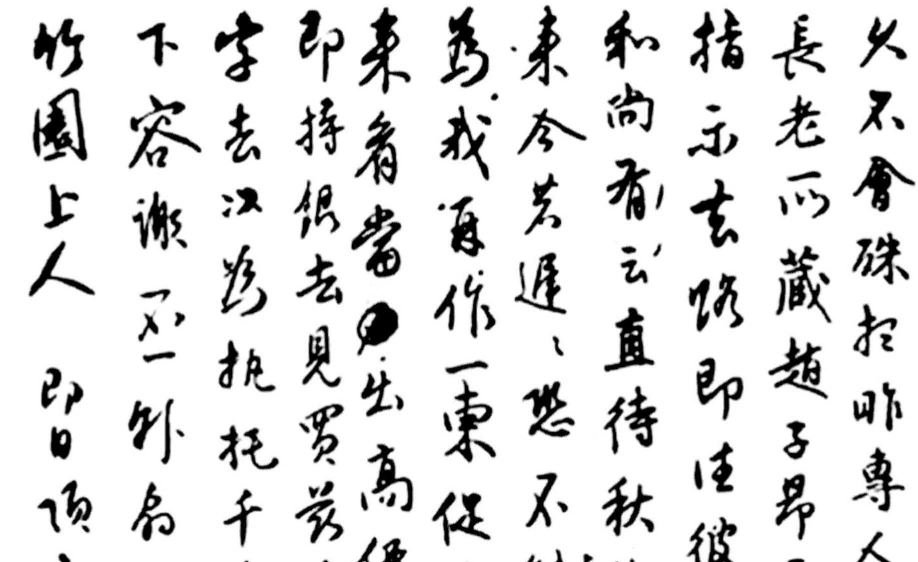

圖 3.22　項元汴手札

　　從上面列舉的簡略清單就看出，當時的官宦階層的收藏之富，幾乎可以當做一部精選本的中國美術史，這些真跡流散開去，勢必成為收藏家的搶手貨，項元汴自己對於書畫古玩的收藏也是樂此不疲，對於名品的蒐集不遺餘力，我們可以從他的手札中看出一斑：「久不會，殊想、昨專人奉問：『南山長老所藏趙子昂手跡，已承指示去路，即往彼詢之。』自然和尚有云：『直待秋後七月方上來，今若遲遲，恐不能待他，乞為我再作一束，促此僧即持來看，當出高價；不然遂即持銀去見買。茲此進求一紙子去，以為執託，千萬詳細寫下，容謝不一。外扇一柄，奉敬竹園上人。即日項元汴頓首。」〔註 134〕

　　對於收藏，項元汴非常看好自己的鑒賞眼力，項元汴曾與詹景鳳有過討論，他說王氏弟兄、顧氏兄弟只是瞎漢而已，只有文徵明有眼力，但去世已久，項元汴認為而現在只有詹景鳳和他自己是最有眼力的人，對於這樣的說法，詹景鳳還是相當低調，詹景鳳認為天下之大，一定還有具備極好的眼力的人，所以不敢自誇。在《東圖玄覽編》附錄中，有相關的記載。〔註 135〕從詹景鳳的話中可以看出項元汴雖有傲氣，但也確實承認他有收藏方面的眼力這一事實。項元汴之兄項篤壽也是收藏成癖的人，尤愛藏書，看到善本書籍就會買下藏之與萬卷樓中，看到秘籍類就請人傳抄；項元汴本人也是極善經商，從而家資巨富，收藏古人金石書畫文玩，藏在天籟閣中，海內珍異之物，十之有九歸其收藏。〔註 136〕

〔註 134〕華寧《項元汴的一通手札》，《紫禁城》1994 年 1 月，第 46 頁。
〔註 135〕參見：徐邦達《歷代書畫家傳記考辨》上海人民美術出版社，1983 年版，第44 頁。「……項因謂余：今天下誰具雙眼者？王氏二美（按指王世貞元美與王世懋敬美兄弟）則瞎漢：顧氏二汝（顧從德汝脩與顧從義汝和兄弟）眇視者也！唯文徵仲具雙眼，則死已久；今天下誰具雙眼者？意欲我以雙眼稱之。而我顧徐徐答曰：四海九州如此廣，天下如彼眾；走未能盡天下賢俊，烏能盡識天下之眼？項因言：今天下具眼，唯足下與汴耳！余笑曰：卿眼自佳，乃走則不忍謂己獨有雙眼，亦不敢謂人盡無雙眼。……」
〔註 136〕清人朱彝尊在《曝書亭集》記載：「子長諱篤壽，中嘉靖壬戌進士，入詞林。性好藏書，見秘籍令小青傳抄，儲之舍北萬卷樓。其季弟子京以善生產富，能鑒別古人金石書畫文玩物，所居天籟閣，坐質庫估價，海內珍異，十九多歸之。」參見：華寧《項元汴的一通手札》，紫禁城 1994 年第 1 期，第 44頁。

圖 3.23　仇英　《竹院品古圖》

　　項氏的天籟閣裏收藏有：王羲之《行楷書千字文》、懷素的《苦筍貼》、
韓滉的《五牛圖》、韓幹的《照夜白圖》、米芾的《清和帖》、李唐的《采薇圖》、
趙孟頫的《鵲華秋色圖》、《二羊圖》、錢選的《浮玉山居圖》、王蒙的《葛稚
川移居圖》及《花溪漁隱圖》等等，不一而論；並且在李日華的《味水軒日
記》裏也記載道項氏的收藏之豐富，李日華去項宅見項宏甫（項元汴四子），

看到有趙孟頫大字本書寫的蘇東坡的《煙江疊嶂歌》，筆法雄厚，徐浩、李邕、柳公權、顏眞卿的作品俱有，沈周、文徵明也有作品在其中，風格明顯。具體可見《味水軒日記》卷二：萬曆三十八年六月篇〔註 137〕。項元汴很重視收藏歷代名品，如唐、五代及宋代的藏品就達到六百多件；在明代，宋與宋以前的作品就已經很稀有，富有人家收藏不易，而項元汴卻有，這更看出項氏的收藏之精。懷素《自敘帖》就是被項氏花費六百兩購入的，董其昌在他的《容臺別集》卷二中有記載：「懷素《自敘帖》眞跡，嘉興項氏以六百金購之朱錦衣家，朱得之內府，蓋嚴分宜物，沒入大內，後給侯伯月俸，朱太尉希孝旋收之，其處吳郡陸完所藏也。文待詔曾摹刻《停雲館》行於世，餘二十年前在檇李獲見眞本，年來亦屢得懷素他草書鑒賞之，惟此爲最。」〔註 138〕之於這個細節可以印證此節開頭的論述，達官倒臺後書畫被充公，旋即又散入民間，並以此亦可見項氏收藏的眼光。

項氏收藏還有一大特色，就是藏品編號的形式與眾不同，據鄭淑銀調查項氏藏品的編號有四種類型：「千字文編號、千字文另附編號、千字文以外的文字編號、數字編號。」〔註 139〕用千字文將藏品編號是項氏的獨創，在這個細節上，我們也能看出項元汴的收藏量之大。

對於明朝當時的名家的作品，項元汴也經常有機會得到精品，文徵明長子文彭爲其治印；陳淳也教過項元汴作畫；仇英常年寄住其家爲項氏作畫；董其昌青年時期在項家當過塾師。項氏家族社會關係複雜，也是項元汴多渠道獲得藏品的主要途徑。項元汴經常在他的藏品後面記錄下當時的所購價格，這點雖被人詬病其顯富，但是其中仍存在有關仇英作

圖 3.24　項元汴二百金款

〔註 137〕「四月，過項宏甫（項元汴四子），出現趙子昂擘窠書蘇子瞻《煙江疊嶂歌》，筆法雄厚，徐季海（徐浩）、李北海（李邕）、柳誠懸（柳公權）、顏清臣（顏眞卿）、無所不有。……後有沈石田、文衡山二圖。衡山純用元暉染法，風韻較勝。」參見：李日華《味水軒日記》上海遠東出版社，1996 年版，第 107 頁。

〔註 138〕董其昌《容臺集》，西泠印社出版社 2012 年版，第 628 頁。

〔註 139〕鄭淑銀《項元汴之書畫收藏與藝術》，文史哲出版社 1984 年版，第 82 頁。

品的有價值的線索：王羲之《瞻近帖》，價值兩千金；王羲之《平安》、《何如》、《奉橘》帖，價值二百金；馮承素《王羲之蘭亭序》（摹本）卷，其值五百五十金；懷素《自敘帖》，項元汴以六百金購入；……趙孟頫《道德經卷》（附老子立像），其值七十兩；……黃筌《柳塘聚禽圖卷》，價八十兩；「……仇英《漢宮春曉卷》，上有項元汴記語『子孫永保值二百金』；文徵明《袁安臥雪圖》，原價十六兩……。」〔註140〕這裡面有一個小細節就是仇英在當時的畫作的價格問題，他的《漢宮春曉卷》值二百金，亦有說是一千金，這在明代的社會環境下簡直就是天價，這點也說明了仇英作品在明代的地位；因為項氏在購進王羲之的書法時也不過二百兩，而文徵明的畫作的價格就只有區區十六兩，可見其中價格的差距。因為價格有時候是說明問題的關鍵因素之一，有文獻記載「嘉靖二年（1523年）癸未，南都旱疫，死亡相枕藉，蒼米價貴至一兩五六錢。父老言：二百年來，南都穀貴自未有至此者。」〔註141〕陸文衡也在《薔庵隨筆》卷三提到：「余幼時，米價每石止銀五六錢。萬曆戊申（1608年）大水，才一兩三錢，即有搶米之變，嗣後無在一兩之內者。重振庚辰，辛巳大旱，價一兩六，橫民倡亂……。」〔註142〕明人文獻記載了當時明朝中國的經濟狀況，即便是災荒之年的米價亦不過如此，再想項氏收藏書畫的價格，簡直不可想像。黃仁宇在《十六世紀明代中國之財政與稅收》中考證到：「到十六世紀末，貧民工夫役錢是每日0.03兩，一些募兵每年得銀18兩。」〔註143〕像李日華這樣的七品縣令，每年俸銀是27.49兩，照此計算，明代七品縣令不吃不用，也需要七八十年才能購置一件類似於王羲之《瞻近帖》的作品；以項氏舊藏黃庭堅的《砥柱銘》，當時在項氏收藏中不算一流藏品，但在2010年保利春拍夜場，以8000萬元起價，經過近70輪的競價，終以3.9億元落槌，加上百分之十二的傭金，總成交價達到4.368億元。

上述可知，由於項氏的收藏豐富，鑒藏的名聲很大，便有許多好書畫古玩的人到項氏的天籟閣觀摩、學習，項氏對此也開方便之門，在這眾多的人

〔註140〕沈紅梅《項元汴書畫典籍收藏研究》，國家圖書館出版社2012年版，第50～51頁。
〔註141〕顧起元《客座贅語》（謝國楨《明代社會經濟史料選編·下》，福建人民出版社2004年版），第96頁。
〔註142〕陸文衡《薔庵隨筆》（謝國楨《明代社會經濟史料選編·下》，福建人民出版社2004年版），第97頁。
〔註143〕黃仁宇《十六世紀明代中國之財政與稅收》，三聯書店2001年版，第237頁。

中，仇英就是其中之一，項氏後人就有這樣的記載：「仇十洲先生畫，實趙吳興後一人，討論余先大父墨林公帷幕中者，三四十年，〔註144〕所覽宋元名畫千有餘矣。又得性天之授，霞餐吸露，無煙火氣息，遂爲獨絕之品，聲重南金。留傳於外，十有九贋。肉眼遇丹青炫耀，輒遂讚歎，此係未睹眞龍之故也。余家藏自叔伯兄弟清秘庫中，約有百幅，然皆未離色相，莫若是圖，以行草爲楷隸，極模擬之神情，縱幻化於毫端，六馬安舒馳驟，曲盡諸人伎倆，稱第一神品。項聲表題識率書。」〔註145〕根據項元汴之孫的說法，其中一個事實可以呈現，即仇英在項家作畫的實踐不短，而且遍觀項氏的藏品，對其收藏細加研習，認眞臨摹，這些前輩大家的眞跡對仇英的影響很大，因爲在仇英流傳下來的一些重要的作品被項元汴收藏即爲可知，如仇英的代表作《臨宋元六景》冊、《仿張擇端清明上河圖》卷、《漢宮春曉》卷等，俱在項氏的天籟閣，且在筆法、用墨、賦色諸方面都透出精工士氣，與遍於市井坊間的普通畫工截然不同。而項氏與仇英的關係，亦可通過項氏收藏的仇英的作品便知一二，特錄於下：

1. 仇英《臨宋元六景》冊：今藏故宮。見《故宮書畫錄》卷六，第 43 頁；《石渠寶笈續編》（一），第 409 頁。仇英 1547 年爲項元汴摹此冊，項元汴 1570 年裝襲，孫項聲表 1578 年又重裝。有（聆）字編號，有項元汴、項聲表引。

2. 仇英《秋江待渡》軸：今藏故宮。見《故宮書畫錄》卷五，第 355 頁；《石渠寶笈續編》（四），第 1955 頁。《墨緣匯觀》卷三，第 175 頁。圖上有項元汴印。

3. 仇英《蕉陰結夏》軸：今藏故宮。見《故宮書畫錄》卷五，第 359 頁；《石渠寶笈續編》（三），第 1616 頁。圖上有項元汴印。

4. 仇英《桐陰清話》軸：今藏故宮。見《故宮書畫錄》卷五，第 359 頁；《石渠寶笈續編》（七），第 3105 頁。圖上有項元汴印。

5. 仇英《水仙臘梅》軸：今藏故宮。《石渠寶笈初編》（上），第 432 頁；《石渠寶笈初編》：『嘉靖丁未（1547 年）仲冬仇英爲墨林制』。

〔註144〕按：筆者從徐邦達先生依據《大觀錄》卷二十《仇英簡傳》的考證，仇英在項元汴家「館飯項氏十餘年」。

〔註145〕吳升《大觀錄》（中國書畫全書編纂委員會《中國書畫全書 8》，上海書畫出版社 1994 年版），第 580 頁。

圖 3.25　仇英 天籟閣摹宋人畫冊 之九

6. 仇英《水仙》軸：據《石渠寶笈三編》（四），第 1868 頁。圖上有項元汴印。

7. 仇英《蘇李泣別圖》卷：據《石渠寶笈三編》（四），第 1868 頁。圖上有項元汴印。又有文徵明題記與印。

8. 仇英《蘇武牧羊圖》軸：據《石渠寶笈三編》（七），第 3101～3103 頁。圖上有四方項元汴印。

9. 仇英《仿張擇端清明上河圖》卷：今藏遼博。據《石渠寶笈續編》（一），第 410 頁。圖上有方『檇李項氏士家玩』印。

10. 仇英《漢宮春曉》卷：今藏故宮。見《故宮書畫錄》卷四，第 183～184 頁，《石渠寶笈初編》，第 601 頁；據《故宮書畫錄》此圖上有項元汴印（慮）字編號，有標明價格。

11. 仇英《雪後山茶圖》：據《式古堂書畫匯考》卷四（三），第 256 頁。著色畫，花卉仿送人。圖上有項元汴印。

12. 仇英《芍藥圖》：據《式古堂書畫匯考》卷四（三），第 256 頁。著色仿宋人，圖上有項氏印。

13. 仇英《獨樂園圖》，並有文徵明書獨樂園記：今藏克里夫蘭美術館。據《八代藝展目》，第 166 頁。上有項氏印即項禹揆跋。

14. 仇英《秋蘭圖》：據《式古堂書畫匯考》卷四（三），第 257 頁。著色畫花瓣，圖上有項氏印。

15. 仇英《帝王圖》：據《式古堂書畫匯考》卷五（三），第 283 頁。圖上有項氏印。

16. 仇英《教習女兵圖》：據《式古堂書畫匯考》卷二七（四），第 468 頁。圖上有項氏印。

17. 仇英《臨宋人山水界畫人物畫》冊：見《墨緣匯觀》卷三，第 177 頁。共十幅。圖上有項氏印，又有 1622 年董其昌題跋。又有項祖洲印。

18. 仇英《臨宋人花果翎毛畫》冊：見《墨緣匯觀》卷三，第 177 頁。共十二幅，圖上有項氏印。

19. 仇英《萱花小鳥圖》：見《墨緣匯觀》卷四，第 227 頁。明花鳥集冊共八幅之第五幅。據《墨緣匯觀》此圖上有項元汴印。

20. 杜陵女史（仇英之女〔註 146〕）畫《海潮大士像》軸：據《秘殿珠林初編》第 138 頁。著色畫。圖上有項氏印，又有仇英印。〔註 147〕

表 3.1　項元汴收藏的歷代書法繪畫作品

·	作　者	品　名	備　注
唐	王維	山陰圖卷	在臺北
	韓幹	牧馬圖軸	在臺北
	韓滉	五牛圖卷	
	盧伽	六尊者像冊頁	
北宋	惠崇	秋蒲雙鴛圖冊頁	在臺北
	燕肅	寒岩積雪圖軸	在臺北
	蘇軾	墨竹卷	

〔註 146〕見《圖繪寶鑒》記載：「杜陵女史仇十洲女，畫人物豔逸有父風。」
〔註 147〕鄭淑銀《項元汴之書畫收藏與藝術》，文史哲出版社 1984 年版，185～191 頁。

	蘇軾	偃松圖卷	
	蘇軾	古木疏篁	
南宋	李唐	清溪漁隱圖卷	在臺北
	揚補之（无咎）	四梅花圖卷	
	揚補之	獨坐禪琴軸	在臺北
	馬和之	唐風又一卷	宋高宗趙構孝宗趙昚書
	馬和之	周頌閔予小子之什	宋高宗趙構孝宗趙昚書
	馬和之	古木流泉冊頁	在臺北
金	武元直	赤壁夜遊圖卷	在臺北
元	李衎	雙枸竹圖軸（四竹圖）	
	李衎	四清圖（竺竹、慈竹二叢）	後半段在美國堪薩斯市
	趙孟頫	鵲華秋色圖卷（在臺北）	
	朱德潤	秀野軒圖卷	
	柯九思	清秘圖墨竹圖軸	
	王蒙	葛稚川移居圖軸	
	王蒙	花溪漁隱圖軸	在臺北
	趙原	陸羽烹茶圖卷	在臺北
	夏昺	修筠卷石圖軸	在臺北

表 3.2 項元汴收藏的歷代書法繪畫作品

時　代	作　者	品　名	備　注
晉	王羲之	蘭亭序（神龍本）	
	王羲之	遠宦帖（唐摹）	在臺北
	王羲之	平安、何如、奉橘三帖（唐摹）	在臺北
唐	李白	上陽臺帖	
	杜牧	張好好詩	
	顏眞卿	劉中使帖（瀛州帖）	在臺北
五代	楊凝式	神仙起居法	
	楊凝式	夏熱帖	
北宋	李建中	土母帖	在臺北
	李建中	同年帖（金部札、披風帖）	
	李建中	貴宅帖	
	蔡襄	虛堂詩帖	
	蔡襄	虹縣帖（安樂札、郎中帖）	在臺北
	蔡襄	腳氣帖	在臺北

蔡襄	澄心堂紙帖	在臺北
蘇軾	前赤壁賦	在臺北
蘇軾	前歲展慶、人來得書二帖	
蘇軾	渡海帖（尺牘）	在臺北
黃庭堅	松風閣詩	在臺北
黃庭堅	惟清道人帖	
米芾	茗溪詩	
米芾	蜀素帖（諸體詩、擬古詩、詩卷）	在臺北
米芾	向太后挽詞	
南宋	康與之	宮使帖	在臺北
	朱敦儒	塵勞帖（別後帖）	在臺北
	張浚	彬父帖（早上封示帖）	在臺北
	虞允文	草聖帖（病久氣羸札）	在臺北
	范成大	垂海帖	在臺北
	張孝祥	臨存帖	
	朱熹	賜書帖	在臺北
	辛棄疾	去國帖	
	張即之	從者來歸帖（殿元札）	在臺北
	趙孟堅	自書詩（開慶元年九月二十二日）	
	文天祥	宏齋帖（瑞陽帖・文信國箚子）	

表 3.3　項元汴收藏的歷代書法繪畫作品

時　代	作　者	品　名	備　注
東晉	顧愷之	女史箴圖卷（唐摹）	英國倫敦大英博物館
唐	韓幹	照夜白圖卷	美國紐約大都會博物館
五代後梁	趙喦	調馬圖卷	上海博物館
南宋	馬和之 馬和之	唐風（趙構、趙昚書） 周頌清廟之什（趙構、趙昚書）	遼寧省博物館 遼寧省博物館
元	錢選 趙孟頫 倪瓚 倪瓚	浮玉山居圖卷 三羊圖卷 溪山深秀軸 水竹居圖	上海博物館 美國弗里爾美術館 上海博物館 中國國家博物館
明	王蒙	青卞隱居圖軸	上海博物館

表 3.4 項元汴收藏的歷代書法繪畫作品

時　代	作　者	品　名	備　注
唐	歐陽詢	仲尼夢奠帖	遼寧省博物館
	歐陽詢	千字文（古臨本）	遼寧省博物館
	懷素	苦帖	上海博物館
	張旭	古詩四帖	遼寧省博物館
宋	司馬光	通鑑稿附手札稿	北京博物館
	黃庭堅	戒州帖	中國國家博物館
	黃庭堅	廉頗藺相如傳	美國大都會藝博館
	張即之	書樓鑰撰汪氏報本閣記	遼寧博物館
	蘇軾	洞庭春色中山松醪	遼寧博物館
元	柯九思	上京宮詞卷	美國普林斯頓大學

上表引自：陳行一著《嘉興項元汴及其天籟閣傳世書畫考略》，見《南方文物》2003
　　　年第 3 期，第 66～68 頁。

表 3.5 項元汴書畫典籍收藏研究

朝　代	書法家人數		作品數
五代前	26		63
	其中；王羲之 1 人		14
	佚名書法家 3 人		3
宋、金	101		233
	其中宋四家	蘇軾	23
		黃庭堅	28
		米芾	18
		蔡襄	11
	其中宋代帝王 5 人		15
	佚名書法家 4 人		4
元代	67		213
	其中趙孟頫		80
明	30		76
歷代合卷合冊			35
唐宋拓本			24
合計	224		644

表 3.6　項元汴書畫典籍收藏研究

朝　代	畫家人數		作品數
五代前	27		45
	其中佚名畫家 2 人		2
宋、金	120		307
	其中佚名畫家 73 人		73
元	53		219
	其中元四家	黃公望	14
		王蒙	29
		倪瓚	31
		吳鎮	15
	其中趙孟頫 1 人		25
	其中佚名畫家 12 人		12
明	36		171
	其中明四家	沈周	21
		唐寅	13
		文徵明	22
		仇英	48
	其中佚名畫家 2 人		2
歷代合卷合冊			42
合計	236		784

上表引自：沈紅梅：《項元汴書畫典籍收藏研究》p46〜47，國家圖書館出版社 2012 年版

　　仇英中年後結識的江南富豪和收藏家，使其有機會觀摩大量古畫，視野亦為之開闊，加上他刻苦臨習，潛心創作，董其昌記載：「實父作畫時，耳不聞鼓吹闐駢之聲，如隔壁釵釧，顧其術亦近苦矣。」〔註148〕各方面因素綜合，使他繪畫才能全面拓展，青綠、水墨、界畫、人物、白描、至花卉等題材，無不臻於純熟之地。且他與文徵明家族交往密切，自然地受到文氏的影響。倘說他早年的繪畫上有周臣的影響，但仇英後來的經歷，已經使其走上一條與尋常民間職業畫家不同的繪畫道路。因此才有徐沁《明畫錄》中對仇英有高度評價，稱其為：「其發翠毫金，絲丹縷素，精麗豔逸，無慚古人。」〔註149〕

〔註148〕董其昌《畫禪室隨筆》（中國書畫全書編纂委員會《中國書畫全書 3》，上海書畫出版社 1994 年版），第 1018 頁。

〔註149〕徐沁《明畫錄》（中國書畫全書編纂委員會《中國書畫全書 10》，上海書畫出版社 1994 年版），第 8 頁。

第 4 章　明中期兩類畫家作品中理想模式與現實境遇的解讀與互證

4.1　文人畫家作品的理想模式與現實境遇

4.1.1　政教意味的圖式

　　方聞先生在其著作《心印——中國書畫風格與結構分析研究》中說：「中國早期思想家們看來，一切藝術表現的形式都必須包含或者傳播『道』，人類所有的風俗禮儀必然都揭示出同一『道』。」〔註1〕在中國傳統的人物畫中，強調繪畫的社會作用和政治意義，尤其是人物題材的繪畫作品實用主義色彩為主要特徵，在繪畫史的呈現中也可以發現這一點，畫家個體的意志表達往往會被淹沒，而整體的時代共性的特質會被放置到一個重要的地位上來。

　　《易經·繫辭下》中也記載：「包犧氏之王天下，仰則觀象於天，俯則觀法於地，觀鳥獸之文與地之宜，近取諸身，遠取諸物，於是始作八卦，以通神明之德，以類萬物之情」〔註2〕中國古人的八卦符號，是用高度概括的長短線，排列而成抽象的圖象，成為中國古人觀天象察萬物的手段之一，其中有通神明之德的精神內涵，古人通過這一手段可以體察世間萬物的情狀，注意

〔註1〕方聞《心印——中國書畫風格與結構分析研究》，陝西人民美術出版社 2004 年版，第 1 頁。
〔註2〕王博《易傳通論》，中國書店出版社 2003 年版，第 129 頁。

到人與天地自然的密切關係，因為人的社會組成，離不開天地造化的作用，天、地、人三者是一個循環往復，相互依存的共同體。書畫本身的形成根據唐代張彥遠的觀點是：「無以傳其意，故有書，無以見其形，故有畫」〔註3〕，從張彥遠的論述中可以知道，書畫原本就要有記錄性的功能，實用性的記錄方式是書畫存在的前提條件；南朝顏延之認為：「圖載之意有三，一曰圖理，卦象是也；二曰圖識，字學是也；三曰圖形，繪畫是也。」〔註4〕之後書畫還承擔著勸誡善惡的作用，繪畫作品通過故事情節、歷史典故，用通俗易懂的手段繪製出來引導人們的善惡觀念，進而起到移風易俗的社會作用；在中國書畫的文化功用上，張彥遠認為繪畫則是：「成教化、助人倫，窮神變、測幽微，與六籍同功，四時並運。」〔註5〕其實這是他對顏延之說法的進一步延伸。但不管怎樣說，視覺上的圖式都承載著中國人的傳統文化精神，亦可見圖式在中國文化中的重要作用，並呈現出特有的文化價值。

「圖畫者，莫不明勸誡，著升沉，千載寂寥，披圖可鑒。」〔註6〕這是謝赫在《古畫品錄》中的記載，開篇名義說出了繪畫的功用，這種情況反映在人物畫題材上尤其突出。唐代以前，中國人物畫已經自成體系；自唐代後，中國傳統繪畫當中的山水、花鳥題材亦單獨成為系統。過去人物畫似乎多帶有政治性色彩，對於繪畫作品的個人風格不是更多的追求，發展的模式有較為固定化的規定，整體風格變化的幅度也相對較小，對於畫家本人的性格來論述的文字就更加少見了，個人多被集體性話語所掩埋，偶而出現的個人傳記，也無法在中國的繪畫史上留下濃重的筆墨，較之正史而言，它們只是材料的補充，而相對人物畫繪畫題材的選擇和表達上，畫家是沒有決定權的，換言之，他們只是聽命繪製而已，甚至這裡面不要求更多的畫家情感要素；在製作上，固定的題材、固定的手法、固定的搭配、模式化的生產，流水線式的操作是古代人物畫，尤其在大型的壁畫和寺觀裝飾上慣用的手法，這樣可以最有效地保證作品的程序性和規範性，從而確保作品成功。中國古代人物畫在張彥遠的《歷代名畫記》中有相當明確的記述，書畫同源俱是記載的

〔註3〕 張彥遠《歷代名畫記全譯》，貴州人民出版社 2009 年版，第 4 頁。
〔註4〕 張彥遠《歷代名畫記全譯》，貴州人民出版社 2009 年版，第 4 頁。
〔註5〕 張彥遠《歷代名畫記全譯》，貴州人民出版社 2009 年版，第 1 頁。
〔註6〕 謝赫《古畫品錄》，中國書畫全書編纂委員會《中國書畫全書1》，上海書畫出版社 1993 年版，第 1 頁。

手段，使人們識別神奸、辨清制度，通過人物畫可以知道賢人的事蹟，闡明了繪製人物畫或歌頌、或勸誡的功能與作用；〔註7〕古代中國繪畫中的教化之功能，在當時是作爲最重要的方面存在，這點符合統治者的利益，人物畫對於當權者整頓綱紀、肅正視聽、使群臣百姓明辨善惡是非有重要的宣傳作用，這點在客觀上也促進了古代人物畫的發展。東漢王延壽在《魯靈光殿賦》中也描述到：「圖畫天地，品類群生，雜物奇怪，山神海靈，寫載其狀，託之丹青。千變萬化，事各謬形；隨色象類，曲得其情。上紀開闢，遂古之初。五龍比翼，人皇九頭。伏羲鱗身，女媧蛇軀。鴻荒樸略，厥狀睢盯。煥炳可觀，黃帝唐虞。軒冕以庸，衣裳有殊。下及三后，淫妃亂主。忠臣孝子，烈士貞女。賢愚成敗，靡不載敘。惡以誡世，善以示後。」〔註8〕其文字中使我們瞭解到唐代以前的文獻當中對壁畫人物形象的描述，因爲文字總是在內容上對主要人物及故事有所描寫，但是形象本身更具有直觀性，文字與圖形的並存才能夠將要闡明的思想，更加清晰、直觀地傳達到尋常百姓當中。正是人物畫的勸誡功用，因此才有下面這段話的效果：「觀畫者見三皇五帝，莫不仰戴；見三季異主，莫不悲惋；見篡臣賊嗣，莫不切齒；見高節妙士，莫不忘食；見忠節死難，莫不抗首；見放臣斥子，莫不歎息；見謠夫妒婦，莫不側目；見令妃順后，莫不嘉貴。是知存乎鑒戒者，圖畫也。」〔註9〕在這個層面上看，人物畫題材的表現和作者自身的表達上，似乎都更加重視作品共性層面的歷史表述，來源於生活的現實人物在一定程度上被當權者『臉譜化』，去掉了個性氣味，注重人物形象所代表的社會階層或精英群體，這與明代中期以後出現的人物畫有很大不同，因爲在明中期的江南，畫家逐漸將人放置到應有的角色當中了。

〔註7〕　參見：張彥遠《歷代名畫記全譯》貴州人民出版社，2009 年版，第 4～6 頁。「周官教國子以六書，其三曰象形，則畫之意也。是故知書畫異名而同體也。洎乎有虞作繪，繪畫明焉，既就彰施，仍深比象。於是禮樂大闡，教化由興，故能揖讓而天下治，煥乎而詞章備焉……故鼎鍾刻，則魑魅識而知神奸；旂章明，則昭軌度而備國制。清廟肅而疑彝陳，廣輪度而疆理辨。以忠以孝，盡在於雲臺；有烈有勳，皆登於麟閣。見善足以戒惡，見惡足以思賢。留乎形容，式昭盛德之事，具其成敗，以傳既往之蹤。記傳所以敘其事，不能載其容，賦頌有以詠其美，不能備其象，圖畫之制，所以兼之也。」

〔註8〕　王延壽《魯靈光殿賦》，（蕭統《文選》，上海古籍出版社 1998 年版），第 79 頁。

〔註9〕　潘運告《漢魏六朝書畫論》，湖南美術出版社 1997 年版，第 257 頁。

4.1.2 抒發性靈的表達

明代以前，中國人物畫上溯到唐，人物畫出現分流的現象，一類向仙道、佛釋題材靠攏，另一類則向仕女題材靠攏，這兩類題材的並存說明了古代中國人物畫，既對人生的終極關懷有所關注，有對現實生活投注了相當的興趣和熱情。宋代以後的人物畫同樣有進一步的發展，較之唐代更加關注百姓的日常生活，於是，風俗畫題材日益多見；但總體上來說，宋代繪畫仍以山水題材為主體。至明代世界，人物畫的發展又有一些變化，明代人畫人物題材注重畫面意趣的表達，若是寫生，必要精工繪製，官宦、婦女等人物題材的畫面要注意相互的結構關係，若是繪製歷史性題材的作品，人物的衣冠制度、房屋宮室的規模大略，山勢城廓的形狀方向都要細加考訂，很多人不注意這些特點，任意繪製，便假託寫意之名，那就實在可笑；明人謝肇淛在看張僧繇、展子虔、閻立本等人繪製的神佛變相題材作品時，發現他們的作品大多進行過先期考據，古人對於故事題材的選擇上也是仔細研究，觀察不同的人物動作和相應的配景，相應地作出安排，如：『懿宗射兔』、『貴妃上馬』、『後主幸晉陽』、『華清宮避暑』等等不一而足，諸如『神農播種』、『堯氏擊壤』、『老子出關』、『宣尼十哲』、『葛洪移居』之類的神話題材上，古人也總結出一套相應完整的程序，其實後人只要細加揣摩，也會有所心得。這些在謝肇淛的《五雜俎》中有相關記載。〔註10〕其中可知，明代以後人物畫已經開始逐漸向較為自由地處理，教化的功能也在逐漸消滅，強調作品的『意趣』，注重作品的主觀意志的表達，當然在人物畫的某些題材，寫生上，畫家還是尊重對象的形象特徵，只是在明代當時的社會條件下，畫家自身性情的表達與抒發成為繪畫當中的主要因素。而這個主要因素的存在是由於特定的現實環境所決定。

〔註10〕 參見：謝肇淛《五雜俎》，上海書店出版社 2001 年版，第 135 頁。「今人畫以意趣為宗，不甚畫人物或故事，至花鳥、翎毛則輒卑視之，至於神仙佛像及地獄變相等圖，則百無一矣，要亦取其省而不費目力，若寫生等畫，不得不精工也。宦官、婦女，每見人畫，輒問甚麼故事，談者往往笑之。不知自唐以前，名畫未有無故事者，蓋有故事，便須立意結構，事事考訂，人物衣冠制度，宮室規模大略，城郭山川形勢向背，皆不得草草下筆，若非今人任意師心，鹵莽滅裂，動輒託之寫意而止也。余觀張僧繇，展子虔，閻立本筆，皆畫神佛變相、星曜真形，至如石勒、竇建德、安祿山有何足畫，而皆寫其故實？其他如懿宗射兔，貴妃上馬，後主幸晉陽，華清宮避暑，不一而足。上之，則神農播種，堯氏擊壤，老子度關，宣尼十哲：下之，則商山採芝，二疏祖道，元達錯諫，葛洪移居。如此題目，今人卻不肯畫，而古人為之，轉相沿仿，蓋由所重在此，習以成風，要亦相傳法度，易於循習耳。」

　　明代以前與明代以後，人物畫作品面貌的不同，主要是由於其人們價值取向的差異所造成，明以前，人物畫主要被當成輔佐治國的宣傳工具，人物畫被納入治國和輿論造勢的內容上來，只是在客觀上利於人物畫的發展，在此風氣的左右下，畫家自覺不自覺地擔任起社會教化的重任，人物畫的存在成為教化民眾，棄惡揚善的工具。明代以後，人們的人本主義的思想意識興起，人物畫亦逐漸擺脫思想教化的桎梏，文人畫中的人物題材作品，出現了表現性靈，注重畫家自身的情感，表述日常的生活細節，捕捉有情趣的瞬間等等的內容，這多方面因素的綜合，在有意無意中改變著明代的人物畫面貌。

案例一：沈周的《自題小像》

　　沈周多才與博學在明代中期的江南地區，在知識分子的階層幾乎達到了盡人皆知的地步，但是對於沈周的討論很多文獻都集中在他的畫作和詩作方面，對於揭示沈周心理及意志層面的討論相對較少，所以藝術家本人的肖像畫就是極好的示例；因此，他的74歲時的自題像可以說是明代人物畫的代表作，74歲的沈周到底是個怎樣的形象，史料上有對他的描述。

　　明人陸楫撰的《蒹葭堂稿》當中有對沈周的描述：「沈周號石田，吳中名士也，博學工詩畫，放浪山水間，隱居不求仕進。晚年言有持戒其子云：「銀燈剔盡謾諮嗟，富貴榮華有幾家？白日難消頭上雪，黃金都是眼前花，時來一似風行草，運退真如浪卷沙。說與吾兒須努力，大家尋個好生涯」〔註11〕這段文字中我們不難看出沈周的個性，他身為吳中名士，工於詩畫、不求仕進，成天放浪山水之間，但是他卻秉持家風，教育自己的孩子也拒絕做官，『白日難消頭上雪，黃金都是眼前花』兩句詩可以說是沈周的寫照，從老年沈周的面貌特徵中可以知道，他是一個耄耋學者，學養深厚的畫壇大家。從沈周自題像這張作品也可以得出這樣的感覺，謙恭寬厚、樂隱山林，幾乎成為沈周標誌性的性格特徵。然而，當我們仔細觀察明代這些人物畫作品時，會發現這些作品與前代大師的畫作有很大的不同，這些差異性的存在不作為反映水平優劣的劃分，只是由於各個時代整體性的社會風尚變遷而導致。過去的繪畫作品多帶有由『藝』入『道』的意味，《宣和畫譜》記載「志於道，據於德，依於仁，游於藝。藝也者，雖志道之士所不能忘，然特遊之而已，畫亦

〔註11〕陸楫《蒹葭堂稿》（《續修四庫全書》，上海古籍出版社1995年版），第643頁。

藝也，進乎妙，則不知藝之爲道，道之爲藝。」〔註12〕也就是說繪畫之類的藝術門類，多包含著『道』的體現，前輩大師不論是抒發情趣的筆墨遊戲，還是和有意爲之的作品，或多或少、或明或暗俱地帶有經世治國、濃鬱的說教色彩，作品的教化、寓意的特徵明顯，因爲《宣和畫譜》中『志於道，據於德，依於仁，游於藝』的觀點是出自於《論語・述而》篇，其意有著明確的指向性，將倫理學上的概念移植到繪畫當中，把兩個原本較遠距離的客體融合在一起，從此論斷看出，重視畫面技術性表達的同時，又使得繪畫成爲了具有承載道德概念的載體。而這也是統治者願意看見的一種狀況，即繪畫成爲弘揚儒家仁義之『道』的具體體現。明代以前的傳統人物畫當中，尤其在唐宋時期，如：閻立本的《歷代帝王圖》與蕭繹《職貢圖》（宋摹本）等，都有勸誡或歌頌的意味。

但是到明代中期以後，世風日變，又以江南爲盛，何良俊說原來他小時候家裏請客，只是五色果品而已，只有貴客上賓來到時，才會添置魚肉蝦蟹等菜品，這種情況一年中也不過三四次而已，而今尋常的宴會，動輒就要十多個菜品，而且水中、陸地上的東西都要有，或是去遠處尋訪珍品菜肴以會客，竟此作爲，成爲互相攀比之風，世間人人仿傚之，成一惡俗。相關有記載可見《四友齋叢說》〔註13〕。明代文學家歸有光〔註14〕也認爲江南世風變化的軌跡是：「大抵始於城市，而後及於郊外；始於衣冠之家，而後及於城市。」〔註15〕從儉樸逐漸走向奢侈，這是當時的境況，而像沈周這種出身於世家的人物，生活在這般的環境當中，不可能不受到這樣的影響，畫作中傳達的況味也自然不同於前代，這也是沈周當時的現實境遇之一，所以在沈周自題像中也自然重視畫家意識的表達，教化功能相應弱化，記載現實生活中的人物，反映塵世生活的印記就成爲畫作的主要目的。

〔註12〕 《宣和畫譜》（中國書畫全書編纂委員會《中國書畫全書2》，上海書畫出版社1993年版），第63頁。

〔註13〕 何良俊《四友齋叢說》第314頁：「余小時見人家請客，只是果五色肴五品而已。惟大賓或新親過門，則添蝦蟹蜆肉三四物，亦歲中不一二次也。今尋常燕會，動輒必用十肴，且水陸畢陳，或覓遠方珍品，求以相勝。前有一士夫請趙循齋，殺鵝三十餘頭，遂至形於奏牘。近一士夫請袁澤門，聞肴品計百餘樣，鴿子斑鳩之類皆有。……，然當此末世，孰無好勝之心？人人求勝，漸以成俗矣。」

〔註14〕 歸有光：（1506～1571）明代官員、散文家。字熙甫，又字開甫，別號震川，又號項脊生，漢族，江蘇崑山人。http://baike.baidu.com/view/40388.htm

〔註15〕 歸有光《震川先生集》，源流文化事業有限公司1983年版，第84～85頁。

圖 4.1　沈周自題像

　　沈周所處的現實境遇之二，即『名利不如閒』，這是明代文人士夫口頭的常用語，也是文人士夫刻意追求的精神境界，從袁宏道所描述的生活中的五種快活方式，就是當時文人士夫生活態度的典型表述。〔註 16〕原有的「閒」

〔註16〕　參見：陳寶良《明代社會生活史》中國社會科學出版社，2004 年版，第 83～84 頁。「目極世間之色，耳極世間之聲，身極世間之新，口極世間之談，一快

的意思是不求名利，淡薄無爲，自娛自足的狀態，但是在明代，「閒」的觀念也發生了概念性的改變，就是「趨俗」，文人的世俗化生活，主要體現在追求現實生活的幸福與享樂，對世俗生活有難以割捨的感情，他們耽於安逸舒適的物質生活，又在生活中貫徹閒雅的精神追求，文人在生活中的隨意適從，有與友人間的唱和，不爲衣食米鹽所記掛，不爲塵囂所動心，安於詩畫樂於獨處，亦與賓朋觥籌交錯以忘其憂，我們可以從前文沈周的家世和交遊狀況可以瞭解，沈周等文人對於閒居隱逸的認識，他們認爲只要志向在隱逸，則無須在實際生活中與常人拉開距離，也無須遠遁山林，他們完全可以在遊山玩水、治園修亭中獲得隱居的樂趣，隱居而不絕塵，則是當時許多文人的自發選擇，在『身隱』和『心隱』兩者中，他們更加重視『心隱』，對世間俗務不迴避、不淡漠，因爲這樣才可以淡然面對生活，文人隱士才有「春時幽賞：虎跑泉試新茶，西溪樓啖煨筍，八卦田看茶花；夏時幽賞：空亭坐月鳴琴，飛來洞避暑；秋時幽賞：西泠橋畔醉紅樹，六和塔夜玩風潮；冬時幽賞：雪夜煨芋談禪，掃雪烹茶玩畫」〔註17〕的雅事。然而不可否認的是，沈周畢竟是當時江南優秀的文人畫家之一，他的繪畫當中的教化性作用雖然不可避免的在消減，但是他仍然在現實境遇中的創作中傳達自己的理想模式，只是沈周的理想模式中帶有明確的現世重心，沈周的《石田詩選》卷八《自題小像》中云：「七十四年，我未識我。丹青一面，是否莫果。旁觀曰眞，我隨可可。以眞生假，唐臨橘顆。以假即眞，物化蟲羸。眞假雜糅，奚較瑣瑣。……嗚呼老矣，歲月既移。茂松清泉，行歌笑坐。逍遙天地，一拙自荷。」〔註18〕沈周對自己的一生有著清晰的認識，終歸於沈寂的生命意識在他的自題像中反覆糾纏，亦眞亦幻的表象交織在一起，丹青繪畫也只是表現生命的一個瞬間而已，晚年的沈周在生活的眞實與藝術的交融中，營造出屬於自己的天地。

活也。堂前列鼎，堂後度曲，賓客滿席，男女交舃，燭氣薰天，珠翠委地，金錢不足，繼以土田，二快活也。篋中藏萬卷書，書皆珍異版本。宅畔別置一館，館中再約眞正同心朋友十餘人，人中立一識見極高，如司馬遷、羅貫中、關漢卿者一人，作爲主人，分曹部署，各成一書，遠文唐宋酸儒之陋，近完一代未竟之篇，三快活也。千金買一舟，舟中置鼓吹一部，妓妾數人，遊閒數人，泛家浮宅，不知老之將至，四快活也。人生受用至此，不及十年，家資田地蕩盡矣。然後一身狼狽，朝不謀夕，托缽歌妓之院，分餐孤老之盤，往來鄉親，恬不知恥，這是第五種快活也。」

〔註17〕陳寶良《明代社會生活史》，中國社會科學出版社 2004 年版，第 86 頁。
〔註18〕章培恒《沈周年譜》，復旦大學出版社 1993 年版，第 262〜263 頁。

1502 年，沈周 76 歲，其長子病逝，沈周悲痛至極，他有詩記載：「佚老餘生願，失子末路悲。不幸衰颯年，數畸遭禍奇。獨存朽無倚，如木去旁枝。剩此破門戶，力疲歎巨持。屑屑衣食計，一一費心思。思深氣血耗，痛瘁引百肢。多忘識慮淺，耳聵目兼眵。一旦一身內，有此眾病滋。所苦不敢訴，常畏老母知。小孫蠢不學，次兒誕而癡。後事不足觀，百憂無一怡。吾性无妄好，執善信不疑。垂垂垂白鄉，朝斯還夕斯。高高冥冥者，何物頗相欺？似我未蒙祐，反有災害罹。滾滾人海中，黑白何可蠡？口亦不能問，理亦不能推。以死致度外，且活是便宜。今日盡今日，明日豈可期。亦復酌我酒，亦後吟我詩。我詩無好語，稿苴從散遺。兒在曾裒葺，今紙著淚糜。抱患天地間，空言亦奚為？」〔註19〕晚年喪子讓沈周悲苦難當，他在自己一力維持家業的同時，深感生活還有的現實與冷酷的一面，即便長壽也難擁有真正的快樂，從年輕時候的意氣風發，到中年的聲明遠播，直至老年的喪子之痛，親友的離散之苦，都在沈周的自題像上有微妙的表現，面對如此境遇，老年的沈周仍舊是筆耕不輟，其自題像的筆法絲毫不見顢憆之老態，反是呈現一派天高雲淡，參透世事的禪意，在這張畫像上，之後還有沈周 83 歲時的補遺：「似不似，真不真，紙上影，身外人。死生一夢，天地一塵，浮浮休休，吾懷自春。人謂眼差小，又銳頤太窄，但恐有失德。苟且八十年，今與死隔壁。七十四，八十三，我今在後，爾已在前。茫茫者人，悠悠者年。茫茫悠悠，壽夭偶焉。爾形於紙，我命在天，紙八百，或者有，天八百未然。生浮死休，似聊盡其全。陶潛之孤，李白之三杯酒，相對曠達猶仙。千載而下，我希二賢」〔註20〕因此，現今我們才看到沈周的這張『烏巾赤舄，袖手凝立』的自題像顯出「道氣盎然，極自得之趣」〔註21〕的面貌。

案例二：文徵明的《湘君湘夫人圖》〔註22〕

　　文徵明的《湘君湘夫人圖》是他早期的人物畫代表作，作於 1517 年，文徵明時年 48 歲，此畫的構圖手法和線條的運用，都可以看出顧愷之《女史箴

〔註19〕章培恒《沈週年譜》，復旦大學出版社 1993 年版，第 269 頁。

〔註20〕顧麟士《過雲樓續書畫記》，江蘇古籍出版社，1999 年版，第 36 頁。

〔註21〕章培恒《沈周年譜》，復旦大學出版社 1993 年版，第 262～263 頁。

〔註22〕文徵明的《湘君湘夫人圖》是根據屈原《楚辭・九歌》中的《湘君》、《湘夫人》，即傳說中的湘水女神形象來描繪的。古時傳說堯帝的兩個女兒娥皇、女英，同嫁與舜帝為妻。舜帝辛後，二女投湘江中自盡，被人們稱為「湘君」和「湘夫人」。

圖》的影子，文氏此作，畫面人物形象簡潔明快，背景留白，而純以線條刻畫人物形象本身，通過人物動作的捕捉反映人物的性格，衣紋用高古遊絲描繪製而成，細勁而虯利，將湘君、湘夫人款款而行的動態淋漓地表達出來，給人觀之有飄渺若仙之意。畫面上方有《楚辭》中的《湘君》、《湘夫人》文字內容，是一件含詩書畫印一體的作品。「詩和書，再加上印章，作為當時文人畫視覺審美統一體的有機構成部分，一方面延伸和豐富了藝術表現力，使以語言為工具與以書法為表達形式的思想現實得到了超越於繪畫語義的發揮；另一方面又泛化或曰淺表化了繪畫的自律價值，將原本由繪畫獨自承擔的所指功能輕而易舉地分攤給詩、書、畫、印的綜合性上。」〔註23〕

圖 4.2　文徵明《湘君湘夫人圖》

文徵明這件作品為應酬之作，畫作是要送給王寵，在這張畫作上還有王稚登的題跋，云：「少嘗事文太史，談及此圖，云使仇實父設色，兩易具皆不滿意，乃自設之，以贈王履吉先生。今更三十年始獨觀此真跡，誠然筆力扛鼎，非仇英輩所夢得見也。」〔註24〕從這個題跋可知，文徵明與對當時的民間畫家仇英的交往已經開始，只是仇英當時繪畫功力尚淺，不能達到文徵明仿古畫的要求而已。但是根據仇英畫風的判斷，他的秀麗的仕女風格，早年並不合適於這件帶有古拙之趣的題材表達，於是文徵明才確定自己動手，將古代大師的風格貫穿其中。因此我們很容易發現《湘君湘夫人圖》與顧愷之《女史箴圖》這兩件作品的內在關聯性。

在作品的題材、構圖、設色方面，文徵明的《湘君湘夫人圖》都借鑒了顧愷之的《女史箴圖》，為橫向構圖的方式展開畫面，此外，何良俊也曾記載《女史箴圖》，中云：「近又見顧硯山家《女史箴》，是顧虎頭筆。單是人物，

〔註23〕盧輔聖《中國文人畫通鑒》，河北美術出版社 2002 年版，第 175 頁。
〔註24〕仇英《仇英畫集》，人民美術出版社 2001 年版，第 1 頁。

女人有三寸許長，皆有生氣，似欲行者。此神而不失其自然，正所謂上之又上者歟。且娟素顏色如新，蓋神物必有護持之者。」〔註25〕文徵明的《湘君湘夫人圖》爲掛軸，縱向觀看的方式，兩件作品在題材內容上都和宣傳婦德有關，《女史箴圖》中第九段的『女史司箴敢告庶姬』中的人物形象和構圖方式和文氏的湘君、湘夫人形象正好成呼應之勢，線描的手法也是採用高古遊絲描法，人物的衣裙的處理同樣強調飄曳之感，背景都是以留白的方式處理，爲了更好地突出主體人物，並且人物的動態關係和設色手法上也有驚人的一致性，因此不難推斷出文氏受此古畫的直接影響。〔註26〕並且，元趙孟頫明確提出：「作畫貴有古意，若無古儷雖工無益。今人但知用筆纖細，傳色濃豔，便自謂能手，殊不知古意既虧，百病叢生，豈可觀也！吾所作畫，似乎簡率，然識者知其近古，故以爲佳。」〔註27〕文徵明對趙孟頫『尚古』的說法也有類似的題跋：「設色行墨，必以閒淡爲貴。今日視之，直可笑耳。然較之近時濃塗淡抹，差覺有古意。」〔註28〕從中亦可知道，文徵明對『古意』的推崇。

　　上面闡述了兩圖之間內在的傳承關係，但文氏的《湘君湘夫人圖》畢竟是在當時的明朝的環境下所作，仍然帶有明確的明代畫風的意味，即便是文徵明一心向古，此中的現實痕跡還是不可避免。《女史箴圖》中的勸誡的意味和嚴整的教化作用是在文氏的《湘君湘夫人圖》中看不見的，取而代之的是更爲瀟灑的浪漫主義色彩，更多飄逸和疏朗的逸格表達。原本顧愷之的《女

〔註25〕何良俊《四友齋叢說》，中華書局1959年版，第259頁。

〔註26〕筆者按：嚴嵩1562年被抄家，1565年文嘉（1501～1583）作《鈐山堂書畫記》，1568年此書刊行，《鈐山堂書畫記》中提及嚴嵩曾收藏的《女史箴圖》，抄沒入官後又輾轉流入民間，被項元汴收藏：《女史箴圖》入明代，早期爲誰所藏，並不知曉，但據學著王耀庭（按：臺灣藝術大學書畫研究所兼任教授，原臺北故宮博物院書畫處處長、研究員）的考據，《女史箴圖》上出現的「思無邪堂」印有可能是王鏊（1450～1524）之印，若王鏊曾收藏此畫，那麼根據王鏊與文徵明家族的關係來看，有可能《女史箴圖》藏在王鏊家的時候，文徵明（1470～1559）即已經見過，因此文徵明索畫《湘君湘夫人圖》必定受其影響，並且，文徵明在題《湘君湘夫人圖》中，他詳述了自己作此畫的緣由：「余少時閱趙魏公所畫湘君湘夫人，行墨設色，皆極高古，石田先生命余臨之，余謝不敢。今二十年矣。偶見畫娥皇、女英者，顧作唐妝，雖極精工而古意略盡。因彷彿趙公爲此，而設色則師錢舜舉，惜石翁不存無從請益也」。這段話亦可看作是文氏提倡古意的原因。

〔註27〕張丑《清河書畫舫》（中國書畫全書編纂委員會《中國書畫全書4》，上海書畫出版社1993年版），第335頁。

〔註28〕黃嘉明《文徵明「古意」說與明代文人畫發展》，《美術》2004年8月，第98頁。

史箴圖》是帶有很強的『行家』意味，只是這件作品入明代以後，由於歷史的緣故，不可避免地帶有濃鬱的『古意』，然而文徵明畢竟只是好古的文人畫家，在身份局限和審美傾向的雙重制約下，文徵明必然會有所選擇，他必然是站在自己的立場上，對這類『利家』的繪畫題材的處理上，加入文人強調『雅趣』的意味。何良俊對文徵明的選擇是持讚揚的態度的，他在《四友齋叢說》卷二十九中就有這樣的誇讚之詞：「衡山本利家，觀其學趙集賢設色，與李唐山水小軸，皆臻妙，蓋利家而未嘗不行者也。」〔註 29〕在當時的文人階層裏，精英意識的表露在文化圈中是顯而易見的，由於文化歸屬性的差異，也就會明顯地帶出『雅』與『俗』的分野，但是換言之，文人雅士的作品也要考慮到俗世的喜好與相應的標準性，因此，文徵明在繼承前代優秀繪畫傳統的同時，並不把文人階層與市民階層的審美截然的分割開來，文徵明的這張《湘君湘夫人圖》既是尚古意味的適合表述，又兼顧到大眾文化中的繪畫要求，所以像文徵明這樣的文化精英，一方面積極地倡導他們所追尋的精英性，有意識地拉開他們與普通市民階層的距離，另一方面，他們又被當時的廣大的市民群體所包圍，市民的審美意識和消費觀也在實際中影響到他們的創作。從中不難發現，他們言論和評判在這樣的氛圍中持抗拒態度，但是在創作中又不可避免地與現實狀況進行妥協。因此在明代中期的江南，這些文化圈中的精英人物身上帶有明顯的雙面性。文徵明在當時的明代江南，又是促進文人畫發展的主要推動者，以他為主的文人也試圖建構一個專屬於自己的生活模式和文化話語，即便不能完全與市民階層無涉。他們也在強調自身階層的獨立性。因此體現在《湘君湘夫人圖》這張特定的作品中，文徵明只能採取雅中兼俗、既『行』又『利』的方式來與實際狀況形成相對的和諧。至此，我們可以瞭解到，文徵明當時的現實處境中世俗的市民趣味，所以盧輔聖先生才說：「那種體現在畫師和畫工的全能型繪畫形態中的『繪畫性』，對日趨職業化的文人畫家產生了巨大的吸引力。」〔註 30〕於是，文人對繪畫題材進行拓展，繪畫形式進行多樣化處理，並且對歷代經典圖式的闡釋和運用加入自己的理解，將詩書畫印等傳統因素有機地融入作品當中，從而構成了明代文人畫發展的獨特面貌。

〔註29〕 何良俊《四友齋叢說》，中華書局 1959 年版，第 267 頁。
〔註30〕 盧輔聖《中國文人畫通鑒》，河北美術出版社 2002 年版，第 179 頁。

圖 4.3　顧愷之　《女史箴圖》　局部

4.1.3　人與自然的和諧

　　中國山水畫在東晉已經出現，南朝劉宋時期，已經有了總結山水畫繪製的專著，如南朝宗炳著的《畫山水序》與王微著的《敍畫》兩部經典性著作，古人已經有意識地把對山水的經驗認知提到了一個理論高度。隋、唐兩代的山水畫已經出現青綠和水墨技法兩種不同的分類，然而中國山水畫創作所處的黃金階段是五代與兩宋時期。後至元、明、清三代，中國的山水畫在宮廷、民間、文人等各類畫家手上又得到進一步發展，逐漸成爲中國畫的一種主流門類。

　　山水畫創作，同時是中國古代最重要的繪畫題材之一，在儒家提倡的仁智觀念中，自然山水已經成爲當時人們的審美對象，《論語・雍也》記載，子曰：「知者樂水，仁者樂山。知者動，仁者靜。知者樂，仁者壽。」〔註31〕『知

─────────────
〔註31〕 錢穆《論語新解》，巴蜀書社 1985 年版，第 148～149 頁。

者樂水，仁者樂山』，既是對自然美的讚美，又是對『仁』、『智』的精神追求，將山水與『德』的傳統觀念聯繫起來。朱熹在《論語集注》中對『仁智之樂』的闡釋爲：「知者達於事理，而周流無滯，有似於水，故樂水。仁者安於義理，而厚重不遷，有似於山，故樂山。動靜以體言，樂壽以傚言也。動而不括故樂，靜而有常故壽。」〔註 32〕並且，道家的莊子對『樂山』、『樂水』作了進一步的延伸，以山水爲樂，同自然相親的態度感悟自然。莊子就有言：「天地有大美而不言，四時有明法而不議，萬物有成理而不說。聖人者，原天地之美而達萬物之理，是故至人無爲，大聖不作，觀於天地之謂也。」〔註 33〕並且《莊子》《天下》篇中亦提到：「判天地之美，析萬物之理，察古人之全，寡能備於天地之美，稱神明之容。」〔註 34〕莊子強調的則是與自然同一的、更爲自由闊達的精神狀態；儒道思想在中國山水畫中，一併成爲中國山水畫的思想理論根源。魏晉時期出現的隱逸思想，使文人們進一步拉近了人與自然的關係，自然山水景觀開始以獨立的形態，成爲與山水畫的創作對象。早期的中國山水畫雖然略帶幼稚，但畢竟有了發端，在敦煌壁畫的許多經變圖式中，山水畫還是停留在『人大於山』、『水不容泛』的樣式裏。唐以前，中國畫壇上還沒有出現正式的山水畫，所有的山水形式的出現只是人物畫背景的風景襯托而已。唐代張彥遠《歷代名畫記》對此有過闡述：「魏晉以降，名跡在人間者，皆見之矣。其畫山水，則群峰之勢，若鈿飾犀櫛，或水不容泛，或人大於山，率皆附以樹石，映帶其地，列植之狀，則若伸臂布指。」〔註 35〕其畫法雖然幼稚，但是奠定了中國山水畫的雛形；陳池瑜先生在《中國繪畫之文化價值》中提到：「魏晉南北朝，山水畫的產生和發展，是老莊道法自然，清靜無爲，返璞歸眞，熱愛自然的精神表現。遁跡山林，對自然的無限嚮往和對自然的觀賞與精神享受，催發了中國文人士大夫想像性的韻律文學即山水詩的發展，也推動了中國文人士大夫及藝術家的視覺性的圖象形式即山水畫的發展。」〔註 36〕中國山水畫的發端至明前的鼎盛，主要源於古代人們觀照自然的世界觀與宇宙觀。此外，中國山水畫的本質特徵在北宋郭熙的著作《林泉高致》有很好的闡述，《林泉高致》至今都是概括山水畫中人與自然的

〔註 32〕 朱熹《論語集注》，中國書店 1985 年版，第 115 頁。
〔註 33〕 王世舜《莊子譯注》，山東教育出版社 1984 年版，第 412 頁。
〔註 34〕 王世舜《莊子譯注》，山東教育出版社 1984 年版，第 633 頁。
〔註 35〕 張彥遠《歷代名畫記全譯》，貴州人民出版社 2009 年版，第 60 頁。
〔註 36〕 陳池瑜《中國繪畫之文化價值》，《藝術百家》2012 年 2 月，第 104 頁。

審美關係的佳作。郭熙的書中既總結山水畫創作的特點，如山勢有平遠、深遠、高遠的『三遠』構圖法，在山水畫的創作經驗和筆墨技法方面也有規律性的總結，並且《林泉高致》一書還反映了中國山水畫的文化功能，是山水畫高度成熟之後的理論經典。由此可看出，中國山水畫不光是文人士夫和大眾皆愛的繪畫形式，山水畫精神亦是中國傳統文化中自然主義精神的體現，在山水畫題材的創作與鑒賞中，人們可以達到『可居』、『可觀』、『可遊』、『可行』的怡情境界，描繪山水、與自然相協調同時也是文人士夫階層淡泊心志的精神寫照。

　　在此處可引郭熙闡述對明前中國文人山水畫作一小結：「君子之所以愛夫山水者，其旨安在？丘園養素，所常處也；泉石嘯傲，所常樂也；漁樵隱逸，所常適也；猿鶴飛鳴，所常親也。塵囂韁鎖，此人情所常厭也；煙霞仙聖，此人情所常願而不得見也。」〔註 37〕

4.1.4　隱逸於市的選擇

　　明代中期的江南地區整體的山水畫形式多出現隱逸山林的氣象，當然這也與當時的政治環境和文化氛圍有關，但是這些文人的生活選擇沒有離開城市，仍然關注現實的生活，商業活動和經濟行為中扮演著重要的文化角色。所以對沈周才有「公卿大夫，下逮緇徒、賤隸，酬給無間。」〔註 38〕可見他們的作品大多數是流向市場，或是人情應酬之用。

　　沈周、文徵明等人為首的文人在山水畫圖式的選擇和確定上，往往帶有仿古與創新的意味，因為對於宋元山水畫的經典圖式，明人很難迴避經典的模式，他們在實際的創作過程中不可迴避地面臨這樣的問題，即要有古意，尚簡淡，又要在前人的基礎上有所創新，如文嘉所云：「得古畫，惟覽其意而得其氣韻，故多得古人神妙處，而無脫古形似之嫌。」〔註 39〕要創作出既有傳承特點又有地域與時代特點的畫作來絕非易事；因此，文人士夫更加追求幽靜清遠的林下風景，反映自然山川的山水畫主觀抒情傾向劇增，這也是文

〔註 37〕郭熙《林泉高致》（俞劍華《中國畫論類編》，人民美術出版社，1957 年版），第 632 頁。

〔註 38〕王稚登《吳郡丹青志》（中國書畫全書編纂委員會《中國書畫全書 3》，上海書畫出版社 1993 年版），第 918 頁。

〔註 39〕文嘉《文水題畫山水》（俞劍華《中國畫論類編》，人民美術出版社 1957 年版），第 711 頁。

人畫家追求心靈平衡的表現，明人山水畫，尤其是以實景爲題材的作品，更多地顯現出師古人與師造化、理性與情致的和諧統一。

明代中期的江南文人在山水畫創作上不同於元人，元人的山水畫常以繪景的方式描寫人的孤寂，有很多明顯的避世情調，出世的意味重於入世的意味，離群索居的特點在元人的畫面中有顯著表現。但是明人的山水畫創作更多的是反映生活中的美景，雖然這種美景的描繪多少帶有慰藉心靈的意味，然不論何種情形，明人山水畫的入世色彩較之元人更多，同時他們又展示出繼承前人，且別具一格的鮮明特色。有明一代，筆者研究認爲明中期的江南文人略分兩類：一類是廣有聲望的隱逸文士，如杜瓊、沈周；另一類則是辭官歸田的名士，如劉珏、文徵明、陸師道等人。他們雖最終隱逸，但還是貼近現實生活，畫面中有樂觀向上的意象。

在具體的創作過程中，明中期江南文人同時受到明初文人畫家的直接影響，王履就是其中重要的人物，王履（1332～1402），江蘇崑山人，字安道，號畸叟，有《華山圖》傳世，王履的觀點明確，這在他的《華山圖序》中有明確交代：「畫雖狀形主乎意，意不足謂之非形可也。雖然，意在形，捨形何所求意？故得其形者，意溢乎形，失其形者乎哉！畫物欲似物，豈可不識其面？古之人之名世，果得於暗中摸索耶？」〔註40〕王履在畫面中重視『意』的表達，這與宋元山水畫精神相通，但是並不是說畫面當中就可以忽略造型，宋人的『得意忘形』與元人的『逸筆草草』、『不求形似』也只是更加強調畫面意境而已，不得不將形放置在第二位來表述，但是發展到後來就流於對形的輕視，這是王履要克服的流弊，況且，無『形』怎會有恰當的『意』出來，所以王履提出疑問：「形尚失之，況意？」〔註41〕對此，王履自己的做法就是「但知法在華山」〔註42〕『師法華山』即『師造化』之意。在技巧與觀察層面上，王履繼承了前人的優良傳統；因此，他反對『畫物』而『不識其面』，他有詩云：「余少喜畫山，模擬四、五家，余卅年，常以不得逼眞爲恨。及登華山，見奇秀天山，非模擬者可模擬，於是屏去舊習，以意匠就天出則之。」

〔註40〕 王履《華山圖序》（俞劍華《中國畫論類編》，人民美術出版社 1957 年版），第 703 頁。

〔註41〕 王履《華山圖序》（俞劍華《中國畫論類編》，人民美術出版社 1957 年版），第 703 頁。

〔註42〕 王履《華山圖序》（俞劍華《中國畫論類編》，人民美術出版社 1957 年版），第 703 頁。

〔註43〕並且，王履在《華山圖序》中還提到：「可從，從，從也；可違，違，亦從也。違果為從乎？時當違，理可違，吾斯從矣。吾雖違，理其違哉！時當從，理可從，吾斯從矣。」〔註44〕這就說明了繪畫既不可脫離傳統，但是也不能死守傳統，決定『從』和『違』，都只能用時間與道理來檢驗。這段話在陳傳席先生的《中國山水畫史》中裏有過闡述，陳傳席說：「對傳統的借鑒，是繼承，反傳統而行其實也是一種繼承，不過是從另一角度繼承罷了。」〔註45〕『從』與『違』的論述其實主要目的就是去故存新，避免藝術形象的概念化，就是「庶免馬首之絡」〔註46〕，最後，對於師法的對象，王履得出自己的答案「吾師心，心師目，目師華山。」〔註47〕這也是與唐人張璪提出的「外師造化，中得心源」〔註48〕的主張一致。

因此，明中期江南文人畫的創作群體，大致都有這樣類似王履的創作態度與思路，即王履所云：「余也安敢故背前人，然不能不立於前人之外。」〔註49〕也就是說，他們必須在眾多的大師的經典圖式之間，另出手眼，或者把圖式中的基本元素打散再次進行重構，獲得別樣的風格，走新的道路來確立自己的影響力。

案例一：沈周的《廬山高圖》

《廬山高圖》是沈周的代表作之一，《廬山高圖》，紙本，淺設色，193.8×98.1cm，臺北故宮博物院藏，是沈周作的大幅畫作品之一，也是沈周的應酬人情的精心之作。上有沈周的題畫詩《廬山高為醒庵陳先生壽》，〔註50〕詩中

〔註43〕陳傳席《中國繪畫美學史・下》，人民美術出版社 2002 年版，第 347 頁。

〔註44〕王履《華山圖序》（俞劍華《中國畫論類編》，人民美術出版社 1957 年版），第 704 頁。

〔註45〕陳傳席《中國繪畫美學史・下》，人民美術出版社 2002 年版，第 327 頁。

〔註46〕陳傳席《中國繪畫美學史・下》，人民美術出版社 2002 年版，第 351 頁。

〔註47〕王履《華山圖序》（俞劍華《中國畫論類編》，人民美術出版社 1957 年版），第 704 頁。

〔註48〕張璪《文通論畫》（俞劍華《中國畫論類編》，人民美術出版社，1957 年版），第 19 頁。

〔註49〕王履《華山圖序》（俞劍華《中國畫論類編》，人民美術出版社 1957 年版），第 704 頁。

〔註50〕參見：章培恒《沈周年譜》復旦大學出版社，1993 年版，第 84 頁：「廬山高，高乎哉！鬱然二百五十里之盤踞。岌乎二千三百丈之巃嵷。謂即敷淺原。培嶁何敢爭其雄？西來天塹濯其足，雲霞旦夕吞吐乎其胸。回崖沓嶂鬼手擘，澗道千丈開鴻蒙。瀑流淙淙瀉不極，雷霆殷地聞者耳欲聾。時有落葉於其間，

沈周對廬山的天塹、雲霞、崖嶂、瀑流、碧水、紅葉、棧道、石林等自然景
觀進行了描述，又將其師的家世和聲望、人品與學養進行了與自然景觀比照
式的描寫，將陳寬與古代賢人並列，欽佩、讚譽之情溢於言表，此《廬山高
圖》中的題詩裏，沈周用孔子的學生仲弓來比擬陳寬，（按：冉雍，周文王之
後），因為沈周的學問老師陳寬是江西人，所以沈周才作《廬山高圖》給老師
賀壽。詩中沈周用廬山的巍峨高聳來比擬讚頌其師的學問品格，文辭華美、
語句鋪排，極具氣勢。右上自題篆文『廬山高』，末尾署有『成化丁亥端陽日，
門生長洲沈周詩畫，敬為醒庵有道尊先生壽。』又可知是沈周四十一歲所作，
《廬山高圖》花費沈周如此精力，雖可以看出沈周對其師的尊重，但是不能
迴避的另一原因就是他要與當時的高官宦僚處好關係，因為即便沈周自己不
出仕，選擇隱居鄉里的生活，但是得到權貴的庇護這是必要的手段之一。更
不要說當時陳氏父子都以學問人品高邁而聲名遠播，他們在收門人弟子的時
候，也是不輕易許人，要入其門在當時是件不容易的事情。沈周之所以能夠
拜入陳寬門下，部分原因是他的父、伯一輩給他作出的鋪墊，後來就是沈周
自己的才華和稟賦緣故，兩點具備才能夠得到陳寬的傳授；到陳寬慶壽之時，
沈周表達心意的方式很打動其師，從他們相互交往的過程中，可以瞭解明代
文人士夫階層的人際關係，所以柯律格才有這樣的描述：「這裡鮮活地呈現出
明代精英階層裏最核心的一種文化模式，即互惠往來的過程，也就是『行動
與反應』（act and response）、『對回應的再回應』（response to the response）之
模式。我們不該單純地將……關係化約成只有這種行為與回應的模式，但若
忽略彼此間文化權力並不相等的實情，卻也失了真，其間的權衡非常精緻，
包括年齡、財富與『顯貴程度』（根據所擁有的功名來較量）的不平等都得列
入考量，這些差異在今日幾乎已察覺不出，但對當時身處其中的人而言，卻
是他們生活的一部分。」〔註51〕

直下彭蠡流霜紅。金膏水碧不可覓，石林幽黑號綠熊。其陽水碧不可覓，石
林幽黑號綠熊。其陽諸峰五老人，或疑緯星之精墜自空。陳夫子，今仲弓，
世家廬之下，有元厥祖遷江東。尚知廬靈有默契，不遠千里鍾於公。公亦西
望懷故都，便欲往依五老巢雲松。昔聞紫陽祀六老，不妨添公相與成七翁。
我常遊公門，仰公彌高廬。不嵩丘園肥遁七十，著作卷卷，白髮如秋蓬。文
能合墳詩合雅。自得樂地於其中。榮名利祿雲過眼，上不作書自薦，下不公
相通。公乎！浩蕩在物表，黃鵠高舉凌天風。」

〔註51〕 柯列格《雅債——文徵明的社交性藝術》，三聯書店 2012 年版，第 36 頁。

圖 4.4　沈周　廬山高圖

　　同時，此畫是沈周山水畫風轉型期的代表作，即沈周由『細沈』（精細畫風）轉向『粗沈』（拙曠風格）的開始，文徵明有記：「石田先生風神玄朗，識趣甚高，自其少時作畫，已脫去家習。上師古人，有所模臨則亂眞跡。然（早年）所爲率盈尺小景。至四十外（即 1466 年後），始拓爲大幅，粗株大葉，草草而成，雖天眞爛發，而規度點染不復向時精工矣。」〔註52〕從中亦可證明沈周畫風的轉變。沈周此畫中峰巒疊翠，山石繁複，草木華盛，霧靄飛瀑，棧道路人，古樹虬松，林泉景致盡有。畫面構圖用筆方式，基本仿照元代王蒙，風格手法類於王蒙的《青卞隱居圖》一路，但是沈周沒有到過廬山，他的構圖形式的借鑒與他的書畫教師杜瓊的《山水圖》軸不無關係，《山水圖》爲杜瓊的代表作之一，122.5×39cm，紙本設色，北京故宮博物院藏，上有杜瓊的自題：「予嘗寫此境爲有趣適，陳孟賢、鄭德輝二公相訪見之，孟賢曰：此幅可鄭公盍求諸。德輝略無健羨之色，孟賢強之，乃啓言，予不敢靳也。德輝廉靜寡欲，於物無所嗜好，使王維、吳道玄復生，亦無所愛，此其所以能養其德也。夫以心之玩好，乃學者之病，觀於德輝，則有以警於人人哉。景泰五年甲戌歲上元日杜瓊書。」〔註53〕景泰五年即1454年，杜瓊時年 59 歲，題款中的陳孟賢、鄭德輝二人俱爲杜瓊的好友，《山水圖》中畫群山矗立，蒼松翠柏、板橋流水、行人策杖，童子攜琴，茅屋中文人讀書，一派濃重的秋意，此作構圖繁密，山石多用披麻皴法，墨色蒼潤，筆意精到，杜瓊的山水畫追隨了董源開創的傳統；在明代，杜瓊是接續了元人重逸興的傳承，畫中可見王蒙的影子，而杜瓊的這一傳承的主要目的就是穩定文人畫的主導地位，並且將其發展爲正統；對此，杜瓊在自己的一篇詩文裏對古代文人傳統再三強調，對馬夏一派只是提及而已，高居翰在《江岸送別》中有記載。〔註54〕

〔註52〕 高居翰《江岸送別——明代初期與中期繪畫》，三聯書店 2009 年版，第 65 頁。
〔註53〕 許忠陵《杜瓊和他的兩幅山水畫》（故宮博物院《吳門畫派研究》，紫禁城出版社 1993 年版），第 254～255 頁。
〔註54〕 「山水金碧到二李，（指唐李思訓、李昭道）
　　　　 水墨高古歸王維。……
　　　　 後苑副使說董子，（指五代畫家董源）
　　　　 用墨濃古皴麻皮。
　　　　 巨然秀潤得正傳，……
　　　　 乃至李唐尤拔萃，……
　　　　 父子臻妙名同垂。（指宋代畫家米芾、米友仁）

　　由於杜瓊是沈周的老師，沈周在繪畫上必然也是受到杜瓊的影響，對元人作品多有借鑒學習，具體在筆法上，沈周多是借鑒王蒙的牛毛皴的技法，與王蒙的《青卞隱居圖》〔註55〕不同的是，沈周在畫面上依稀統一了光照，不類於王蒙的主觀光線在山石上產生的錯綜之感，沈周的《廬山高圖》的畫面氛圍少了神秘的意味，觀者視覺上更多是疏朗的感覺，順著畫面左側的飛瀑和中間的山石的亮部，從上至下觀看，很容易將視覺中心集中到右側站在石巖上的陳寬，畫面由理論導引通向重點人物。較之杜瓊的《山水圖》，沈周的《廬山高圖》在構圖形式雖有借鑒，但是在皴法和光線方面的處理更具匠心，《廬山高圖》整張畫面可以以縱向劃分，成為三個部分，左邊的細窄山石的用墨較為濃鬱，巖石鉸接而上與中景的主峰相連，左上部分盡點細黑的牛毛皴法，間或參雜遠樹，因為留有水口，蜿蜒而下，故無壅塞之感，中景同樣用細緻的牛毛皴加入解索皴法，淡墨細點，與中間的雲氣交融，虛實有致，且有淡墨描繪出遠峰聳立，微加點苔筆法，與中景主峰上的點苔法略有二致，中景山石是濃墨點苔，山頂上加以碎草，蒼茫之氣鬱然，左下方近景與中景處還有古棧道連接，更加增添空谷人跡的意味；右側為畫面的重心所在，前

　　　　馬夏鐵硬自成體，（指南宋畫家馬遠和夏圭二人）
　　　　不與此派相和比。
　　　　水精宮中趙承旨，（指元初畫家趙孟頫）
　　　　有元獨步由天姿。
　　　　雪川錢翁貴纖悉，（指元初畫家錢選）
　　　　任意得趣黃大癡。（指元初畫家黃公望）
　　　　雲林迂叟過清簡，（指元初畫家倪瓚）
　　　　梅花道人殊不羈。（指元初畫家吳鎮）
　　　　大梁陳琳得書法，（指元初畫家高克恭與陳琳）……
　　　　黃鶴丹林兩不下，（指元末明初王蒙、趙原兩人與他們不相上下）
　　　　家家屏障光陸離。
　　　　諸公盡衍輞川脈，（指唐朝王維一派）
　　　　餘子紛紛不足推。
　　　　予生最晚最愛畫。
　　　　不得指授如調饑。
　　　　友石濯樵具仙骨，（指明初畫家王紱及沈遇）
　　　　落筆自然超等夷。……
　　　　我師眾長復師古，
　　　　揮灑未敢相驅馳。」參見：高居翰《江岸送別——明代初期與中期繪畫》
　　　三聯書店，2009 年版，第52～53 頁。
〔註55〕按：王蒙《青卞隱居圖》，紙本，墨筆，140.6×42.2 釐米，上海博物館藏。

部由四棵遒勁古松組成，人物置於下，以襯畫中主人風骨，依勢而上，右側幽谷中藏廟堂古刹，遙聞寺鐘，遠避喧囂，整幅畫面既古又新，師前人又具自己的匠心，可以說沈周的《廬山高圖》遠取王蒙的風格，近郊杜瓊的意趣，遠近皆有師承，沈周把各種因素合於一起方繪製成《廬山高圖》，所以，石守謙說：「沈周的《廬山高》因此不但是件可令陳寬欣慰無比的生日賀禮，而且也堪稱爲王蒙風格在 15 世紀再發展歷程中的傑作。」〔註56〕

圖 4.5　王蒙　青卞隱居圖　　　　　圖 4.6　杜瓊　山水圖

〔註56〕石守謙《風格與世變──中國繪畫十論》，北京大學出版社 2008 年版，第 303 頁。

案例二：文徵明的《千巖競秀圖》

　　下面看看文徵明的《千巖競秀圖》：《千巖競秀圖》，掛軸，紙本淺設色，132，6×34cm，現藏於臺北故宮博物院。文徵明於 1548 年冬始作，1550 年春完成，文徵明時年 81 歲，此畫是文徵明晚年的代表作。

　　畫中文徵明自題：「比嘗冬夜不寐，比嘗冬夜不寐。戲寫千岩競秀圖。僅成一樹。自此屢作屢輟。自戊申抵今庚戌（公元一五五○年）始成。蓋三易歲朔矣。昔王荊公選唐詩。謂費日力於此。良可惜也。若余此事。豈特可惜而已。三月十日。證明記。時年八十又一。」〔註 57〕此畫文徵明前後三年方成，反覆修改，看出文徵明並不像一般畫家至老年時那樣，常以標榜『戲筆』的態度來作畫，而是極其認眞嚴肅，是他的精心之作。這幅作品文徵明在創作的時候卻有很複雜的心態，他在題跋中借王安石編著唐詩靡費時日一事以自比，看出文徵明在文化上的自視很高，花三年而成，看出文徵明對這件《千岩競秀圖》有著某種期許的意味。當然這種心態不能用『懷才不遇』來形容，但是對於自己的才華，文徵明卻有著清醒認識。之所以借用宋代王安石的典故爲題，是因爲能證明他內心對自己繪畫創作可達到的高度與自我的肯定。文徵明對自己的仕途和官場上的影響力多少是失望的，不論是時運不濟還是人爲排擠，他都不是其中的勝利者，這對於自視才高的文徵明多少是個遺憾，在事實層面的選擇上，他還是遠離了仕途，歸隱林泉，這裡面其實有一個問題存在，就是文徵明的性格。對此，《明史》有文字記載：「文徵明。長洲人，初名璧，以字行，更字徵仲，別號衡山。父林，溫州知府。叔父森，右僉都御史。」〔註 58〕此爲簡論其家世；「……學文於吳寬，學書於李應禎，學畫於沈周，皆父友也。又與祝允明、唐寅、徐禎卿輩相切劘，名日益著。」〔註 59〕此簡論其師友；「其爲人，和而介。」〔註 60〕此六字鮮明地反映了文徵明中和耿介的性格，這才會有他後來的際遇；「……正德末，巡撫李充嗣薦之，會徵明亦歲貢生詣吏部試，奏授翰林院待詔。……徵明意不自得，連歲乞歸。」〔註 61〕此中已說明文徵明雖被巡撫李充嗣推薦進京，擔任翰林院待詔，但是文徵明已經是官場不得意，有仕途結束的前兆，文徵

〔註 57〕　江兆申《文徵明畫繫年》，國立故宮博物院 1976 年版，第 20 頁。
〔註 58〕　張廷玉《明史》，中華書局 1974 年版，第 7362 頁。
〔註 59〕　張廷玉《明史》，中華書局 1974 年版，第 7362 頁。
〔註 60〕　張廷玉《明史》，中華書局 1974 年版，第 7362 頁。
〔註 61〕　張廷玉《明史》，中華書局 1974 年版，第 7362 頁。

明辭官的決定應該是他冷靜地分析局勢之後所作出的，因爲在明代，要想眞正步入仕途是非進士不取的，朝廷當局沒有更多的可能將一個翰林院待詔作爲正式官員的候補對象，雖然翰林院是精英知識分子的集中地，但在那樣一個論資排輩、講究出身的地方，文徵明鬱鬱不得志應是尋常。《明史》還記載：「先是，林知溫州，識張璁，諸生中，璁既得勢，諷徵明附之，辭不就。楊一清召入輔政，徵明見獨後。一清亟謂曰：『子不知乃翁與我友邪？』徵明正色曰：『先君棄不肖三十餘年，苟以一字及者，弗敢忘，實不知相公與先君友也。』一清有慚色，尋與璁謀，欲徙徵明官。徵明乞歸益力，乃獲致仕。」〔註62〕此中看出文林與張璁是同學，張璁得勢，有人勸文徵明可以高攀迎合，但文徵明拒絕了張璁、楊一清等仕宦權貴的拉攏，辭官之心反而更加強烈，終於被批准還鄉。爲什麼文徵明拒絕當權者的籠絡，究其緣故還是性格的耿介與名聲遠播的緣故；前面所引是闡述文徵明的際遇與性格，對於文徵明的畫藝和水品，《明史》亦有記載：「四方乞詩文書畫者，接踵於道，……文筆遍天下。」〔註63〕所以，辭官後的文徵明有《致仕出京言懷》詩作，云：「獨騎贏馬出楓宸，回首長安萬斛塵。白髮豈堪供世事，青山自古有閒人。荒餘三逕猶存菊，興落扁舟不爲尊。老得一官常臥病，可能勳業上麒麟。白髮蕭疏老秘書，倦遊零落病相如。三年漫索長安米，一日歸乘下澤車。坐對西山朝氣爽，夢回東壁夜窗虛。玉蘭堂下秋風早，幽竹黃花不負余。」〔註64〕文徵明終究離開官場，回歸到自己原有的上當中，獨自面對幽竹黃花以遣散煩鬱的仕途情緒。

時至暮年的文徵明作《千巖競秀圖》，其實就是自己對其人生帶有思考性的作品，因爲在《千巖競秀圖》畫完的三個月後又作了《萬壑爭流圖》（紙本，青綠設色，132.7×35.3cm，南京博物院藏），上有題跋：「此余嘗作千巖競秀圖，頗有思致，徐默川得之，以佳紙求寫萬壑爭流爲配。余性雅不喜作配幅，然於默川不能終卻，漫爾塗抹，所謂一解不能如一解也。是歲嘉靖庚戌六月既望徵明識，時年八十有一。」〔註65〕無論是畫面尺幅、還是題材內容、或是畫中寓意上，這兩幅圖都堪稱姐妹作，《千巖競秀圖》主要是山石充滿整個

〔註62〕 張廷玉《明史》，中華書局1974年版，第7362頁。
〔註63〕 張廷玉《明史》，中華書局1974年版，第7362頁。
〔註64〕 曹惠民《文徵明詩文書畫全集》，中國言實出版社2006年版，第363頁。
〔註65〕 南京博物院藏寶錄編輯委員會編《南京博物院藏寶錄》，上海文藝出版社1992年版，第192頁。

畫面，《萬壑爭流圖》卻是以廣闊水面爲主，零散地布置一些沙渚。筆者提出《萬壑爭流圖》的原因主要，是其中的題跋值得思量，這段題跋大有玩味，首先，《千巖競秀圖》是饋贈友人或是權貴的禮物，友人或權貴之後又提出要文徵明再作《萬壑爭流圖》以匹配成對，畫中題跋有記：「徐默川得之，以佳紙求寫萬壑爭流爲配。」〔註 66〕雖然文徵明素不喜畫作配對，但是經不住友人的再三索求，只好動筆作畫，從中可見文徵明雖年過八旬，仍舊在人情塵網中掙扎，雖有不情願，但不得已還要從之。因此不論是《千巖競秀圖》還是《萬壑爭流圖》都帶有社交性的功能。『頗有思致』〔註67〕一語可以是文氏解繪畫對自己的一生的反思，因爲早年的文徵明，與當時的大多數文人一樣功名心盛烈，否則就不會屢次參加舉試，結果屢敗屢考，雖被舉薦爲官，但終不得意歸鄉隱居；《千岩竟秀圖》與《萬壑爭流圖》能否看作是文徵明對自己才華的肯定，又抑或是對自己那個時代的文人熙攘向前，朝奔利益而去的一種描述呢？回答是肯定的。

　　《千巖競秀圖》既是文徵明的代表作，自然不是因爲文徵明在創作中有什麼新的圖式的發現，因爲這在他早年研究元人作品時就已經確立了自己的風格，如果說董源、巨然一派至元四家人的作品，前人對山石的皴法處理上，生動且連接外形的線條，也略帶隨逸興而行筆的話，那麼文徵明的山水畫則更多的有外形謹嚴，內部山石皴法更顯出內在秩序感的特點。《千巖競秀圖》的構圖形式也是體現文徵明的『頗有思致』的，上半段主要是各層巖石壘積，沒有更多的具體指向，更像文人玄想時落實而成的圖式形象。但是《千巖競秀圖》的畫幅形式值得思量，此畫長度有 132.6cm，寬有 34cm，長寬之比接近四比一，較之以往的立軸更爲狹長，上端天空的位置只有不多的留白，而畫中山石密佈，使人觀之更有叢塞之感，可反映出作者心路的沉鬱。山石的扭結上升之勢，共同強化了他不得已歸隱的複雜情緒；由此產生了一種特有的畫面張力，暗示著自己的無奈與傷感。

〔註66〕南京博物院藏寶錄編輯委員會編《南京博物院藏寶錄》，上海文藝出版社 1992 年版，第 192 頁。

〔註67〕石守謙《風格與世變——中國繪畫十論》，北京大學出版社 2008 年版，第 310 頁。

圖 4.7　文徵明　千岩競秀圖　　　　圖 4.8　明　文徵明　萬壑爭流圖

　　文徵明對於此畫的經營可謂是大費周折，圖中左側的飛瀑清泉有明確的意涵指向，他曾有：「萬疊高山供道眼，千尋飛瀑淨塵心」〔註68〕的詩句，可以認為重山飛瀑的山水圖式是文徵明內心想遠離喧囂，嚮往隱逸超越的精神追求。在現實生活中不能獲得際遇，也就只能在山水畫的創作中營造自己的理想世界，以證古人的「澄懷觀道」〔註69〕，文徵明希望借古人的『澄懷觀道』〔註70〕得到滌淨塵心，掃清俗目的效果。雖然此中的心路歷程多少有些坎坷，難以忘懷，所以情志的磨練就成為必要的手段。《千巖競秀圖》下方的畫面處理同樣蘊含著意義，因為左下方出現的隱士盤腿端坐的構圖方式，常被用來傳遞士夫階層隱於廟堂，即『朝隱』〔註71〕的理想，此典故出自《世說新語・品藻》篇中有記：「明帝問謝鯤：『君自謂何如庾亮』？答曰：『端委廟堂，使百僚準則，臣不如亮。一丘一壑，自謂過之』。」〔註72〕故有此出處，顧愷之作謝鯤（字：幼輿）圖今已不可見，元代趙孟頫根據此典故仿顧愷之筆法作《幼輿丘壑圖》，可為參照。文徵明既對元畫熟知，繪畫題材與筆法就直接受其影響，將趺坐人物置於林泉之下，自然暗示著自己雖曾處廟堂，但是心繫歸隱的心念，實在是應了「有一段蒼涼盤鬱之氣，乃可畫山水」〔註73〕那句話。

〔註68〕　石守謙《風格與世變——中國繪畫十論》，北京大學出版社 2008 年版，第 312 頁。

〔註69〕　宗炳《畫山水序》，俞劍華《中國畫論類編》，人民美術出版社 1957 年版，第 583 頁。

〔註70〕　按：宗炳《畫山水序》中記載：「聖人含道應物，賢者澄懷味像。至於山水，質有而靈趣……。」「澄懷觀道」原本是指佛家沾花微笑中領悟微妙至深的禪境，在藝術中則呈現為審美主體與客體相互交融達到最高的審美境界，也成中國人文化藝術中領悟心靈的一個審美主題。

〔註71〕　「朝隱」為一典故，謝鯤是東晉名臣，同時也是超俗的隱士，雖然身居廟堂，但胸中常存丘壑。他的如此『朝隱』行徑，不僅透過《世說新語》而廣受後人傳誦，在繪畫史上，也因為有顧愷之為其作像，置於丘壑之中，而形成一個圖繪傳統。參見：石守謙《風格與世變——中國繪畫十論》北京大學出版社，2008 年版，第 312 頁。

〔註72〕　劉義慶《世說新語全譯》，貴州人民出版社 1996 年版，第 413 頁。

〔註73〕　肖燕翼《仇英和他的摹作「中興瑞應圖」》，《故宮博物院院刊》1982 年 2 月，第 45 頁。

圖 4.9　趙孟頫 《幼輿丘壑圖》局部

　　從《千巖競秀圖》畫面的風格來看，文徵明此作清逸雋秀，不似於宋人的風格，因為宋畫山水多有峻碩之感，文氏山水畫中謹慎細緻的筆法也是由元人而來，山石的複雜性和曲折的動態設置亦有王蒙的影子；對此，石守謙先生有所論及：「比起沈周之從事王蒙風格的偶然性而言，文徵明則顯示了一種持續不斷的興趣與投入，終其一生，對王蒙風格的詮釋與創新，一直是文徵明在追求自我的藝術成就時隨時取資的手段」〔註74〕我們可以發現，在整張畫面中，山水的形象結構緊密，幾乎要充滿整個畫面，小塊山石的壘積構成一種向上攀援的趨勢，前後的空間壓縮在一個很小的範圍當中，卻沒有逼仄感，曲折幽深的路徑，皴法井然，水口、路徑交代明確，墨色運用自如，這是文徵明《千巖競秀圖》畫面的表層效果，也是他在技巧層面的一個追求，結果如何，文徵明自己的不知道達到與否，因他曾寫道：「墨法既妙，而設色更神，鉛朱丹碧，互為間沓。千岩萬壑，怪怪奇奇，莫得知其所以始，而亦莫得知其所以終。」〔註75〕這雖是文徵明自謙的話，但筆者看來，也是一位八旬老人觀其一生繪畫創作，總結其繪畫經驗的一句實話。

〔註74〕 石守謙《風格與世變——中國繪畫十論》，北京大學出版社 2008 年版，第 303　　　　頁。

〔註75〕 文徵明《衡山論畫山水》（俞劍華《中國畫論類編》，人民美術出版社 1957 年　　　　版），第 710 頁。

4.1.5　文人畫家的花鳥畫——以沈周、文徵明花鳥畫爲例

案例一：沈周的《花果圖》

中國傳統的花鳥畫，在五代時候以獨立的畫種出現，以黃荃爲代表的畫院內的宮廷畫家所作的花鳥作品，是中國美術史上的第一個花鳥畫高峰，於此同時出現的徐熙一派又以水墨寫意花鳥見長。但是從元初開始，工筆和寫意花鳥畫之間的壁壘逐漸減弱，趙孟頫、錢選等人開始嘗試將宋代院體的花鳥畫畫法加以文人手法的改造；到了明代中期，沈周、文徵明筆下的花鳥畫進一步沖淡了文人畫與非文人畫之間的界限，明人的花鳥畫在題材和繪畫技法上的包容性更大，但不管怎麼說，明代文人群體的元人風尚仍是他們堅持的原則。

圖 4.10　沈周　《花果卷》局部

　　雖然明代花鳥畫在徐渭、陳淳手裏發展到高峰，但是不能忽略的是在此之前，沈周、文徵明等人在前期作下的厚實鋪墊，以沈、文爲代表的文人花鳥畫同樣講寫形，重傳神的原則，他們歸隱林泉之後所作的花鳥題材寫生，既寫出花卉鳥蟲的生動之狀，畫面生活氣息濃厚，將自己的生命意志和人生追求蘊含其中。下面我們先看一下沉周的花鳥畫，沈周不光是精於山水題材的創作，在花鳥畫上也是影響深遠，王世貞在論及沈周的花鳥畫時有言：「花鳥以徐熙爲神，黃荃爲妙，居寀（黃荃子）次之，宣和帝又次之，沈啓南淺色水墨，實出自徐熙而更加簡淡，神采若新……」〔註76〕這個評價可謂不低；王稺登在《國朝吳郡丹青志》中是說法更有對沈周誇讚之意：「沈周先生啓南，相城喬木，代禪吟寫，下逮僮隸。並諸文墨。先生繪事爲當代第一，山水、人物、花竹、禽魚，悉入神品。其畫自唐宋名流及勝國諸賢，上下千載，縱橫百輩，先生兼總條貫，莫不攬其精微。」〔註77〕雖然言語略帶誇張，但並非妄詞，沈周確實很好地繼承了前人的傳統，並且符合了『眞工實能、貴適天眞』的特點，在畫面中將自己的性格特徵淋漓地表達了出來。

　　沈周花鳥畫有師法南宋僧人法常畫法的影響，他在法常水墨長卷《寫生蔬果》有題跋，〔註78〕之所以沈周會這樣選取，是因爲「文人繪畫出現以後，一方面自身有一個發展、完善、豐富的過程，另一方面其始則大多選取與文人的性格、旨趣相關的表現題材」。〔註79〕並且在沈周的題跋中，他已經明確地提出來自己的觀點，師法古人，而且對前人的花鳥畫創作有所比較，他認爲法常的水墨花鳥要高於趙孟頫、錢選等人的花鳥畫創作。當然沈周的花鳥畫也是和他的山水畫題材一樣經歷了有『細』到『粗』的過程，早年的沈周

〔註76〕王世貞《藝苑卮言》（《中國畫論類編》，人民美術出版社1957年版），第1076頁。

〔註77〕王稺登《吳郡丹青志》，中國書畫全書編纂委員會《中國書畫全書3》，上海書畫出版社1993年版，第918頁。

〔註78〕肖燕翼《沈周的寫意花鳥畫》吳門畫派研究，紫禁城出版社1993版，第302頁。「余始工山水，間喜作花果、草蟲，故所蓄古人之製甚多，率尺紙殘墨，未有能兼之者。近見牧溪一卷於鮑庵吳公家，若果有安榴、有來擒、有秋梨、有蘆桔、有薜荔；花有菡萏；若蔬果有菰蒻、有蔓青、有圓蘇、有竹萌；若鳥有乙鳥、有文梟、有脊桋；若魚有鱔、有鮭；若介蟲有郭索、有蛤、有螺。不施彩色，任意潑墨滲，儼然若生，回視黃荃、舜舉之流，風斯下矣。且紙色瑩潔，一幅長三丈有咫，眞宋物也。宜乎公之寶藏也歟。沈周。」

〔註79〕肖燕翼《沈周的寫意花鳥畫》（故宮博物院《吳門畫派研究》，紫禁城出版社1993年版），第303頁。

同樣借鑒元人筆法，這點方薰有論：「白石翁蔬果翎毛得元人法，氣韻深厚，筆力沉著。」〔註80〕

　　他晚年的花鳥畫風格的變化據肖燕翼先生考證，與沈周自己的身體狀況有關，他有詩云：「余早以繪事為戲，中以為累，今年六十，眼花手顫，把筆不能久遠。」〔註81〕沈周在他六十九歲那年作有《病起》一詩，中云：「筋力遲遲百懶成，關門只好謝逢迎。老空求舊無同輩，拙不宜時讓後生，久坐衣裳知晚露，獨眠衾枕厭秋更。只餘曝背兼捫虱，黃草簪頭覺稱晴」〔註82〕，詩作中可以聽見一個老者的哀歎，瞭解到沈周晚年生活的一種心境，身體狀況的每日況下，只是形成沈周花鳥畫也由『細』變『粗』的外在客觀原因之一，沈周內心對花鳥畫的認識在這個時刻也到了一個新的高度，但是他在這年所作的《花果雜品二十種卷》（紙本，水墨，724.4×35.3cm，上海博物館藏）中又有自題云：「老大弄墨墨不知，隨物造形何不宜。山林終日無所作，流觀品江開大奇。明窗雨過眼如月，自我心生物皆活。傍人謂是造化跡，我笑其言大迂闊。」〔註83〕此詩作則是見到沈周在自己的繪畫創作上，已經融眾家之長形成了自己的創作觀點。即便他曾經師法元人，又遠溯法常，但是沈周還是形成了自己的大寫意的花鳥畫的風格，筆法與用墨較之之前的創作更加縱肆淋漓，沈周與法常作品的內在區別還是很大，沈周在花卉莖枝上的描繪，用筆簡練，同時強調頓挫、複筆紐結，在行筆的過程中細微地加入皴擦技法，所畫的花卉樹葉也是墨色敷染，但其中可見行筆的脈絡關係，墨暈的出現並不妨礙物象的基本特徵，呈現出淡墨厚實，濃墨不滯的畫面效果。對沈周的筆墨評價，周天球有言：「寫生之法大與繪畫異，妙在用筆之遒勁，用墨之濃淡，得化工之巧，具生意之全，不計纖拙形似也。宋自黃、崔而下，鮮有擅長者，至我明得沈石田，老蒼而秀潤，備筆法與墨法，令人不能窺其突奧，真獨步藝苑。」〔註84〕所以，縱觀沈周的花鳥畫，可用明人王稺登對沈周的

〔註80〕方薰《山靜居畫論》（俞劍華《中國畫論類編》，人民美術出版社 1957 年版），第 1187 頁。
〔註81〕肖燕翼《沈周的寫意花鳥畫》（故宮博物院《吳門畫派研究》，紫禁城出版社 1993 年版），第 305 頁。
〔註82〕沈周《病起》（章培恒《沈周年譜》，復旦大學出版社 1993 年版），第 239 頁。
〔註83〕肖燕翼《沈周的寫意花鳥畫》，故宮博物院《吳門畫派研究》，紫禁城出版社 1993 年版，第 305 頁。
〔註84〕卞永譽《式古堂書畫匯考》，中國書畫全書編纂委員會《中國書畫全書6》，上海書畫出版社 1993 年版，第 168 頁。

評論：「宋人寫生有氣骨而無風姿，宋人寫生饒風姿而乏氣骨，此皆所謂偏長，能兼之者唯沈啓南先生。」〔註85〕

案例二：文徵明的《古柏圖》

文徵明的花鳥畫存世雖少於他的山水畫作，但是他的花鳥題材作品在美術史上的地位仍然很高，下面我們看一下他的《古柏圖》，《古柏圖》紙本水墨，26×48.9cm，納爾遜美術館藏，是文徵明1550年的作品，時年文徵明80歲，是他晚年時期的作品裏經常有古木的出現，尤其是松柏，這和他畫《千岩競秀圖》的時間不相上下，同樣是表達一個嚴苛的社會環境，文徵明畫這樣的題材顯示的也有不逢迎，不諂媚的意思，文徵明畫《古柏圖》的性格寓意，其實在他1512年拒絕寧王的邀請就可以看到，明人焦竑在《玉堂叢語》《方正》篇中記載：「衡山有病起遣懷二律，蓋不就寧藩之徵而作也，詞婉而峻，足以拒之於千里之外。詩云：『潦倒儒官二十年，業緣仍在利名間。敢言冀北無良馬，深愧淮南賦小山。病起秋風吹白髮，雨中黃葉暗松關。不嫌窮巷頻回撤，消受爐香一味間。』『經時臥病斷經過，自撥閒愁對酒歌。意外紛壇知命在，古來賢達患名多。千金逸驥空求骨，萬里冥鴻肯受羅。心事悠悠那復識，白頭辛苦服儒科。』後寧藩敗，凡應辟者崎嶇萬狀，公獨宴然，始知公不可及也。」〔註86〕此外，焦竑還記載了一個文徵明的軼事，以說明他不願結交權貴的性格：「衡山待詔素不到河下拜客，嚴介溪（按：嚴嵩）語顧東橋〔註87〕曰：『不拜他人猶可，余過蘇，亦不答拜。』東橋答曰：『此所以為衡山也。若不拜他人，只拜介溪，成得文衡山乎？』」〔註88〕不願結交權貴，文徵明已經在某種程度上將這種性格貫穿於自己的創作當中。所以他畫出《古柏圖》之類的作品也不足為奇了。文徵明在他晚年選擇這種方式來看待周遭的世界，喻意著生命只有通過不斷的努力與奮鬥方有成就。這也和他自己較早時期所畫的蘭石題材的水墨畫不一樣，雖然都沒有設色，但是早期的蘭石圖更多地具有人格高尚、淨潔的意味，筆法瀟灑，用墨精雅，畫面趨勢和緩，不論是造型還是墨色的關係都有舒緩浪漫的色彩。

〔註85〕卞永譽《式古堂書畫匯考》，中國書畫全書編纂委員會《中國書畫全書6》上海書畫出版社1993年版，第168頁。

〔註86〕焦竑《玉堂叢語》，中華書局1981年版，第162頁。

〔註87〕按：顧東橋即顧璘（1476～1545），明代官員、文學家。字華玉，號東橋居士，長洲（今江蘇省吳縣）人，弘治間進士，授廣平知縣，累官至南京刑部尚書。

〔註88〕焦竑《玉堂叢語》，中華書局1981年版，第162頁。

圖 4.11　文徵明　《古柏圖》

　　文徵明對於花鳥題材技巧層面的問題上也有自己的見解，他曾提及：「宋名人花卉，大都以設色爲精工，獨趙孟堅不施脂粉，爲能於象外摩神，此卷四薇種種勾勒，種種脫化，秀雅清超，絕無畫家濃豔氣，其奇珍也。」〔註89〕不施脂粉，無濃豔氣息是文徵明自己對花鳥畫創作的一個態度，但是並不能說文徵明就反對工筆丹青一路，文徵明曾言：「余聞上古之畫，全尚設色，墨法次之，故多用青綠；中古時始淺絳，水墨雜出。故上古之畫盡於神，中古之畫入於逸，均各有至理，未可以優劣論也。」〔註90〕從文徵明這段話我們可以知道，他對於歷史上的水墨和丹青的態度非常公允，不持偏見的。

　　文徵明的《古柏圖》中，描繪的一株低矮的古柏在一塊形狀奇古的山石旁邊，古柏緩慢而穩定地生長過程被細緻地刻畫出來，山石的面貌同樣是經歷了時間的磨蝕，怪石和古柏的紐結程度很高，看出彼此依存又彼此制約的意味，似乎文徵明也在暗示自己的人生，同樣是反覆與奮鬥的過程，這件作品很容易讓人感覺到弦外之音，古柏和怪石的運動方向卻又是一致的，使人聯想到一個終歸於寂的主題，畫中文徵明的筆法鋒利，線條轉折方硬，濕染的畫法不多，更多的是濃墨的乾皴技法，顯示出主題的強硬色彩和不屈的精

〔註89〕卞永譽《式古堂書畫匯考》（俞劍華《中國畫論類編》，人民美術出版社 1957年版），第 1073 頁。

〔註90〕文徵明《衡山論畫山水》（俞劍華《中國畫論類編》，人民美術出版社 1957 年版），第 710 頁。

神，使人觀之觸覺感很強，並且文徵明此畫的墨色變化豐富，一氣呵成。誠如羅樾對這幅畫的描述：「其所關心者，乃是精神與心理的活力，而非對自然的敏銳觀察。」〔註91〕

4.1.6 文人畫家作品「閒適」、「自然」風格的形成

原因一：達觀的人格精神與隱世的生活狀態

明代江南的文人畫家大多是在野文人，終身不仕，科舉不第，仕途失意的情況兼而有之，他們最後都選擇了歸隱。這些文人畫家在思想上與元代文人畫家有不少相通之處，他們都推崇在世不同俗的超脫精神。蘇州沈氏家族即是典型範例。沈周伯父沈貞吉、父親沈恆吉皆隱居家鄉，寄情書畫，廣交賓朋。

此時的文人畫家的隱居的生活方式與人生態度雖與元代隱逸文人有相近之處，然在處事待物的人生觀上卻有著本質的區別。他們生活的時代在由漢人統治的明王朝，不復有異族統治時期的民族壓迫感，且明中期整體社會狀況較為安定、江南財富充裕的年代，經濟上的保障給他們詩文書畫的創作帶來便利，以沈、文為代表的文人家庭大都比較富足，無衣食之憂，文化的積累給他們帶來家族的聲望抑或某些特權，如不用繳納賦稅等，在政治上，他們也不與當時統治者相對抗，與權臣顯貴廣有交往。他們雖不處廟堂，但他們以合時宜的順民形象出現；生活中，文人畫家們以相對悠閒的心境優游山川，寄情書畫創作，盡興發揮藝術怡情養性之作用，秉承並發揚了文人畫『聊以自娛』的旨趣。從其題畫詩中便可瞭解他們的達觀的處事態度和閒適的抒情意味，如沈周有《聽泉》詩：「若人居城市，以耳求聽泉。泉不在城中，山中乃涓涓。終日未忘聽，豈在耳根邊。若以實境求，此泉隔天淵。要知泉在心，心遠地則偏。所謂希聲者，無聽亦泠然。」〔註92〕文徵明有《崇義院雜題》詩曰：「小院風清橘吐花，牆陰微轉日斜斜。午眠新覺書無味，閒倚欄杆漱苦茶」〔註93〕這些詩中我們大致可以瞭解，他們這些文人畫家的人生態度還是達觀閒適，愜意入世的，這與元代隱逸文人冷眼厭世的心態迥然有異。

〔註91〕 高居翰《江岸送別——明代初期與中期繪畫》，三聯書店 2009 年版，第 255 頁。
〔註92〕 吉增芳《沈周詩歌研究（碩士論文）》，河南師範大學中文系 2012 年版，第 34 頁。
〔註93〕 曹惠民《文徵明詩文書畫全集》，中國言實出版社 2006 年版，第 299 頁。

圖 4.12　明　杜瓊　南村別墅圖冊之一

原因二：深厚的文化素養與精緻的生活情趣

此時江南的文人畫家大多出身書香門第，自幼受到良好的教育與藝術薰陶，知識廣博才情聰慧為他們的共性，此群體中人大都兼詩人、書法家、畫家與一身，杜瓊、劉珏、沈周、文徵明、陳淳、文嘉、陸師道、王穀祥等人俱負才名，多有詩文集傳世；同時他們在書法上造詣也很深，他們的繪畫創作合詩、書、畫三位一體，詩中有畫，畫中有詩，書畫交融，具有濃厚的筆墨意趣。文人作品中詩、書、畫的有機融合成為他們創作的顯著特點。江南文人畫家在作品中秉承了宋元文人的創作旨趣，注重作品的自我表達，怡情養性並追求高古閒適的畫面境界。此時文人的作品大多融入自己的人生經歷，抒發自我的真情實感，詩化生活和揭露現實相結合，追求畫面現實性的同時又反映出文人的志向抱負和情趣愛好，創作出秀美平實的作品，在此層面上，無疑是宋元文人畫藝術境界的昇華。

文人畫家們所描繪的題材中，多有他們平日所居的書齋、庭院、遊玩觀賞的園林，精舍別墅、湖水山林、名勝古蹟，乃至出遊雅集、造訪送別等活動都被納入創作範圍，畫面中融入濃鬱的生活情趣，真實的情感心緒，展示

出幽靜閒雅的審美境界。如杜瓊的《南村別墅圖》冊，紙本，水墨設色，33.8×51cm，上海博物館藏，畫面景致疏朗，筆法簡潔，墨色明淨，圖冊後有杜瓊自題跋曰：「予少游南村先生之門，清風雅致，領悟最深，與其子紀南甚相友善。不意先生棄世，忽焉數載，偶從笥中得《南村別墅十景詠》，吟誦之餘，不勝慨慕。聊圖小景，以識不忘。」〔註94〕圖冊中繪南村別墅的景致與周圍的自然風光，自然環境與人文環境相互錯雜布列，營造出庭院敞豁又廳堂明靜，花木相伴且奇石共賞的雅趣環境，體現出主人逍遙悠閒的情致和愉悅安逸的隱居生活。這些園林題材的作品形象生動地表達了文人素養和生活情趣，較之元代山水畫，那種常見的蕭索避世的情調，其繪畫追求已大不相同。

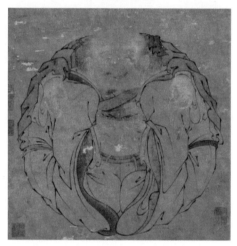

圖 4.13　桃花塢年畫 和氣吉祥大圖　　圖 4.14　明 朱見深（成化帝）一團和氣圖軸局部

4.2　民間畫家作品中現實境遇與理想模式

4.2.1　喧鬧的畫面與沉默的人群

　　中國民間職業畫家或是畫工在中國繪畫史上的作用巨大，不論是大型的建築還是巨幅的壁畫創作，或是民間日用品上的圖式，都可以看到民間職業畫家的身影，可舉出的例子不勝枚舉，敦煌壁畫、永樂宮壁畫、石窟中的佛

〔註94〕高居翰《不朽的林泉——中國古代園林繪畫》，三聯書店 2012 年版，第 150 頁。

教塑像、民間的年畫、版畫插圖、瓷器上的紋樣等等，可以說數不勝數，但是在中國繪畫史上，對民間職業畫家的重視卻大大低於掌握話語權的文人畫家，民間職業畫家的庶民身份、生活的階層、以及受教育方面的局限，都是他們在某種程度上被忽略的原因。

　　對於民間職業畫家的話題，筆者在思考這樣一個事情，即：「有關身份和認同最有爭議的問題是，人們的社會身份或文化身份到底是固定不變的、普遍的、本質論的，還是在實際的社會歷史過程中被人為地建構起來的。」〔註95〕這個問題之於大多數的文人群體和精英階層而言，他們獲得教育的優先權是其佔據先機的首要條件，畢竟大多數的民間職業畫家的出身狀況和教育背景都有某種缺憾性，而不得不做出一定程度的讓步或是妥協，被選擇性和被決定性成為他們身上共有的特徵。因為個體接受教育程度與其後來所從事的職業密切相關，放在當時的明代社會乃至今日，沿襲是考試制度的存在很大程度上區分了大眾和精英階層，並且隨著兩大群體的劃分，日益衍生出不同的審美趣味和文化取向及價值體現。高居翰也曾說道：「時代、種族、地方畫派、社會的經濟狀態及其他標準，可能會將畫家分門兩類，而這些被分為同類的畫家之間，可能會有共同的限定的特徵可相互認同。」〔註96〕當我們將視線回到研究的客體時，會發現文人畫家群體和民間職業畫家群體都有自己的創作特色，出現了各自不同的審美取向和繪畫場境。前面在中國人物畫裏筆者有所論述，人物畫在中國繪畫史上的功能性是最主要的特點之一，但是早朝的人物畫的作者大都是民間畫師或是民間職業畫家，以敦煌壁畫為例，壁畫中出現的佛祖、菩薩、天王、力士及供養人的形象都是無名的畫家繪製的，到今日已無可考，他們只是聽命於客戶或是權貴，他們的繪畫只是滿足當權者或是雇主的要求，得到公眾的認可是他們創作的主要目的，也是他們贏得生存空間的必然選擇。由此可以發現，民間職業畫家的創作中的共性特徵明顯高於個性特徵，口傳心授、師徒相傳的授業方式是民間畫家主要的受教育模式，在繪製特定的題材和對象時，依靠粉本，加入相對固定的色彩搭配，程序化的繪圖口訣，繼承性的手法運用都是民間職業畫家在畫道釋神佛題材時，就有這樣的說法：『羅漢分四式』就是說十六尊羅漢相貌不能一樣，但又

〔註95〕汪民安《文化研究關鍵詞》，江蘇人民出版社2007年版，第284頁。
〔註96〕高居翰《唐寅與文徵明作為藝術家的類型的之再探》（故宮博物院《吳門畫派研究》，紫禁城出版社1993年版），第4頁。

不能各式各樣，「必須有梵、漢、老、少四式，即四個西番深目高鼻，四個漢人慈眉善目，四個老態龍鍾，四個年少和尚，或抱膝聽經，或捧香獻花。或掁眉托砵，或降龍伏虎，參差錯落，各顯神通。」〔註 97〕對於民間畫家的人物畫創作，他們還有明確的規範與分類，〔註98〕如人物畫要分清楚貴賤特徵，朝代服飾要有考證，佛道人物要顯出和善超脫的意味；帝王形象要有天子氣概；外邦蠻夷要有心向中華的氣質；賢者儒家要顯示出忠義仁智；武將勇士要注重勇敢悍烈的作風；隱士高人要得遠離塵囂之意；貴族公侯要顯出威嚴華麗之面貌；鬼神作醜態、仕女要秀麗；田家農夫要呈淳樸之態等等。這裡面可以看出，民間職業畫家的畫訣坺本裏就已經很細緻地將人物畫的分類做出了規範。民間職業畫家面對不同的題材，必然會借鑒這些畫訣坺本進行創作，因為前人總結出來的規律性的東西已經經歷了時間的檢驗，並由此形成了一整套完整的繪製規範。此外，民間職業畫家在人物畫的繪製上，前人也給他們總結歸納了較為成體系的技法，民間畫家在繪製不同的人物時會考慮到具體人物與特定環境的結合，〔註 99〕如山林隱士可以放置在古怪奇異的環境當中；雅致的公館可與才子、仕女相搭配，畫文士們多作沉吟之狀、或作憑欄玩賞之態；或拄杖攜童子於溪旁；或散步與丘壑；或休憩於林下。畫村婦老翁則多前後顧盼，無知無識的情態要有所表達等等。這裡面幾乎就已經把民間職業畫家的人物畫繪製的構圖法則做了明確的規度：此外在師承上也有明確的界定：「要當師於一人之法足矣。」〔註 100〕

〔註97〕 王村樹《中國民間畫訣》，北京工藝美術出版社 2003 年版，第 10 頁。

〔註98〕 王村樹《中國民間畫訣》，北京工藝美術出版社 2003 版，第 14 頁：「人物必分貴賤氣貌，朝代衣冠。釋內則有善功方便之類，道流必具修真度世之範，帝王當崇上聖天日之表，外夷應得慕中華欽順之情，儒賢即見忠信禮儀之風，武士固多勇悍雄烈之狀，隱逸須識肥遁高世之節，貴戚蓋尚紛華侈靡之豐，公侯須明威福嚴重之體，鬼神作醜睹馳趨之形，仕女宜秀色美麗之貌，田家自由淳厚樸野之真。」

〔註99〕 王村樹《中國民間畫訣》北京工藝美術出版社，2003 版，第 14 頁：「蓋古怪可施與山林隱逸，秀雅可施與館閣公卿。或倚樓作沉吟之狀，或憑欄為賞玩之容，或攜僮策杖於溪橋，或偕友散步於丘壑，或振衣於高岡，或偃息於林麓。……寫村婦老翁提攜稚子，則有閭閻顧盼之情。畫耕夫牧豎，則有不識不知之意，若乃羽士高人，則有乘風吸露，披霞帶月，不染纖埃之氣。……」

〔註100〕 王村樹《中國民間畫訣》，北京工藝美術出版社 2003 年版，第 14 頁。

圖 4.15　壁畫粉本一　　　　　圖 4.16　壁畫粉本二

　　並且，民間畫家還有一個主要的特點就是以行會的形式出現，在明代這個特點非常明顯，民間畫家在分工和種類上也是有較為明確的類型，有『宮廷作業』、『作坊作業』、『寺廟作業』、『墓室作業』、『陶瓷及染織作業』、『年畫作業』、『應市作業』等，後面要討論的唐寅與仇英的繪畫就是『應市作業』的類型，因為個體畫師在市場的競爭中往往不佔優勢，所以他們採取抱團承接生意的做法勢已必然。行會的存在對當時的經濟活動影響很大，他們的客戶面極廣，可謂是佔領了絕大部分的市場，連皇家的採買有時也經過行會來辦理，《明史‧食貨志》記載：「弘治元年，命光祿減增加供應。初，先祿俱預支官錢市物，行頭吏役，因而侵蝕，乃令各行先報納而後償價。」〔註101〕況且行會的出現在唐代已有，宋代孟元老著《東京夢華錄》卷五中有記載：「士農工商，諸行百戶衣裝，各有本色，不敢越外。……若見外方之人都人欺凌，眾必救護之。」〔註102〕而明承宋制，行會制度亦自然延續下來，馬可‧波羅就對杭州的十二個大型的行會有所記載：「在這個城市裏面，有十

〔註101〕張廷玉《明史》，中華書局 1974 年版，第 1990 頁。
〔註102〕孟元老《東京夢華錄全譯》，貴州人民出版社 2009 年版，第 79 頁。

二個不同的手工業行會，並且每個行會的工人佔有一萬二千所房子。每一所房子至少可以容納十二人，有些至三十人之多，但這不全是老闆，還包有在老闆管理下來工作的夥計。這許多工人仍然通通都有充分的工作做，因爲別的許多城市都靠這個城市產出的一切必需品去供給。」〔註103〕與文人畫家所處的居室有所不同是，文人畫家多稱自己的居所爲『畫室』，或是『山房』，民間職業畫家聚居作畫之地多稱之爲『作房』，或是『作坊』，並且行業之內形成了一套行話，又稱之爲『切口』，明代田汝成《西湖遊覽志餘》中記載：「浙江杭州三百六十行，各有市語，不相通用，倉促聆之，不知爲何語。」〔註104〕專業切口如『搦筆生』是指畫工師傅，『劈青』是肖像畫家，『通天手』乃畫佛容道貌、神仙鬼怪的畫師，『寫生』指畫花鳥蟲獸，『裝潢』指畫極粗的山水人物：『寫意』即隨意畫器物、建築等空處所需要的畫樣，屬於創作……。〔註105〕諸如此類不一而述；在畫工的行當中，人群分爲三個等級，一類爲先生，即總教習級別；第二類爲老司，相當於助理教師級別；第三類爲徒弟。徒弟的出師時間是三年零三個月，老司晉升爲先生需要總堂提出，召集同業中人共同商議，決定之後然後寫帖子分送給不同的堂口，如漆業、泥水業或是大木作與小木作；不同類別的匠人又可以兼顧其他的門類，漆業、泥水、木作、染織等等皆可涉及，他們兼顧附業時還必須另外拜師，但是要告知總堂；在手藝的傳遞過程中，俱有家傳口訣相授，由本業的先生擇吉日抄錄成冊。〔註106〕

明代民間職業畫家創作的涉及面極廣，他們『要畫人間三百六十行，要畫神仙美女和將相，要畫花木龍鳳和魚蟲，要畫山水博古和天文』；〔註107〕民間創作群體的人數同樣眾多、規模龐大，同時創作水平良莠不齊，民間職業畫家作品的逐利性和時效性，使得大多數民間畫家在創作上不能精工求能，在一定程度上制約了民間職業畫家追求作品的質量的可能，因爲他們的作品大都迎合市場的需求，大多數是滿足市民階層的審美願望爲主，所以其

〔註103〕全漢昇《中國行會制度史》，百花文藝出版社 2007 年版，第 85～86 頁。

〔註104〕王村樹《中國民間畫訣》，北京工藝美術出版社 2003 年版，第 11 頁。

〔註105〕王村樹《中國民間畫訣》，北京工藝美術出版社 2003 年版，第 11 頁。

〔註106〕參見王伯敏《四明畫工『行例』釋略——民間繪畫調查札記之一》（《中國畫研究》1983 年第 4 期，人們美術出版社），第 199 頁。

〔註107〕參見王伯敏《四明畫工『行例』釋略——民間繪畫調查札記之一》《中國畫研究》1983 年第 4 期，人們美術出版社，第 204 頁。

作品具備了更多的大眾色彩和相對趨同的審美意味。然在明中期江南的現實社會中，各階層人物的交流日益廣泛，尤其是文人作品介入市場，在一定程度上刺激並促進了民間職業畫家的創作水平，這也是筆者下面篇幅中即將要闡述的要點之一；如果將明代江南的民間職業畫家的創作也看作帶有裝飾性的畫作的話，那麼這兩者的結合對繪畫的發展確實功莫大焉，正如龐薰琹先生在《中國歷代裝飾畫研究》中提到的：「文藝工作者和民間匠師的合作，這是對裝飾事業的發展，要必要的而且是有成效的。」〔註108〕

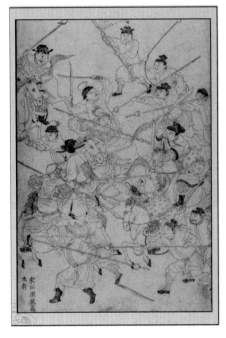 

圖 4.17　水滸插圖　　　　　圖 4.18　法海寺壁畫

4.2.2　忙迫的生活與從容的繪製

　　前節闡述了民間職業畫家的現實創作一些狀況，必須要注意到的是，在這些民間的職業畫家中間，有許多還是非常優秀的人物，正如筆者將要討論的唐寅與仇英一樣，他們就是其中的代表人物。唐寅與仇英這些人出身環境都不如前面討論的沈周和文徵明等人，但是他們仍然有向上進取的志向，想改變自己的命運，因為民間職業畫家在受教育層面和家族傳承的方面都不佔優勢，但這並不能否認這些民間職業畫家的資質和天賦，相反，這群人在「中

〔註108〕龐薰琹《中國歷代裝飾畫研究》，人民美術出版社 1982 年版，第 102 頁。

國文化的結合中扮演著重要的角色，值得詳細研究，這些人可能是農民學者，教師，私人秘書，職業作家，大夫、占卜先生和風水師，書法家和畫家，在這些所有的職位上，他們可以得到成功並贏得名聲，但他們終究是『下級而且是易受責難的』。」〔註109〕對於這個目標，他們還是採取了不同的方式進行努力。

圖 4.19　金瓶梅插圖　　　　　　　　圖 4.20　西遊記插圖 54 頁

　　民間職業畫家的繪畫創作在前面已經討論過一些，他們的風格的確和手法的運用都是具有某種限制性的，當然這在文人畫家中也有類似的東西存在，他們互相之間會保持一條界線，固守自身的領域也是確立自身特點的必然選擇之一，高居翰就這樣說過：「他們所在的社會地位，實際上劃定了一個作畫的概括性限制：他們不可能互換位置改畫對方類型的畫。」後面他又說道：「關於畫家置身於一個角色或是被同化成一種類型時，影響他作『選擇』的因素這點，……無疑的，選擇絕不是完全不受約束的，甚至有時候可以說根本算不上是一種選擇。」〔註110〕因此，優秀的民間職業畫家如果要改變他

〔註109〕高居翰《唐寅與文徵明作爲藝術家的類型的之再探》（故宮博物院《吳門畫派研究》，紫禁城出版社 1993 年版），第 16 頁。
〔註110〕高居翰《唐寅與文徵明作爲藝術家的類型的之再探》（故宮博物院《吳門畫派研究》，紫禁城出版社，1993 年版），第 4 頁。

們的生存狀態，就必須做一個有素養的職業畫家這一點，他們都有清醒的認識。這些人被界定爲民間職業畫家並不是他們自主的選擇，一些早年受過教育的會選擇投身科舉，而沒有條件接受教育的就離開家鄉，去發達地區尋求學藝的機會。力爭上游成爲這些人早年奮鬥的內因，只是各自方式不同而已，這也爲他們後來爲『有素養的職業畫家』奠定了基礎。《考工記》中《知者造物》篇載：『知者創物，巧者述之，守之世。謂之工』。張道一先生的解釋是：「世上所有的器物，都是最有智慧的人創造的，手巧的人遵循著製作的方法，將其承傳下來。父親傳給兒子，終世保持著一種技藝。」〔註 111〕《考工記》裏面這樣的記載，其實是說明良匠所應具備的素質，此外，民間職業畫家的創作還體現了象徵性、裝飾性的造型規律，在手法上有程序化的傾向，並且追求完美的圖式效果。在古代薪火相傳的歲月裏，只有這樣的傳授方式才可以使得技藝傳承下來。這裡面並不意味著就是刻板和沒有創新的學習。在筆者研究的視線回到明中期江南的民間職業畫家身上時，尤其是其中翹楚的身上時，就發現他們都具備了這樣的素質。並且其中優秀的畫家們在對待技術和藝術的態度上更傾向於表達藝術的一面，因爲只有側重文化上的匠心的追求，才符合中國文化中「形而上者謂之道，形而下者謂之器」〔註 112〕的觀念。

圖 4.21　毗盧寺壁畫

〔註 111〕張道一《考工記注釋》，陝西人民美術出版社 2004 年版，第 9 頁。
〔註 112〕金景芳《周易繫辭傳新編詳解》，遼海出版社 1998 年版，第 93 頁。

表 4.1. 明代江南工匠入仕情況表

編　號	姓　名	所在地	技術門類	入仕年代	備　註
1	陸賢	無錫	建築營造	明初工部侍郎	
2	蔡信	武進	木工	明初工部侍郎	
3	楊青	金山衛	瓦工	永樂間工部侍郎	
4	陸祥	南直無錫	石工	宣德年間工部侍郎	
5	蒯祥	吳縣香山	木工	宣德間工部侍郎	
6	陳祚	直隸吳縣	匠籍	永樂九年登科	
7	謝瑤	直隸吳縣	匠籍	永樂十三年登科	
8	趙忠	直隸長洲	匠籍	宣德五年登科	
9	徐昌	直隸崑山	匠籍	正統十年登科	
10	王豪	直隸金壇	匠籍	正統十三年登科	
11	吳璘	應天上元	匠籍	景泰二年登科	直隸崑山人
12	李秉彝	順天大興	匠籍	景泰二年登科	直隸崑山
13	相傑	直隸華亭	匠籍	景泰二年登科	
14	周澂	武功中衛	軍匠籍	景泰二年登科	直隸吳縣
15	章亮	浙江仁和	匠籍	景泰二年登科	
16	倪謙	應天府上元	匠籍	正統二年登科	
17	朱華	應天府上元	匠籍	景泰二年登科	
18	相傑	順天府大興	匠籍	景泰二年登科	直隸華亭
19	楊巒	順天府大興	匠籍	景泰二年登科	浙江仁和人
20	顧瑾	武功左衛	軍匠籍	景泰五年登科	直隸崑山
21	高舉	順天府宛平	匠籍	景泰五年登科	直隸上海人
22	徐毅	應天府上元	匠籍	景泰五年登科	
23	馮定	南京錦衣衛	匠籍	景泰五年登科	
24	楊懋	順天府宛平	匠籍	景泰五年登科	浙江錢塘人

引自：余同元《明清工匠除籍入仕與江南傳統工匠的現代轉型》，王衛平主編《明清
時期江南社會史研究》北京：群言出版社，2006 年版，第 83～84 頁。

在明代社會，工匠雖不能像民戶一樣普遍參加科舉，但是其中優秀的工
匠去也因為技藝高超，先後突破了身份的限制，入仕為官，有上述表格可以
參照，雖然表中沒有列出畫家入仕的情況，但是可以推測像仇英這樣優秀的
民間職業畫家因文化教育的缺憾，而沒有躋身仕途，但是由於其技藝的超拔
而贏得業界的名聲也是合情合理的。況且清人褚人穫《堅瓠集》中記載：「周

六觀，吳中富人，聘仇十洲主其家凡六年，畫《子虛上林圖》為其母慶九十歲，奉千金，飲饌之豐逾於上方，月必張燈集女伶歌宴數次。」〔註113〕亦可見仇英之類的優秀民間職業畫家待遇。

民間職業畫家人物畫的創作主要還是在追求傳神的效果，這是人物畫題材，尤其是肖像畫題材中自古以來的一個傳承，因為民間一向把給活著的人畫肖像稱之為『傳神』或『傳真』；給逝者畫像稱之為『追影』或『揭帛』〔註114〕還有就是民間職業畫家有專畫『衣冠像』者，主要用於年節祭拜，人物畫的衣冠楚楚、道貌岸然的樣子。另外『行樂圖』或是『家慶圖』也是民間職業畫家的人物畫創作題材之一，畫面主題是描繪家庭的快樂生活，主人多被安排在庭院花木之中，琴酒書畫羅列左右，妻女子孫繞膝玩樂，主要人物面部多是正面形式，間或一些頭部動態的變化，畫面洋溢著濃鬱的生活氣息。這個特點甚至在明代宮廷畫家的創作中也有表現，具體可參見謝環的《杏園雅集圖》。民間職業畫家在作畫之時同樣是「須於末畫部位之先，即留意其人行止坐臥、歌呼談笑，見其天真，發現神情外露，然後落筆。」〔註115〕可見作畫時仔細觀察的重要性，並且民間職業畫家在人物畫上尤其注意『形』的重要性，因為「形得而神自來矣。」〔註116〕也由此民間職業畫家也總結出一套相對完整的人物畫創作規範，元代王繹在《寫像秘訣》中有詳盡的記載，如：他在《寫真古決》中寫道：「寫真之法，先觀八格，次看三庭。眼橫五配，口約三勻。明其大局，好定分寸……。」〔註117〕

綜上所述，民間職業畫家的人物畫創作開端發展至明代，已經形成了完整的創作規範和套路，並歷代都有所創新，圖式的豐富和配色運用上也日臻成熟，民間職業畫家人物畫的創作亦成為中國繪畫史上不可或缺的重要組成部分。

〔註113〕紫都《仇英》，中央編譯出版社 2004 年版，第 12 頁。
〔註114〕按：畫家在逝者邊上，把蓋在逝者臉上的帛布揭開來畫像，所以叫「揭帛」。
　　　　秦嶺雲《民間畫工史料》，中國古典藝術出版社 1958 年版，第 59 頁。
〔註115〕蔣驥《傳神秘要》（俞劍華《中國畫論類編》，人民美術出版社 1957 年版），第 499 頁。
〔註116〕張道一《考工記注釋》，陝西人民美術出版社 2004 年版，第 9 頁。
〔註117〕王繹《寫像秘訣》（俞劍華《中國畫論類編》，人民美術出版社，1957 年版），第 487 頁。

圖 4.22　明　謝環　杏園雅集圖卷　36.6x240.6cm　局部

案例一：唐寅的《王蜀宮妓圖》

《王蜀宮妓圖》是唐寅的仕女人物畫的代表作，《王蜀宮妓圖》絹本設色，124.7×63.6cm，北京故宮博物院藏，畫上有唐寅的題跋：「蓮花冠子道人衣，日侍君王宴紫微。花柳不知人已去，年年鬥綠與爭緋。蜀後主每於宮中裏小巾，命宮妓衣道衣，冠蓮花冠，日尋花柳以侍酣宴。蜀之謠已溢耳矣，而主之不掂注之，竟至濫觴。俾後想搖頭之令，不無扼腕。唐寅。」〔註118〕後面鈐有『唐寅』、『南京解元』兩個印章。《王蜀宮妓圖》的記載最早出現在汪砢玉在《珊瑚網》這部著作裏，汪氏在書中還有次韻記述：「芙蓉城裏試仙衣，詩酒流連致式微。花柳豈關亡國恨，降王原是受朝誹。」〔註119〕從句式安排上看，汪砢玉這首詩基本是仿照唐寅的題跋所作，所說的其實都是君王沉迷酒色而誤國的意思。我們從上述唐寅的題跋中，不難看出這件作品的主題，畫的是身披道衣的宮妓，頭戴蓮冠，手持香盤等器物，正準備去侍宴的場景。

〔註118〕王繹《寫像秘訣》（俞劍華《中國畫論類編》，人民美術出版社 1957 年版），第 487 頁。

〔註119〕汪砢玉《珊瑚網》（中國書畫全書編纂委員會《中國書畫全書 5》，上海書畫出版社 1993 年版），第 1132 頁。

圖 4.23　唐寅　王蜀宮妓圖　　　　圖 4.24　唐寅　南京解元印

　　唐寅這件作品是他經歷科場案回來之後繪製，作品有其內在的含義，唐寅借古代的典故闡發自己的心曲，題跋的內容也在一定程度上，預示了他後來更加縱情聲色的生活。但是對於唐寅自己而言，他對這樣的生活是有著預感和警惕的，因為早年的唐寅就經常是過著『日尋花柳以侍酣宴』的日子，『蜀之謠已溢耳矣』，其實也在說明自己的放浪的行徑，讓旁人早已充斥於耳，『而主之不抑注之』，即是說自己當年也沒有注意收斂，『竟至濫觴。俾後想搖頭之令，不無扼腕』。至於後來的結果自然是讓人扼腕歎息，這多少有點像自思自省的作品，對自己的前半生的生活，作一個借古喻今的自我思考；然值得注意的是，唐寅在此畫中鈐有『南京解元』的印章，這裡說明唐寅對自己的前途遭遇變故，仍是心有不甘，依然在強調自己曾經取得成績，突出原來的身份意識；中國古代文人也經常會借用這樣一些題材，來暗示自己的命運或

是不公平的待遇，這件作品也可以認為是唐寅對自己的遭遇有深刻的不平之意的表達。這點上唐寅也不例外。唐寅這件作品的人物原型，俱來自當時明代社會的妓女，「今時娼妓滿佈天下，其大都會之地，輒以千百計。其他偏州僻邑，往往有之。」〔註120〕與妓女的交往，唐寅曾有《哭妓徐素》詩為記：「清波雙佩寂無蹤，情愛悠悠怨恨重。殘粉黃生銀撲面，故衣香寄玉關胸。月明花向燈前落，春盡人從夢裏逢。再託生來儂未老，好教相見夢姿容。」〔註121〕所以，清人黃崇惺《草心樓讀畫集》云：「畫者，……有一段纏綿悱惻之致，乃可畫仕女。」〔註122〕

圖 4.25　杜堇　玩古圖

　　唐寅選擇妓女形象入畫，於此畫中典故的主人蜀後主王衍亦有關聯，王衍曾作有《甘州曲》，記的就是當時其宮伎的形象，曲中云：「畫羅裙，能結束，稱腰身，柳眉桃臉不勝春，薄媚足精神，可惜許，淪落在風塵。」〔註123〕

〔註120〕謝肇淛《五雜俎》，上海書店出版社 2001 年版，157 頁。
〔註121〕陳伉、曹惠民《唐伯虎詩文書畫全集》，中國言實出版社 2005 年版，第 347 頁。
〔註122〕肖燕翼《仇英和他的摹作「中興瑞應圖」》，《故宮博物院院刊》1982 年 2 月，第 45 頁。
〔註123〕黃翔鵬《大曲兩種——唐宋遺音研究（中）》，《中國音樂學》2010 年 4 月，第 42 頁。

唐寅在創作此畫時，一定知道這個典故，他同樣是出於這種自憐自尊的心境，將其中四個女性形象畫得很端莊，即使四個女子在侍宴的片刻瞬間中，仍舊將繁縟的焚香、斟酒等事務辦理的有條不紊，身姿處在靜態中，纖手卻不時地揮動，彼此間還有言語的交流，期許著君王的垂青。在這裡，唐寅將仕女們的秩序中略帶忙亂，靜候中等待呼喚的樣子，用寓動於靜的手法，將人物的微妙變化的心理很好的體現出來。

　　從這件《王蜀宮妓圖》來看唐寅的人物畫，唐寅仍有繼承前人的傳統，王世貞在《藝苑卮言》中記載：「伯虎才高，自宋李營丘（李成）、范寬、李唐、馬（馬遠）、夏（夏圭），以至勝國吳興（趙孟頫）、王（王蒙）、黃（公望）數大家，靡不研解，行筆極秀潤，縝密而有韻度。」〔註124〕徐沁《明畫錄》中也有相似的記載：「其山水目李成、范寬、馬、夏、元四大家靡不研解。行筆秀潤縝密，而有韻度。美人花鳥，尤極精妍。」〔註125〕

　　其畫中正背兩個方向的四個侍女，人物服飾的色彩搭配上，也是用花青和朱紅相比較而成，濃而不豔；在人物的造型上，侍女體態優美勻稱，狹背削肩，髮髻上簪環花飾俱全，在仕女的額、鼻、下頜等部位施以白色，運用了謂之『三白』的賦色手法，唐寅在技法上既吸收了張萱、周昉的唐妝樣式，在人物的形態和特色上也有明人的繪畫風範，用鐵線描法將女性畫得眉眼細小，下巴削窄，人物有弱質娉婷之態。在當時的條件下，唐寅的人物畫還受到杜堇的影響，史料記載杜堇「中試進士不第，遂絕意進取。為文奇古，詩精確，通六書，善繪事，山水人物草木鳥獸無不精妙。由其胸中高古，自然神采生動。」〔註126〕杜堇和唐寅一樣都是科舉中的失意者，唐寅進京趕考時曾見過杜堇，他有詩贈與杜堇：「白眼江東老杜迂，十年流落一囊書。長安相見紅塵裏，只問吳王荼煮魚。」〔註127〕詩中可證明兩人的交往。杜堇的《玩古圖》上的人物技法對唐寅的創作有直接影響，尤其是右後側侍女的繪製手法與唐寅的《王蜀宮妓圖》有相似之處。另據江兆申先生的考據分析，「在畫

〔註124〕　《明中葉人物畫四家特展》，國立故宮博物院民國 89 年版，第 28 頁。

〔註125〕　徐沁《明畫錄》（中國書畫全書編纂委員會《中國書畫全書10》，上海書畫出版社 1994 年版），第 16 頁。

〔註126〕　姜紹書《無聲詩史》（中國書畫全書編纂委員會《中國書畫全集 4》，上海書畫出版社 1993 年版），第 845 頁。

〔註127〕　江兆申《關於唐寅的研究》，國立故宮博物院，民國 65 年，1976 年版，第 33 頁。

的氣質方面，唐寅比杜菫雅馴；畫的技巧方面，唐寅比杜菫精能。」〔註128〕對於唐寅的仕女題材的畫，筆者認爲王世懋評價是中肯的：「唐伯虎解元於畫無所不勝，而尤工於美人，在錢舜舉，杜菫之上，蓋其平生風韻多也，……故設色之豔，位置之工，炯勝他人作。至其雅韻風流，意在筆外。則伯虎自有伯虎在，覽者當自得之。」〔註129〕對於唐寅這個人由於不羈的性格，而導致他多舛的命運而言，王世貞給唐寅的「寧爲有瑕璧，勿作無暇石」〔註130〕的斷語則更爲有趣一些。

案例二：仇英的《漢宮春曉圖》

仇英的《漢宮春曉圖》，絹本，設色，30.6×574.5cm，現藏臺北故宮博物院。此圖是仇英工筆重彩仕女畫的代表作。《漢宮春曉圖》的故事內容出自《西京雜記》，《畫工棄市》篇中記載：「（漢）元帝後宮既多，不得常見，乃使畫工圖形，案圖召幸之。諸宮人皆賂畫工，多者十萬，少者亦不減五萬。獨王嬙不肯，遂不得見。」〔註131〕這段記述可以知道，這是『昭君出塞』這個故事的緣起。仇英擅長畫人物，尤其精工仕女題材，他非常重視對歷史題材的描繪與刻畫，明人謝肇淛云：「蓋有故事，便須立意結構，事事考訂，人物衣冠制度，宮室規模大略，城郭山川形勢向背，皆不得草草下筆。」〔註132〕仇英的《漢宮春曉圖》正是這段話的極好圖解；此作線條勾勒勁秀，設色典雅，畫家借描繪黃家園林殿宇之盛景，以極華麗的筆墨設色方式在長卷中表現宮中妃嬪的日常生活，畫中宮女嬪妃的生活常態躍然紙上，此中女性觀望、撲螢、侍立、作畫、彈唱、送食、嬰戲、鑒賞、刺繡、品評、弈棋、讀書、鬥草、演奏、歌舞、妝扮、折枝、澆花、飼雀、觀魚、不一而類，畫中人物共計一百一十四人，動態各異，表情神態俱不相同，圍繞畫師作畫的這個主要場景，各色人物俱現情態，忙而不亂，並且畫中庭院錯落，廊樹相連，湖石點綴有致，每組人物相互區分又彼此聯繫，仇英在畫中設置了眾多的單元場景，各有主旨，主次關係分明，並不因爲人數的眾多而顯得雜亂，房屋前後

〔註128〕江兆申《關於唐寅的研究》，國立故宮博物院，民國65年，1976年版，第34頁。

〔註129〕紫都《唐寅生平與作品鑒賞》，遠方出版社2005年版，第36～37頁。

〔註130〕王世貞《藝苑巵言》，齊魯書社1992年版，第397頁。

〔註131〕葛洪《西京雜記全譯》，貴州人民出版社1993年版，第44頁。

〔註132〕謝肇淛《五雜俎》，上海書店出版社2001年版，135頁。

空間透視合理，這不光是仇英人物畫中的傑作，其實同時也是中國畫界的代表作之一。故此明人徐渤有言道：「畫家人物最難，而美人為尤難，綺羅珠翠，寫入丹青易俗，故鮮有此技名其家者。吳中惟仇實父、唐子畏擅長。實父作箜篌美人，淡妝濃抹，無纖毫脂粉氣。」〔註133〕在如此繁雜的場景中貫穿主題，也看出仇英的用心良苦，專注一致的作畫態度，董其昌曾就形容過仇英的作畫狀態：「……顧其術亦近苦矣。」〔註134〕

圖 4.26　仇英　漢宮春曉圖局部 2

　　從仇英此作的風格上看，應該不是他早年的作品，因為他在年輕時與文徵明有過《湘君湘夫人》圖的合作，但是以文徵明不滿意自己動手而告終。這在文徵明《湘君湘夫人》圖王稚登的題跋中可以看出：「少嘗事文太史，談及此圖，云使仇實父設色，兩易具皆不滿意，乃自設之，以贈王履吉先生。今更三十年始獨觀此真跡，誠然筆力扛鼎，非仇英輩所夢得見也。」〔註135〕正是因為仇英在早年有過長時間的臨摹古畫的經歷，才有後來他的人物畫的高度，對於這點，謝肇淛在《五雜組》中有記載：「仇實父雖以人物得名，然

〔註133〕徐渤《紅雨樓題跋》，俞劍華《中國畫論類編》，人民美術出版社 1957 年版，第 492 頁。
〔註134〕董其昌《容臺集》，西泠印社出版社 2012 年版，第 709 頁。
〔註135〕仇英《仇英畫集》，人民美術出版社 2001 年版，第 1 頁。

其意趣雅淡，不專靡麗工巧，如世所傳漢宮春，如世所傳《漢宮春》，非其質也。……百年壇坫，當屬此生矣。」〔註136〕謝肇淛客觀評價了仇英的才能，認爲仇英的《漢宮春曉圖》，是『非其質也』，說明仇英的畫作並不只是工細的一路，其實仇英的寫意性的作品也有很高的造詣。

圖 4.27　五代 顧閎中 《韓　　圖 4.28　明 仇英 漢宮春曉圖 (起舞圖局部)
熙載夜宴圖》起舞圖局部

　　仇英早年的天賦和潛力，已經是被人發現了的，《無聲詩史》中有記載：「仇英，嘗執事丹青，周臣異而教之。英之畫秀雅纖麗，毫素之功，侔於葉玉。凡唐宋名筆無不臨摹，皆有稿本，其規放之跡，自能奪眞。尤工士女，神采生動，雖昉復起，未能過也。」〔註137〕《無聲詩史》裏面的記述透露出很重要的仇英作畫信息，那就是仇英所作皆有稿本，是什麼樣子的稿本，當然是唐宋元大師的作品，筆者在前面闡述項元汴的收藏時有所記述，項氏收藏宏富，仇英所觀歷代名作不下千餘件，這是有根據的。因爲項氏後人有關於仇英的「所覽宋元名畫千有餘矣」〔註138〕的記載。

〔註136〕謝肇淛《五雜俎》，上海書店出版社 2001 年版，第 266
〔註137〕姜紹書《無聲詩史》(中國書畫全書編纂委員會《中國書畫全集 4》，上海書畫出版社 1993 年版)，第 848 頁。
〔註138〕吳升《大觀錄》，(中國書畫全書編纂委員會《中國書畫全書 8》，上海書畫出版社 1994 年版)，第 580 頁。

從圖 4.27、圖 4.28 及圖 4.29、圖 4.30 的兩組圖片的對比，我們可以大致看出仇英《漢宮春曉圖》與前輩畫作的繼承關係。仇英善於前人的優秀技法及構圖形式，線條纖細卻力道剛健，他在臨摹中靈活運用坺本並加以自己的處理和改造，尤善於用粗細不同的筆法和變幻的墨、色表現不同的人物形象，或流暢靈轉，或勁削頓挫，既長於工筆設色，又善粉本白描。刻畫人物造型精準，下筆確切，畫面概括力與形式感都很強，所畫女性形象秀美，用筆方麵線條流暢，不同於當時市井坊間的人物畫，畫面無有刻板呆滯的習氣，直趨宋人意境，仇英的《漢宮春曉圖》對後來者，乃至清宮仕女畫創作都有很大影響，是明代仕女畫的典型範例，稱得起王世貞說過的：「人巧極，天工錯」〔註 139〕之言。

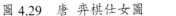

圖 4.29　唐 弈棋仕女圖　　　　圖 4.30　仇英·漢宮春曉圖（弈棋圖局部）

所以，清人方薰《山靜居畫論》中評價仇英時有這樣的言語：「仇實父以不能文，在三公（三公指沈周、文徵明、唐寅）間少遜一籌。然天賦不凡，六法深詣，用意之作，實可奪伯駒（趙伯駒）、龍眠（李公麟）之席。」〔註 140〕可見仇英躋身大家的行列是實至名歸的。

4.2.3　實用的傾向與世俗的反映

對於明代以前民間職業畫家的山水畫創作情況，美術史上的記載甚少，但是不能忽略的是歷代的民間職業畫家的人數都是遠遠超過文人畫家

〔註 139〕王世貞《藝苑卮言》，齊魯書社 1992 年版，第 99 頁。
〔註 140〕方薰《山靜居畫論》，中華書局 1985 年版，第 24 頁。

的，民間職業畫家的創作帶有明確的職業性，他們只是借助繪畫手段籍以謀生的群體，民間職業畫家的作品直接面對社會的需要，而沒有更多的自我抒情色彩，雖然其中一些作品也具有抒情的意味，但這都不是民間職業畫家作品的主要特點。古代民間職業畫家的山水畫具有某種實用功能，如王微在《敘畫》中提到：「且古人之作畫也，非以案城域、辨方州、標鎮阜、劃浸流。」〔註141〕圖中標明城郭、山川、河流的地理位置是主要特徵；《歷代名畫記》卷四中也提到：「孫權嘗歎魏蜀未平，思得善畫者，圖山川地形。夫人乃進所寫江湖九州山嶽之勢。夫人又於方帛之上，繡作五嶽列國地形。」〔註142〕這裡的山水畫記載已經可以看出當時的山水畫還用於軍事作戰，類似於今天的軍事地形圖。這兩段記載其實都在說明古代山水畫的肇始階段的實用主義色彩。

圖 4.31　敦煌壁畫　山水圖

圖 4.32　河北錯金博山爐

　　民間職業畫家的作品既然是為自己的生計而作，這也就決定了他們必須專研畫技，而獲得更多的訂件。這點和中國文人士夫階層的繪畫創作有很大的不同，因為「士大夫作畫一般是業餘性質，作畫多半是遣興寄情，小品多

〔註141〕王微《敘畫》（俞劍華《中國畫論類編》，人民美術出版社 1957 年版），第 585頁。

〔註142〕張彥遠《歷代名畫記》，人民美術出版社 1964 年版，第 90～91 頁。

於巨幅，特別是宋、元以後，士大夫畫家很少再到寺觀中去畫壁畫，所以六朝以後千百年來廟堂上的美術活動，可以肯定說關於雕塑、彩畫、圖案全部出自民間美術家之手。」〔註143〕

在他們的作品中，有兩種東西值得注意，首先他們有很強的繼承性，但又不能裏足不前，在社會審美需求發生變化時，可通過他們的繪畫活動直接反映出來，時代性在他們身上體現明確，民間職業畫家的創作在社會審美活動中的作用類似於人體的表層細胞，直接感受到風氣變化的情況。並且在民間畫家的創作活動中，群體組織性也是重要特徵之一，因為他們在面對大型訂件的時候，單個人的力量是往往無法將工作順利完成的，因此，分工明確、井然有序的工作是保證作品質量的前提條件。

在我們今天所能看到的，絕大多數古代大型壁畫或是名跡遺址中，民間職業畫家與工匠們所作出的貢獻也不是某個文人畫家所能代替的。民間職業畫家們在畫山水畫題材的時候，還有一些口訣流傳，如：「丈山寸樹，寸馬豆人。遠人無目，遠樹無枝，遠水無波，遠山無皴，遠閣無基，遠船無帆栀；山要高，用雲托，石要峭，飛泉流，路要窄，車馬塞，樓要遠，樹木掩；近山不可接遠山，遠水倒可接近誰，旅舍不宜半山腰，水橋最忌無去路；冬樹不點葉，夏樹不露梢，春樹葉點點，秋樹葉稀稀。」〔註144〕民間畫訣諸如此類，不一而述；而且文人畫家在進行創作時，也往往在民間職業畫家身上借鑒繪畫經驗形成自己的創作風格。

下面通過一點具體的實例，簡述一下明代以前民間職業畫家的山水畫創作情況。如敦煌壁畫當中的山水畫作實例看看民間職業畫家的山水畫創作。唐張彥遠的《歷代名畫記》中記載道：「魏晉以降，名跡在人間者，皆見之矣。其畫山水，則群峰之勢，若鈿飾犀櫛，或水不容泛，或人大於山，率皆附以樹石，映帶其地，列植之狀，則若伸臂布指」；〔註145〕『水不容泛』、『人大於山』這些特徵都說明了早期的民間職業畫家的山水畫創作具有稚拙的色彩，在比例結構上的關係都沒有真正地提到繪畫創作中來，並且在畫樹木方面，也是如同『伸臂布指』的樣式，對於樹木的生長結構和動態把握還有概念化的處理。敦煌壁畫中的山的形式與構造這是有出處的，在漢代的博山爐

〔註143〕秦嶺雲《民間畫工史料》，中國古典藝術出版社 1958 年版，第 6 頁。
〔註144〕王村樹《中國民間畫訣》，北京工藝美術出版社 2003 年版，第 89 頁。
〔註145〕張彥遠《歷代名畫記》，人民美術出版社 1964 年版，第 26 頁。

的山體造型上就有這樣的形式，四川畫像石中的山峰形象也與敦煌壁畫中的山體造型有相通之處，『人大於山』這個特殊的現象固然有民間職業畫家技巧稚拙的客觀原因，但據王伯敏先生考據，這個現象主要有兩個原因：首先是藝術技巧的問題，其次是作者對自然有一種特殊的認識所使然。因爲在南朝宗炳的《畫山水序》中有「豎劃三寸，當千仞之高；橫墨數尺，體百里之迥」〔註146〕的記載，這裡就明確提到了繪畫比例的問題，所以說當時的民間職業畫家對於畫面比例問題有認識上的缺陷，也是不對的，之所以會那樣繪製畫面，主要是繼承性的或程序化的手法或特定畫面的處理。在唐代以前民間職業畫家的山水畫創作中還有一個主要特徵就是畫麵線條勾勒爲主，多施加染法，單獨的皴法不多，這個特點在顧愷之的《洛神賦圖》中有明顯體現。中國山水畫在唐代吳道子時出現變化，張彥遠有記：「吳道玄者，天付勁毫，幼抱神奧。往往於佛寺畫壁，縱以怪石崩灘，若可捫酌。又於蜀道寫貌山水。由是山水之變，始於吳、成於二李。」〔註147〕而這時吳道子的身份就是畫工，或者說是民間職業畫家。而吳道子對中國繪畫的發展確是影響至遠的人物。

圖 4.33　顧愷之《洛神賦圖》局部

〔註146〕宗炳《畫山水序》（俞劍華《中國畫論類編》，人民美術出版社 1957 年版），第 583 頁。
〔註147〕張彥遠《歷代名畫記》，人民美術出版社 1964 年版，第 26 頁。

　　民間職業畫家的繪畫工作還具有很強的程序性，宋代李明仲《營造法式》有記載：「造畫壁之制，先以粗泥搭絡畢，候稍乾，再用泥橫被竹篾一重，以泥蓋平，又候稍乾，釘麻花，以泥分披令勻，又用泥蓋平。以上用粗泥五重，厚一分五里。若『拱眼』壁只用粗泥各一中，上施沙泥收壓三遍，方用中泥細襯，泥上施沙泥，候水脈定，收壓十遍，令泥面光澤。」〔註148〕又云：「凡和沙泥，每白沙二斤，用膠土一斤，麻搗洗淨者七兩。」〔註149〕同書卷十四載：「……刷膠水後，以好白土先立刷後橫刷各一遍。」〔註150〕從這些記載上看，都說明當是的民間職業畫家的工作的程序性和嚴謹性。

　　由於歷史原因，仍有許多民間職業畫家的許多創作今已不可見現只能借組文獻資料，對民間職業畫家山水畫的創作情況作一簡要的列舉：

　　　「──唐安寺，北堂內西壁，朱審畫山水；

　　　　──興唐寺，東般若院，楊廷光畫山水等；

　　　　──興唐寺，殿軒廊東面南壁，吳道子畫；

　　　　──慈恩寺，院內東廊從北第一房間南壁，韋鑾畫松樹；

　　　　──崇福寺，西庫，牛昭、王陀子畫山水；

　　　　──崇福寺，東山寺，劉整畫山水；

　　　　──崇福寺，壁碾，陳積善畫山水；

　　　　──懿德寺，三門西廊，陳靜眼畫山水。〔註151〕」

　　由上述可知，魏晉以後，文人士夫的山水畫創作，受到民間職業畫家的作品的影響，在顧愷之等人的作品中的構圖與形式感中，可以感受到他們與民間職業畫家的創作有相承之處，脈絡清晰；而歷史上畫工之盛，以唐代為代表，中又有吳道子等傑出人物，對後世的山水畫發展有轉折性的作用，宋元時期民間職業畫家山水畫創作仍秉承唐代遺風，至明代而已有集大成之勢。

4.2.4　境遇的喻示與格調的秉持

　　時至明代中葉的江南，民間職業畫家的山水畫創作出現新的面貌，以周

〔註148〕秦嶺雲《民間畫工史料》，中國古典藝術出版社 1958 年版，第 42 頁。

〔註149〕秦嶺雲《民間畫工史料》，中國古典藝術出版社 1958 年版，第 42 頁。

〔註150〕秦嶺雲《民間畫工史料》，中國古典藝術出版社 1958 年版，第 42 頁。

〔註151〕筆者按：以上等等都是張彥遠《歷代名畫記》中《記兩京外州寺觀壁畫》中所記內容，由王伯敏先生總結而出。王伯敏《敦煌壁畫山水研究》，浙江人民美術出版社 2000 年版，第 26 頁。

臣、唐寅、仇英爲代表的民間職業畫家，從浙派和南宋院體畫的風格繼承中逐漸形成自己的面貌。

周臣早年的作品師法馬、夏，斧劈皴法的運用很多，用筆尖細，中年的畫作在馬、夏的基礎上略有變化，用筆穩健，墨色更加謹嚴渾厚，設色典雅，晚年的畫面筆法更見周密，墨色清曠，靈動中帶有秀美之氣；唐寅的山水畫同樣是繼承南宋院體的畫風又完全消化了南宋院畫的技法，且接受過沈周、周臣等人的指點，因爲唐寅的詩文水平很高，在他的山水畫中體現出濃鬱的文人風範，這是他有別於其他一些民間畫家的重要特點之一；仇英的山水畫在早年接受過周臣和文徵明的指點，又有長期在收藏家府邸學習臨摹古畫的經歷，使其畫面具有古意，仇英同樣有青綠和寫意兩種不同風格的山水畫作品，青綠山水技法成熟，直追唐代二李的風格，寫意山水風格亦是筆法靈動，墨色皴法具有宋元人作品的氣象且具清秀俊雅的風態。而且他們在一定程度上，改變了明代中期民間畫家的形象，具有「職業化的反職業化」〔註152〕特點，因爲當時他們身處的明代中期江南，是一個文化、經濟繁盛的社會條件下，單純的迎合市民的需求，或是僅僅停留於此，都不能讓他們的作品在中國繪畫史上留下一筆；他們作品中雖有浙派和院體的影子，但是這些畫家的作品中或多或少地都有文人的趣味。這也是這些優秀的民間職業畫家來自世俗又不高於世俗審美趣味的主要原因。

回到民間職業畫家所具有的職業性上來的話，我們同樣要注意到他們這些人的山水畫創作都是有明確的目的指向性。一些事例只是在說明民間職業畫家與雇主或是委託人之間的業務關係，是直接或實際的經濟交往，這也是在特定的條件下保證他們的繪畫創作水準的前提。因爲民間職業畫家清醒自己的處境，即「社會是個等級的體制，其間每人都佔據一個界定清楚的位置。兩名中國人之間的關係，就由他們所處的相對位置來決定。」〔註153〕民間職業畫家出於經濟利益的考慮，這是他們的職業屬性所決定，這其中同樣不涉及道德與人品，周臣曾就被嚴嵩招入府中兩月餘，爲其摹製古畫，以爲四季掛畫之用，嚴嵩家產被抄沒之後，就發現其中有二十二幅周臣的作品，王世

<hr>

〔註152〕列文森《儒教化的中國及其現代的命運》，廣西師範大學出版社2009年版，第15頁。
〔註153〕高居翰《畫家生涯——傳統中國畫家的生活與工作》，三聯書店2012年版，第78頁。

貞有記道：「嚴所付酬金不值畫作遠甚，周被壓殆盡，方得返家。」〔註154〕
嚴嵩給周臣的待遇之低實在讓人難以設想，而這也是民間職業畫家生存的艱
難與尷尬之處；高居翰也曾引用葛蘭佩的話：「唐寅製作的紀念性畫卷都是受
委託的作品，……並親自協調圖畫和文學的組成部分。」〔註155〕所謂的『紀
念性繪畫』，葛蘭佩有所解釋，即「用以紀念諸如生辰、退休、離任這樣的事
件，描繪某人的隱退之所、臨河別業，或者描繪某人正在從事能代表其品格
性情的行為或身處這樣的場景中。」〔註156〕這段話看似有點繞，但是基本反
映了民間職業畫家創作的客觀事實。

　　在仇英身上同樣有類似的事例，畫家和委託人之間的軼事也見記載：「委
畫壽面，董完貢上，幸檢收。更有他委意教示下，須如命貢納，萬勿轉託西
池。雖為親怡，與僕情甚不合，幸留意焉。二畫更俟續上。病中草率欠恭，
伏惟見原。初六日英再拜具緘。」〔註157〕所以民間職業畫家會小心地維護自
己的題材範圍和既有的創作手段，不輕易改變自己的已經取得的成功是必要
的生存保障，在繪畫中變更風格的事情，當然他們也會偶而為之，但那都只
是暫時的現象。他們的山水畫創作仍舊不會遠離自己師承的範疇太遠。

　　所以必須注意的是，唐寅、仇英與沈周、文徵明之間山水畫創作的動因
差異其實是非常大的，即便他們是好友活在一個交流順暢的環境裏；民間職
業畫家中大多不屬於文化精英階層，當然他們中間不乏優秀分子，如唐寅，
但唐寅的實際身份還是一個沒落的文人，科舉路上的失敗者，加入到民間職
業畫家的職業性隊伍中並非自己所願，並且在當時，「院體的、細緻的和裝飾
性的繪畫方式仍是被認為屬於普通大眾的東西，是盡在『悅人眼目』，」〔註158〕
而文人畫家卻是極力地想避免這種狀況，這與他們選擇並倡導的元代高人避
世、賢者隱逸的畫風有內在聯繫，所以他們「一直堅持要超越純粹的功利主

〔註154〕 高居翰《畫家生涯——傳統中國畫家的生活與工作》，三聯書店 2012 年版，
　　　　　第 73 頁。
〔註155〕 高居翰《畫家生涯——傳統中國畫家的生活與工作》，三聯書店 2012 年版，
　　　　　第 32 頁。
〔註156〕 高居翰《畫家生涯——傳統中國畫家的生活與工作》，三聯書店 2012 年版，
　　　　　第 31 頁。
〔註157〕 高居翰《畫家生涯——傳統中國畫家的生活與工作》，三聯書店 2012 年版，
　　　　　第 39 頁。
〔註158〕 高居翰《畫家生涯——傳統中國畫家的生活與工作》，三聯書店 2012 年版，
　　　　　第 143 頁。

義，不管在他的公共生活還是藝術創造中都是如此。」〔註159〕而作品中脫去世間豔俗的脂粉氣、市井味，追求畫面『逸格』，這些其實也是民間職業畫家，尤其是唐寅、仇英這樣的優秀分子的理想追求。

案例一：唐寅的《騎驢歸思圖》

唐寅的《騎驢歸思圖》，絹本，淡設色，縱：77.7×37.5cm，上海博物館藏，上有唐寅的題畫詩：『乞求無得束書歸，依舊騎驢向翠微。滿面風霜塵土氣，山妻相對有牛衣』。還有朱曜的題詩《喜聞天資駕新歸》：『喜聞天子駕新歸，欲控應慚一幡微。誤入雲龍山下路，杏花妍映綠蘿衣』。唐寅此作中山花盛開，高山巨岩相疊，清泉飛濺，斷崖突兀，山徑盤連，危橋古木錯落，茅屋隱約呈現，樵夫負柴而行，騎驢歸家的試子頹唐前行，身姿佝僂，神態疲倦，頗有沮喪失落額神色，暗示著作者歸隱的思想亦由此萌發；此畫是唐寅正德元年，即公元 1506 年所作，時年唐寅三十七歲。這件作品是唐寅參加科舉考試失敗後回到家中所畫，有很強的寓意色彩，這從他的題跋『滿面風霜塵土氣，山妻相對有牛衣』中可以看出他的悲觀情緒，但是唐寅的畫面仍舊保持著嚴

圖 4.34　唐寅　騎驢思歸圖

謹的院體風格，在畫面的繪製上絲毫不見法度的喪失，這與他師承周臣的畫法自然有直接的原因，而周臣的畫風又是脫胎於南宋李唐的風格，姜紹書《無聲詩史》記載周臣有云：「畫法宋人，巒頭峻嶒，多似李唐筆。其學馬夏者，……亦院體中之高手也。唐六如畫法受之東村。」〔註160〕

唐寅此作又與院畫的相對沉穩的構圖方式和山體動態的設置上略有不同，雖然《騎驢歸思圖》也屬於巨嶂式山水構造，但是唐寅在畫面中還是精

〔註159〕高居翰《畫家生涯──傳統中國畫家的生活與工作》，三聯書店 2012 年版，第 138 頁。

〔註160〕姜紹書《無聲詩史》（于安瀾《畫史叢書 4》，人民美術出版社 1982 年版），第 29 頁。

密構思圖中的一景一物，畫面傳達出鬱悶與不安的情緒，其中的山石和樹木的明暗對比關係依舊明確，山脊和山體的突出部使用濃墨，而濃墨的構成關係又很有節奏地排列，錯落分佈，在皴法的使用上，唐寅借助長鋒側掃的方式，將不同層次的灰墨分佈在主體山石的兩側，產生趨勢更強的運動感，這種運動感在不同的山石間彼此流動轉移，推進和彎曲，在相對淡的墨色裏造成明確起伏意味，皴法造成的巨型石塊的運動感卻沒有造成視覺上的混亂，畫面下方繁密的樹林穩定了整張畫面的重心，前景部分的岩層同樣是長鋒夾雜濃墨構成，並不瑣碎的筆法與大塊面的山體轉折都在視覺上使畫面寓靜於動中。

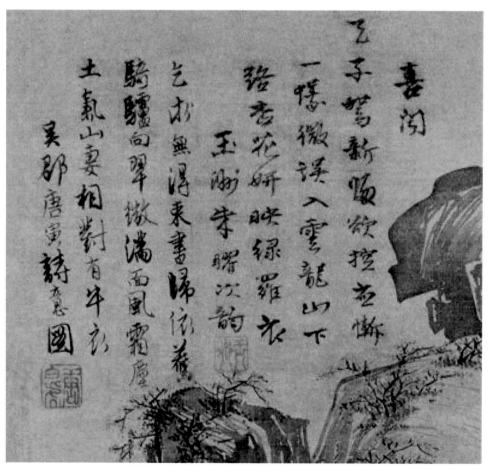

圖 4.35　唐寅　騎驢思歸圖局部 3

　　為什麼唐寅會選擇宋代院體的風格，這裡面似乎也很值得思索，院體在當時的明代江南，似乎主要是滿足普通人的審美標準，當然現在看這是誤解，然在當時卻有這樣的傾向，因為院畫的作者創作畫作往往迎合多於自主，《南宋院畫錄》有記：「宋畫院眾工，必先呈稿，然後上眞。」〔註161〕可見畫院作者的創作本身就是處於不自由的狀態；所以，《畫繼》卷十《近論》中記載：「圖畫院四方召試者，源源而來，多有不合而去者。蓋一時所尙專以形似，苟有自得不免放逸，則謂不合法度，或無師承。故所做止眾工之事，不能高也。」〔註162〕明人都穆對院畫也有自己的見解，他說：「名畫工絕，惟寫形狀，惜無精神。」〔註163〕對於這樣的評價，也是說明當時的世間院畫流行的弊病；然而唐寅在看到李唐的《村莊圖》時，有這樣的評價：「余早歲即寄興繪事，自薊門歸，尤為究心，而素所向往取法者，唯李晞古一人。晞古為南宋畫院中名人，至晚年筆力益壯，布置更佳，雖松年、馬遠、夏圭稱為齊名，而亦少遜者。頃從濟之先生齋頭獲觀此卷（《村莊圖》），筆法高古，景物幽閒，正其晚年用意之作，持歸臨摹浹旬，然終不能得其神似，益信古人之未易模倣也。」〔註164〕並且唐寅將此畫做了臨摹，但是倣果卻不甚理想，李唐筆法的高古，筆力的壯益都不是此刻的唐寅輕易就能達到，之所以唐寅選擇李唐為首的院畫體系作為學習的對象，因為李唐畫面中的清剛之氣，畫面中盤根錯節的樹木和奇峭向上的山石結構，都寓意著當時南宋的社會裏，地位卑微的群體人格不屈的意志，對於李唐的作品特點的介紹評價，曹昭《格古要論》中有記載：「李唐山水，初法李思訓，其後變化，愈覺清新。多作長圖大障，其名大斧劈皴。水不用魚鱗谷紋，有盤渦動盪之勢，觀者神驚目眩，此其妙也。」〔註165〕

〔註161〕屬鶚《南宋院畫錄》（於安瀾《畫史叢書 4》，人民美術出版社 1982 年版），第 2 頁。

〔註162〕鄧椿《畫繼》（中國書畫全書編纂委員會《中國書畫全書 2》，上海書畫出版社 1993 年版），第 724 頁。

〔註163〕屬鶚《南宋院畫錄》（於安瀾《畫史叢書 4》，人民美術出版社 1982 年版），第 4 頁。

〔註164〕屬鶚《南宋院畫錄》（於安瀾《畫史叢書 4》，人民美術出版社 1982 年版），第 14 頁。

〔註165〕屬鶚《南宋院畫錄》（於安瀾《畫史叢書 4》，人民美術出版社 1982 年版），第 8 頁。

　　客觀看來，以李唐爲首的院畫並不是像當時的文人所評價的那樣，唐寅對院畫的喜好與借鑒，雖然出於自己的審美判斷，但是不可否認的一個事實是，唐寅仍是屬於有文化素養的職業畫家，唐寅繪畫風格上的選擇，尤其在科舉失利後的畫風的選擇上，他雖有迎合市場或是滿足市民審美的要求的方面，但還存在著挑戰文人畫家的審美格調的意味，唐寅似乎在證明一點——即他用看似俗套的畫法與路徑也能達到清逸脫俗的境地，而無須全部借用文人畫家群體標榜與依賴的元人風格，即強調畫面的逸格和雅韻，筆法的靈動和灑脫；因爲唐寅相信，工致的筆法和設色的精良，加上自己不俗的格調，同樣可以保障自己作品的審美品味，並且不遜於文人畫家們的創作，這多少與文徵明的創作心態有相似之處，因爲何良俊有過這樣的記載論述文徵明的某些作品：「衡山本利家，觀其學趙集賢設色，與李唐山水小軸，皆臻妙，蓋利家而未嘗不行者也。」〔註 166〕話中的意思明顯，就是文徵明既可以畫文人畫家類型的作品，亦可以勝任職業性畫家的創作，兩者都是擅長的。而此刻的唐寅也是如此，他既成爲職業性的民間畫家中的一份子，因爲他的文化水平與審美格調的保證，那麼同樣可以使他做到文人畫家與民間職業性畫家的兩者兼顧。

　　事實上唐寅做到了這一點，所以明人韓昂《圖繪寶鑒續編》中記載唐寅：「才藝宏博，作畫有古人之妙，人罕及之。」〔註 167〕筆者同樣相信，唐寅是用宋代繪畫大師職業化的作畫手法，也實現了元代大師作品中追求的審美高度。

案例二：仇英的《秋江待渡圖》

　　仇英的《秋江待渡圖》，絹本，水墨設色，155.4×133.4cm，臺北故宮博物院藏；此畫是仇英山水畫中的力作之一，畫中間有一條筆直的結合線，可以將畫作分爲兩半，而單獨看來每一部分都可以成爲令人滿意的作品，畫作的左右關係非常對應，《秋江待渡圖》上面有項元汴的印章，應該是仇英爲項氏所繪製。

　　仇英這幅作品是研究他的山水畫的極好的範例，在這件《秋江待渡圖》中，我們可以很清楚地瞭解仇英師承南宋院畫的路數，其中還有一些浙派的

〔註 166〕何良俊《四友齋叢說》，中華書局 1959 年版，第 267 頁。

〔註 167〕韓昂《圖繪寶鑒續編》，中國書畫全書編纂委員會《中國書畫全書 3》，上海書畫出版社 1993 年版，第 839 頁。

風格特點，但與宋代院畫和浙派作品不同的是，仇英在畫面中沒有更多地強調表現性的筆墨，較之馬遠、夏圭等人相對剛烈斧劈皴技法，仇英似乎更多地選擇了李唐的那種較為溫和的手段，客觀而且冷靜，筆法更為淡雅，畫面的氣氛也更為緩和。客觀地看待仇英的《秋江待渡圖》，會讓筆者聯想到北宋大家的一些作品，較為全景式的構圖方式和尺幅闊大的圖景，這與南宋的一角半邊式山水畫構圖有很大的不同，即便仇英也受到南宋院畫的影響，但是在畫面的氣質上仍有趨於北宋的意味。此外，《秋江待渡圖》中主要之處都有對應的構圖設置，左下方的休憩的文士與右下方船中的山人形成對應關係，左方的山崖與右側的河岸形成對應，加上遠山連成一體，山腳用雲水和樹叢掩映，樹木上的顏色用深紅、暗黃、青綠色分佈，色彩由著空間的拉伸也顯得清淡，仇英在畫中有意識地將山形處理得較為平緩，光線的設置也在黃昏時分，通過飄渺的雲霧水氣把幽深空遠的秋之意境表現出來。對於仇英的評價，張丑在《清河書畫舫》中有記載：「仇英畫山石師王維，林木師李成，人物師吳元瑜，設色師趙伯駒，資諸家之長而渾合之，種種臻妙。」〔註168〕對於仇英的評價，陳傳席先生在《中國山水畫史》中也有過描述，證明當時的文人階層對仇英作品的矛盾心理，董其昌等文人士夫出身的評論家從情感上很想忽略仇英，主要原因是仇英出生民間工匠階層，文化水平不高。但他們看到仇英的作品時，又不得不佩服其技藝高超。董其昌在這些人中最為典型，「他一面說仇英的畫『皆習者之流，非以畫為寄，以畫為樂者也』。又說：『顧其跡亦近苦矣，行年五十方知此一派畫，殊不可習，譬之禪定，積劫方成菩薩，非如董巨米三家，可一超直入如來地也』。但他又說：『仇實父是趙伯駒後身，即文、沈亦未盡其法』。『李昭道一派，為趙伯駒、伯驌，精工之極，又有士氣，後人仿之者，得其工不能得其雅，若元之丁野夫、錢舜舉是已。蓋五百年而有仇實父。在昔文太史亟相推服。太史於此一家畫，不能不遜仇氏』。董其昌閉上眼睛時，鄙薄仇英，睜開眼睛時，一見到仇英的畫又佩服得五體投地，列之於文徵明之上，董其昌到底還是一位有良心的評論家。孟子曰：『五百年而有王者興』。董其昌謂『五百年而有仇實父』，這簡直把仇英譽為畫聖了。」〔註169〕

〔註168〕張丑《清河書畫舫》（中國書畫全書編纂委員會《中國書畫全書 4》，上海書畫出版社 1993 年版），第 376 頁。

〔註169〕陳傳席《中國山水畫史》，人民美術出版社 2001 年版，第 371 頁。

圖 4.36　明　仇英　秋江待渡圖

　　仇英作為一個民間職業畫家，他的存在幾乎沒有更多的自我表述，只有一些相關的印證和其他人對他的描述，藉此可以大致瞭解到仇英的一些信息，然主要借助的還是他所繪製的作品，他似乎只是在不斷地作畫過程中，而他的畫作一旦完成，仇英便隱沒在畫面之後，在他的作品上，我們幾乎看不到他的率意而為，『逸筆草草』的繪畫方式對他而言顯然是不適合的，這與他不屬於文人畫家的身份有直接關係，即便是他所謂的戲作中，仍是謹嚴的筆法和仔細的經營，因此我們只能將他所謂的戲作說法看作是自謙了；高居翰曾評論仇英的作品道：「無論有意或無意，仇英這種畫法是想借著景物的具

體描繪，來呈現一種特定的經驗或氣氛，他並不運用當時盛行的抽象變形方式，來造成觀者對這種經驗或氣氛產生直接的共鳴。畫家一絲不苟的處理景物，並巧妙地將它們分配在畫面上，使其容易辨認；之後，再把這些景物作一種技巧性的潤飾，而這在明代繪畫中，可說是無人能出其右。不過，儘管如此，畫家與其所描繪的景物似乎始終保持了一段距離，彷彿除了畫家的眼睛與巧手以外，他本人與畫中的景物毫不相干。」〔註170〕高居翰此言確有道理，為什麼仇英的畫面中會有如此冷靜而且矜持的表述方式，在他的作品中的個體的情緒性的表達幾乎不見，明人張丑亦有記載，云：「實父畫跡，臨摹遠勝自運。」〔註171〕這已經說明了仇英的臨摹勝於自創，但是古畫的臨摹的價值呢？這又是一個問題出現，對於仇英的臨摹古畫的意義，筆者認為方聞先生的觀點值得關注：「在中國古代，真心的臨摹（即沒有任何欺騙之意的臨摹）……不僅僅是體面的，而且也是藝術的一種極其必要的形式。它是複製書畫真品的唯一途徑，並靠複製來使之流傳，使之永存。」〔註172〕在這個角度上看仇英的創作，那他就不可避免地帶有某種再現性的創作意圖——盡可能忠實地還原古代書畫珍品的初衷，即便仇英的『自我』的創作意識退居到他所認為的再現客觀記錄之後，或仇英在畫中總是避免流露自我的情感，但到最終，仇英還是在這個過程總呈現了自己。這不禁讓筆者想起錢鍾書先生的一段話：「為別人做傳記也是自我表現的一種；不妨加入自己的主見，借別人為題目來發揮自己。……所以，你要知道一個人的自己，你得看他為別人做的傳。自傳就是別傳。」〔註173〕

縱觀仇英的畫作，他作品中圖象生成的意味總是多於自由作畫的意味，仇英作畫時的秩序性保證了他的畫面最後出現和諧感，他將自我表達隱藏到畫面功能性之後，並且仇英通過繪畫性的手段達到了畫面裝飾性或記錄性的目的，以之相應的也實現了他作品的商業價值。仇英所恪守的似乎只是一個民間職業畫家的職業操守，一個簡單卻有難以堅持的職業操守，整個明代江南，也只有仇英將這種近似嚴苛的恪守化作成為一種習慣融於自己的日常繪畫生活。

〔註170〕高居翰《江岸送別——明代初期與中期繪畫》，三聯書店2009年版，第217頁。
〔註171〕張丑《清河書畫舫》，中國書畫全書編纂委員會《中國書畫全書 4》，上海書畫出版社，1993年版，第376頁。
〔註172〕洪再辛《海外中國畫研究文選》，人民美術出版社1992年版，第14～15頁。
〔註173〕錢鍾書《寫在人生邊上，人生邊上的邊上，石語》，三聯書店2002年版，第8～9頁。

4.2.5　民間畫家的花鳥畫——以唐寅、仇英花鳥畫爲例

　　對於唐寅和仇英的花鳥畫題材，他們的創作手法和審美趣味都與沈周、文徵明等文人畫家有所不同，在潘天壽著的《中國繪畫史》，鄭午昌著的《中國畫學全史》，俞劍華著的《中國繪畫史》及溫肇桐著的《明代四大畫家》等著作中，都偏向將唐寅、仇英等人列於吳門畫派之外，中國繪畫史上爲了方便寫作，所以將地域性的考慮貫穿其中，因此有人泛化地將四人列爲『吳門四家』，但是仔細研究過後，會發現他們實在是不同屬於一個圈層，下面就唐寅和仇英的花鳥畫爲例闡述一下這兩個人的繪畫特點。

　　在唐寅和仇英的花鳥畫創作中，可以更加明顯地看到市民趣味的日益普泛，世俗的審美情調也逐漸濃厚，明人徐沁《明畫錄》卷六《花鳥序》中記載：「寫生有兩派，大都右徐熙、易元吉，而小作黃荃、趙昌，正以人巧不敵天眞耳。有明惟沈啓南、陳復甫、孫雪居輩，涉筆點染，追蹤徐易、唐伯虎、陸叔平、周少谷以及張子羽、孫漫士。最得意者，差與黃趙亂眞。」〔註174〕其中將唐寅列作黃荃一派多有偏頗，因爲唐寅的畫風雖承接院體，但是唐寅的花鳥畫創作中的書寫性特徵明顯增多，這一點唐寅借鑒了不少林良、呂紀的作品技法；唐寅花鳥畫中率性直接的筆法見多，性情抒發的作品也明顯多於精工雅致的作品。如唐寅的《古槎鸜鵒圖》，《古槎鸜鵒圖》現由上海博物館藏，唐寅以水墨意筆的手法塑造了一隻棲息在枝頭的鸜鵒（八哥）形象，造型準確，神態生動，鳥的喙部用雙鉤法，鳥的頭、足、背、腹、翅等部位俱用沒骨法寫出，樹枝直接

圖 4.37　唐寅　枯槎鸜鵒圖

〔註174〕徐沁《明畫錄》（中國書畫全書編纂委員會《中國書畫全書 10》，上海書畫出版社 1994 年版），第 26 頁。

用粗筆飛白繪製，一氣呵成，用墨縱逸老辣，枝幹部分還融入了書法中行草的筆法，筆勢流暢連貫，極富動感，將枝頭作鳥鳴狀的鸜鵒形象準確地表達了出來。唐寅的花鳥畫與沈周的花鳥畫比較的話，就會發現唐寅在畫面的局部技巧上有更多的經營，強調細小的筆墨變化，局部技巧有餘，整體渾厚感稍欠之，故王世貞對他有「行筆極秀潤縝密而有韻度，惟小弱爾。」〔註175〕

圖 4.38　仇英　臘梅水仙圖　　　　圖 4.39　仇英　臘梅水仙圖軸（款識）

　　仇英的花鳥畫作品，《水仙臘梅圖》絹本，設色，47.5×25cm，臺北故宮博物院藏，項元汴題：『明嘉靖丁未仲冬仇英實父爲墨林製』，鈐印：項元汴印、墨林秘玩、項子京家珍藏，神品，十洲，仇英實父等印；此幅作品上繪有水仙、臘梅各一隻，以雙溝填彩法繪成，水仙花葉線條細勁流暢，臘梅樹枝勾線頓挫，顯出梅花枝乾瘦硬之感，梅花花瓣敷設白粉，清麗典雅，仇英

〔註175〕盧輔聖《中國花鳥畫通鑒》第九卷〈吳郡花草〉，上海書畫出版社 2008 年版，第 101 頁。

繪製手段及其考究，色彩層層暈染，變化微妙豐富且色澤透明，充分展現了仇英豔而不俗、麗且不膩的繪畫特點，纖麗華貴之氣出於尺素，爲仇英一貫作畫風格。

由此觀當時優秀的民間職業畫家的花鳥畫作品，雖然要滿足市民的需要，卻依然秉承自己的繪畫特點，在審美品味上絲毫沒有流於俗套，所以他們在贏得市場的同時也得到文人階層的肯定與讚揚。

4.2.6　民間畫家作品「逸格」、「古雅」風格的形成

民間畫家的作品，尤其是以此爲職業的畫家的作品，在整個群體性上來講，美術史對他們的論述實在不多，因爲他們的人數和作品質量等問題，群體構成的良莠不齊，都使得對他們廣義上的論述無法進行；的確，他們中間的優秀分子不多，能夠進入史家視野的人數有限，但他們仍然在社會的底層進行著不間斷的創作，充實並調整著我們對其的認知。

在明代中期的江南社會結構中出現的層級互動，是民間職業畫家的畫藝得到提升的重要原因之一，因爲精英知識分子所掌握的優勢資源，並使其以開放的態勢讓更多的民間畫家收益，當然，民間職業畫家自身的天賦和努力是必要的，這也是進行繪畫創作的先決條件，只是客觀地說，必要的環境和氛圍是讓民間職業畫家成長的外部因素。筆者認爲當時民間職業畫家的受教育程度，尤其是江南地區的普遍的教育狀況〔註 176〕值得注意，整體的教育水平在一個側面是反映這個地區文化昌盛的標誌。《明史》的這段記載已經充分說明當時政府對教育的重視。而教育水平與教育的普及率又以江南地區最高，王錡《寓圃雜記》記載：「吾蘇學宮，制度宏壯，爲天下第一。人才輩出，歲奪魁首。近來尤尚古文，非他郡可及。自范文正公建學，將五百年，其氣愈盛，豈文正相地之術得其妙歟！」〔註 177〕張岱《夜航船》序中也有記載當時的江南社會：「後生小子無不讀書，乃至二十無成，然後習爲手藝」

〔註176〕　《明史》第 1686 頁：「洪武二年，太祖初建國學，諭中書省臣曰：學校之教，至元其弊極矣。上下之間，波頹風靡，學校雖設，名存實亡。兵變以來，人習戰爭，惟知干戈，莫識俎豆。朕惟治國以教化爲先，教化以學校爲本。京師雖有太學，而天下學校未興，宜令郡縣皆立學校，延儒師，授生徒，講論聖道，使人日漸月化，以復先王之舊……蓋無地而不設之學，無人而不納之教。癢聲序音，重規疊矩，無間於下邑荒徼，山陬海涯。此明代學校之盛，唐宋以來，所不及也。」

〔註177〕　王錡《寓圃雜記》，中華書局 1984 年版，第 42 頁。

〔註 178〕，上述這些是廣義的程度上介紹了當時的教育狀況，這些良好的教育機制已經給社會上的各色人等造成了一個良好的氛圍。

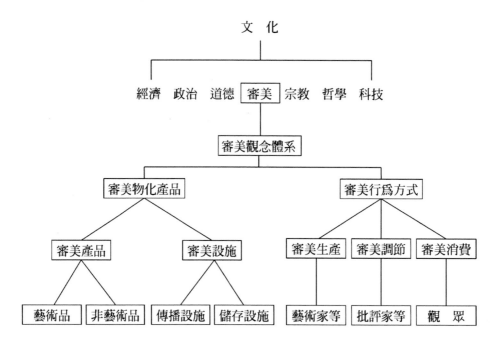

圖 4.40　文化審美表

　　回到民間職業畫家這個具體的對象，他們基本上屬於社會的表層細胞分子，直接感受到社會主義文化生活所發生的變化，要贏得更好的生存空間，就必須要對文化現象有所瞭解與把握，繪畫作爲審美活動之一，民間職業畫家又是借助繪畫爲生存之本，所以他必須熟知當下的審美觀念體系，他對於歷史既成的繪畫遺存要有所認知，並且在其中進行選擇適合的借鑒對象，在社會的審美消費中，在市井大眾的評價體系裏找到自己的立足點，但是這個立足點僅僅只是開始，要獲得更佳的評價體系的認同才是他們最終的目的，只有這樣的流程建立，民間職業畫家才可以長久地保證自己的作品不會在流行一段時間之後便遭遺忘。由此，像周臣、唐寅、仇英之類以繪畫爲職業的畫家而言，找到前輩大師作品中所具有的審美共性才是最重要的，在他們的視野中，其實是不講水墨與青綠之分的，其實無論哪種風格，作品的好壞，品級的高低才可以決定他們是否傚仿或追隨。周臣與唐寅即是如此，只是周

〔註 178〕張岱《夜航船（序）》，四川文藝出版社 1996 年版，第 9 頁。

臣的文化水準略低於唐寅，但是他們都可以在前代大師的作品中發現古雅的氣質；然再看仇英的繪畫，即使他只是恪守北派風格，但是他確實在其中找到了最佳的坎本，而這個起點在積極的意義上看，已經給仇英指明了出路，讓他在類似工匠的辛苦勞作中尋找作品中逸格的氣息，這與董其昌所說的「積劫方成菩薩」〔註179〕有相通之處；但是對於那些優秀的民間職業畫家而言，《文心雕龍》裏面的話語似乎更能說明他們的繪畫創作：「夫立意之士，務欲造奇，每馳心於玄墨之表；工辭之人，必欲臻美，恆溺於佳麗之鄉。」〔註180〕

4.3　兩類畫家作品風格互滲狀況研究

　　明代中期的江南，文人畫家與民間職業畫家的作品在一定程度上出現『互滲』的狀況，題材和風格雖然有多樣性的畫貌，他們的確也是從屬於不同的社會階層，但是他們作品中被相互影響卻是事實，外部的條件和客觀的環境以及他們之間的交遊情況，筆者已在前文有所交代，這也是奠定他們作品間相互影響的必要因素。

　　他們的作品不能用簡單的二分法去區分，因為自「沈周和文徵明開始，他們就是『利家』與『行家』，換句話說就是文人兼畫師。」〔註181〕沈周的作品流入市場有史料記載：「隨所欲應之，無不人人滿意去」〔註182〕，這在一個側面反映出沈周等人的作品具有適應各種審美口味的表現手段；並且，彼此間的創作活動都不是純然孤立的，彼此的師承關係與取法借鑒的對象其實都有共通性，就像文徵明與唐寅在早年的時候，就一同研究李唐的畫作一樣，李唐曾經是他們共同模倣取法的對象，文徵明與仇英的關係似乎更加密切一些，因為史上流傳不少他們合作的作品，仇英繪製，文徵明題跋也在當時的圈子裏成為一件雅事，如仇英的《春江圖》卷，有文徵明在1593年（嘉靖十八年）的題跋，文徵明在題跋中寫道：「嘉靖己亥六月十三日，偶避暑於竹林精舍，石峰毛君出仇實父所畫春江圖，精妙入神，索余題之。遂錄二作於後。

〔註179〕董其昌《容臺集》，西泠印社出版社2012年版，第709頁。
〔註180〕劉勰《文心雕龍》，人民文學出版社1981年版，第431頁。
〔註181〕譚天《高手與末流——從通史的角度看吳門畫派的兩個特點》，故宮博物院《吳門畫派研究》，紫禁城出版社》1993年版，第164頁。
〔註182〕姜紹書《無聲詩史》（於安瀾《畫史叢書4》，人民美術出版社1982年版），第26頁。

倉促應命，殊覺蕪贅可笑。徵明。」〔註183〕並且仇英有一幅《臨元人倪瓚像》，文彭將倪瓚的墓誌銘題在畫上，從這幅畫上看仇英的創作動因，也已經說明了仇英對文人價值觀的一種認同和推崇，實際上也是江南文人文化對民間職業畫家創作的直接影響所導致。在此影響下，仇英的畫作中的古雅逸格氣質也是得到文人階層的首肯，仇英有《彈箜篌美人圖》一幅，陳道復就有題跋，云：「……乃吾吳門仇實甫筆精妙持甚。可謂前無古人矣。……白陽山人陳淳。」〔註184〕薄松年先生指出：「仇英則把工筆重彩和青綠山水加以雅化，從精美嚴整之中透射出古雅之美，作品中作家（職業畫家表現出的高超造型能力和嚴謹的畫風）和士氣（士大夫藝術趣味）俱備。」〔註185〕對於上述的評價，我們可以看出，即使仇英的身份與文人畫家有所差距，但是繪畫審美方面，他們是沒有更大的距離與隔閡的；對於仇英這種民間職業畫家，他對文人畫家如文徵明的創作也是起到了幫助作用的，原本文徵明屬於精英文人群體，對於大眾文化是持謹慎接受的態度，而且精英階層一直以來都保持著與大眾文化的距離，只是在明代中期江南這個特殊的環境下，階層的流動性和市民文化的蓬勃發展，文人群體自然不能小覷這股力量的存在，由此產生的文化交流自然就不可避免，文徵明曾畫有《寒林鍾馗圖》，畫中的寒林部分是文徵明的所作，但是鍾馗這個形象卻出自仇英的手筆，而且文徵明與仇英的合作這並不是第一次，前文中所提到的《湘君湘夫人圖》最早就是文徵明請仇英參加合作，只是當時因為早年的仇英繪畫能力的問題，還是文徵明自己動手，但是事情的發展種事在變化當中，後來仇英的人物畫創作就明顯高於文徵明，這在明代當時也已經得出定論，因為董其昌說過：「在昔文太史亟相推服」〔註186〕。

綜上所述，不同社會階層的畫家通過彼此的題跋，一起的繪畫合作，賦詩或是唱和都促進了文人畫家群體與民間職業畫家群體日益廣泛的交流，並且在對待文化這個公共社會產品的態度上有某種交集的存在，他們

〔註183〕利特爾《仇英和文徵明的關係》（故宮博物院《吳門畫派研究》，紫禁城出版社1993年版），第134～135頁。
〔註184〕利特爾《仇英和文徵明的關係》（故宮博物院《吳門畫派研究》，紫禁城出版社1993年版），第134～135頁。
〔註185〕薄松年《中國美術史教程》，陝西人民美術出版社2001年版，第300頁。
〔註186〕董其昌《容臺集》，西泠印社出版社2012年版，第709頁。

通過社群的紐帶將他們的關系聯繫緊密起來，如韋森的觀點就是交往半徑相對短的地域性中，個人的信譽和熟絡的人際關係，加上私人及親朋之間的社交圈，都給個人的知識技能和（繪畫創作）經驗起到極其重要的作用。〔註187〕這個社群關係是當時文化思潮、社會現象的大的合集，繪畫活動只在其中占一定的比例，且值得注意的是，這些人對於一些事物的看法其實也有自己類似的感受，如沈周晚年喪子，作《落花詩》，對此，文徵明與唐寅都有各自的《落花詩》以和之，唐、文二人其實也是聯想到了自己的處境，對沈周的悲痛感同身受；在當時複雜的社會環境中，文人畫家的命運和民間職業畫家的命運都有不同程度的相似性，沒有上升空間的文人和正在上升期的民間職業畫家，在繪畫這個點上達到了貫通，所以才會出現彼此的文化符號及價值觀上的交匯，原有的階層規範性或限制性在此刻被打破，所以就是很自然的事情了。

4.4　明中期江南文人畫家及民間職業畫家的後繼者作品研究

明中期江南的文人畫家和民間職業畫家都有自己的後繼者，雖然這些後繼者的名聲和影響力都不如他們的前輩，但他們仍舊將前輩的優勢繼承並發展了一步，下面就試舉實例來看看這些後繼者們的創作情況。

4.4.1　陳淳的花鳥圖

陳淳（1484～1544），字道復，號白陽，蘇州長洲縣人，他出身於書香世家，祖父陳璚官至南京都察院左副都御使，與同郡名人沈周、王鏊、吳寬交往甚厚，且家藏豐富。陳淳師從文徵明，張寰《白陽先生墓誌銘》記載：「既爲父祖所鍾愛，時太史衡山文公有重望，遣從之遊。涵揉磨琢，器業日進，凡經學、古文、詞章、書法、篆籀、畫、詩咸臻其妙，稱入室弟子。」〔註188〕

〔註187〕韋森《經濟學與哲學：制度分析的哲學基礎》，上海人民出版社 2005 年版，第 259 頁。
〔註188〕林家治《壯觀集：明代蘇州傑出書畫藝術家匯觀》，河北教育出版社 2011 年版，第 106 頁。

圖 4.41　陳淳　春花八種　局部

　　陳淳的《春花八種圖卷》紙本水墨，24.3x420cm，首都博物館藏，此圖作
於 1540 年（嘉靖十九年）圖中繪有八種春花，鬥球、梔子花、蘭花、牡丹、
桃花、瑞香、月季、玉蘭；以淡墨勾勒花卉，鄙夷清雋灑脫，點葉濃淡相間，
重墨勾筋。卷末尾有陳淳的自提：「墨花八種皆春榮者，蓋花事之盛至春爲極，
而王孫士女必於此騁其驕逸。庚子三月望前，余偶自山行還舍，適淑景滿郊陌
間，而人意亦頗靡靡，然顧筋力亦衰遲甚矣，遂檢素卷寫此。非有遺於三時，
要欲志一時之興耳，道復。」〔註 189〕對於花鳥畫的創作觀點與審美思路，從
陳淳的自提中可見一二，其自提云：「古人寫生自馬遠、徐熙而下，皆用精緻
設色，紅白青綠，必求肖似物之形，無纖毫遺者，蓋眞得其法矣！余少年欲有
心於此，既而想，造化萬物生有不同，而同類者又秉賦不齊而形體亦異。若徒
以老嫩精力從古人之意，以貌似之，……。故數年來創作，皆遊戲水墨，不復
以設色爲事。」〔註 190〕在這段陳淳的自題當中可以知道，陳淳早年的花鳥畫
創作也是精工一路，只是晚年之後對事物有了更深理解，不會再拘泥於豔麗、
形似的範疇，陳淳的花鳥畫沿著沈、文的道路向前走了一大步，可以說發展了
水墨寫意花鳥這一體系，也爲後來徐渭的創作指出了路徑，這一點受沈、文二
人創作影響有關，因爲在沈、文等人的手中，折枝花卉的橫卷形式已有人作，

〔註 189〕中國古代書畫鑒定組《中國繪畫全集・明 4》圖版說明，文物出版社、浙江
　　　　　人民美術出版社，2000 年版，第 44 頁。
〔註 190〕林家治《壯觀集：明代蘇州傑出書畫藝術家匯觀》，河北教育出版社 2011 年
　　　　　版，第 109 頁。

但是陳淳時這個題材和形式已經發展到成熟的階段，勾花點法與沒骨寫意法在陳淳的畫面中並用，且自然灑脫，成爲陳淳花鳥畫創作的主要特點。

圖 4.42　陳淳 春花八種 題跋局部

　　陳淳的成熟之作大都在他的中年之後，而且他對沈周的畫作一直存有敬意並努力傚仿之，他曾對沈周的《瓶蓮圖軸》有題跋云：「石田先生嘗作瓶蓮圖……。今日小子效顰，並追和如右。」〔註191〕而對於陳淳的花鳥畫創作的，文徵明也是給出了很高的評價：「道復遊余門，遂擅出藍之譽。觀其所作四時雜花，種種皆有生意。所謂略約點染，而意態自足，誠可愛也。」〔註192〕

4.4.2　尤求的人物畫

　　尤求，字子求，號鳳山，蘇州人，生卒年不詳，仇英有二女，一位仇珠，另一女嫁與尤求。尤求工山水，兼畫人物，《五雜俎》有記：「尤子求始學劉松年、錢舜舉」〔註193〕，可見尤求曾傚仿劉松年、錢選等人；長於仕女畫，尤擅長人物白描，畫風工整妍麗，其筆意在文徵明、仇英之間，人物畫繼仇英之後名重當時，對於尤求的繪畫，《無聲詩史》中亦有記載：「尤求，字子求，

〔註191〕林家治《壯觀集：明代蘇州傑出書畫藝術家匯觀》，河北教育出版社 2011 年版，第 109 頁。
〔註192〕林家治《壯觀集：明代蘇州傑出書畫藝術家匯觀》，河北教育出版社 2011 年版，第 108 頁。
〔註193〕謝肇淛《五雜俎》，上海書店出版社 2001 年版，135 頁頁。

吳郡人。吳郡自仇十洲以人物名世，而子求繼之。凡畫道釋仕女，種種臻妙。兼長白描，乃院體之能品。」〔註 194〕《明畫錄》中也有近似的記載：「白描人物最工，所畫仕女，豔治豔世。」〔註 195〕

尤求的人物畫的代表作有《紅拂圖》，立軸，紙本水墨，122.8x45.7cm，北京故宮博物院藏，這是一個古代典故，紅拂女原是隋朝楊素的4，原名張出塵，因手執紅拂而得名，李靖以布衣身份求見楊素，紅拂女見李靖氣度不凡，遂夜奔歸於李靖，這是一個古代典型的美人識英雄的故事；尤求此畫中，人物仕女俱用白描的手法，線條流暢，仕女體態優美，畫中人物眾多，神態各異，可以看出受仇英的人物畫的影響。此外尤求還有《圍棋報捷圖》，立軸，紙本水墨，115.4x30.8cm，天津市藝術博物館藏，尤求此作同樣是講述一個膾炙人口的歷史故事——公元三八三年的淝水之戰，畫家在圖中沒有描寫激烈的戰爭場面，而是通過對謝安對弈的場景刻畫，充分表達了他運籌帷幄之中，決勝千里之外的沉著與自信，圖中芭

圖 4.43　尤求　紅拂圖

蕉、長松、秀石俱呈，顯然是在庭院之中的景致，屏風前兩長者對弈，一人旁觀，右側坐對弈者為謝安，神色平靜安詳，二侍者立於其後，下方一人似從戰場回來，衣紋線條流暢，沒有更多的起伏變化，凸顯畫面雅致的韻味。

尤求的畫作大部分都以人物故事為主，將故事情節性融於畫面之中，仍體現「成教化，助人倫」〔註 196〕的思想，在畫作風格特點上還是承接仇英一派的作風。

〔註 194〕姜紹書《無聲詩史》（於安瀾《畫史叢書 4》，人民美術出版社 1982 年版），第 41 頁。

〔註 195〕徐沁《明畫錄》（於安瀾《畫史叢書 3》，上海人民美術出版社 1963 年版），第 10 頁。

〔註 196〕張彥遠《歷代名畫記》，人民美術出版社 1964，第 1 頁。

圖 4.44　尤求　圍棋報捷圖

第 5 章 對明代中期的兩類畫家的評價體系研究

5.1 兩類畫家在明代畫史、畫論層面上的主要敘述

文人畫家和民間職業畫家在畫史上有過一些論述,都比較瑣碎複雜,對於兩類畫家的評價也是多樣,最有爭議的就是『行家』與『利家』之分,其實文人畫家與職業畫家的分類,只是在歷史上,出於身份或職業屬性進行的分法,其劃分的是一個廣義範疇,這裡面不論是文人畫家還是職業性的畫家,都不介入到水平的比較上來,更沒有誰高誰低的區分;因為這就原本是兩個階層性很強的群體,彼此在一起的交流和比較的事例原只是小概率事件,產生交集的可能性本不大,階層間也不涉及更多的話語之爭,職業性的畫家們安心從事自己的繪畫工作以謀得生計,文人士夫們安心想著出仕從政之事,從源頭上講,本是河水與井水的關係。只是在明朝中期以後,社會發生的顯著變化與不同階層的更替頻繁出現,畫家這個群體的組成也愈加複雜,人員成分的多樣性及其作品被關注程度的種種緣故,由此有了明代文人對這個現象所作的硬性劃分,其目的性實有再次強調身份之意,故此在話語層面就有了種種的論爭。

論爭的肇始是與『行家』與『戾家』的區分為緣起,後演化為以董其昌為首的『南北宗』的大討論,即便『南北宗』論是董其昌生造的命題,但還是對中國後世的繪畫理論影響深遠;根據啟功先生的考據,『行家』主要是指

專於某種技藝的人，其特點是有師承的，技藝習熟精通的，都稱之爲『內行』或是『行家』；反之，叫做『外行』，或說是『力把』〔註1〕古時候稱之爲『戾家』〔註2〕這原本是詞科戲曲中的一種稱謂，引申到繪畫當中來的；對此，啓功先生已有專文考據，筆者文中不再贅述。而『戾家』與『行家』在明朝時又被賦予了『文人畫』與『工匠畫』的色彩，原本『戾家』畫畫是帶有『票友』的性質的，只是由於古代文人士夫的文化修養和學識的準備，繪畫創作中不追求更多的功利主義色彩，逸筆草草、聊以自娛、修身養性、物我兩忘的心態灌注於畫面，因此所畫出來的作品不至有濃重的世俗氣。

畫史有記載：「趙子昂問錢舜舉曰：「如何是士大夫畫？」舜舉答曰：「隸家畫也。」子昂曰：「然，觀之王維、李成、徐熙、李伯時，皆士夫之高尚，所畫蓋與物傳神，盡其妙也。近世作士夫畫者，其謬甚矣。」〔註3〕從這段趙孟頫與錢選的對話中，我們可以明確知道，錢選認爲文人士夫的畫作是『戾家』作爲，但是趙孟頫的回答較有深意，他認定古人的『戾家』作品，而認爲當今的文人繪畫作品卻距離古人的理想遠矣，在片面追求雅意的同時已經陷入了俗境，所以趙孟頫對這樣標榜『戾家』的作品是持否定態度的。何良俊在他的《四友齋畫論》中記載道：「我朝善畫者甚多，若行家當以載文進爲第一。而吳小仙、杜古狂、周東村其次也。利家則以沈石田爲第一，而唐六如、文衡山、陳白陽其次也。戴文進畫尊老用鐵線描，間亦用蘭葉描。其人物描法，則蠶頭鼠尾，行筆有頓跌，蓋用蘭葉描而稍變其法者，自是絕伎。其開相亦妙，遠出南宋已後諸人之上。山水師馬夏者亦稱合作，乃院體中第一手。」〔註4〕何良俊此話中將戴進、周臣等與沈周、文徵明、唐寅等人作了文化角度上的劃分，但是何良俊還是肯定了戴進等人的繪畫技術的高超，認爲戴進等人不愧是職業性畫家中的行家裏手，在技巧層面上的掌握很到位，只是在氣格畫品上比沈周、文徵明等人略低一層，但是這只是何良俊一家之言，因爲畫面的氣氛和技巧的體現都是畫家氣質的外在表徵，很難將兩者割裂來看待；接著他又說：「石田學黃大癡、吳仲圭、王叔明，皆逼真，往往過之，獨學雲林不甚似。余有石田畫一小卷，是學雲林者，後跋尾云「此卷仿雲林筆意爲之。然雲林以簡，余以繁」。夫筆簡而意盡，此其所以難到也。此

〔註1〕 把：作「班」、「笨」、「辦」講。
〔註2〕 戾：作「利」、「隸」、「力」講。
〔註3〕 啓功《啓功叢稿·論文卷》，中華書局1999年版，第159頁。
〔註4〕 何良俊《四友齋叢說》，中華書局1959年版，第267頁。

捲畫法稍繁，然自是佳品，但比雲林覺太行耳。」〔註5〕在這裡，何良俊又將
沈周與倪瓚做了比較，他還是客觀的認為沈周的畫作是佳品，但是較之倪瓚
而言，還是清雅之氣少了一些，因為在畫面上要達到倪瓚作品中的那種筆簡
而意盡的高度，實在是有點難為。這方面沈周也是在有意識地選擇自己的作
畫方式，所以他才會說『雲林以簡，余以繁』的話。之後何良俊又說到文徵
明，其言：「衡山本利家，觀其學趙集賢設色與李唐山水小幅皆臻妙，蓋利而
未嘗不行者也。戴文進則單是行耳，終不能兼利。此則限於人品也。」〔註6〕
何良俊論及文徵明的這段話就明顯帶有傾向性了，他認為文徵明既是『戾
家』，但是也能夠做好『行家』的事情，是身兼兩種長處的人物，他將文徵明
與戴進作一比較，認為戴進輸於文徵明的『人品』〔註7〕，至今來看，且不說
這種提法正確與否，就是在當時何良俊作為文徵明的學生，有這樣的這種說
法也是值得質疑的，因為我們無法認定他所說的品位意指什麼，在此之前何
良俊稱讚戴進的繪畫技術『自是絕妙』，其後又說戴進的『人品』問題，那麼
只要細分析一下，品味與繪畫的技術之間，兩者其實有內在聯繫。

　　其實這個爭論裏面暗含的主旨是畫面的『逸格』問題，文人凸顯『逸格』
的目的就是要突破山水畫的常規，不拘於物象表面的形似，在適情娛意中獲
得意外之趣，但問題是這裡面的分寸和尺度的把握是需要長期訓練和學養積
累的，後世有人將這個『逸格』給放大化之後便會出現許多任意的圖式，並
且不斷地為這樣的圖式作出理論闡述，這裡不排斥提出相關理論的合理性思
考，至少筆者認為不論是詹景鳳還是董其昌，提出相關的『南北宗』的概念
的時候，是有過某種考慮的。詹景鳳的提法和論點在跋〔註8〕元人饒自然的《山

〔註5〕　啟功《啟功叢稿・論文卷》，中華書局 1999 年版，第 267 頁。
〔註6〕　啟功《啟功叢稿・論文卷》，中華書局 1999 年版，第 267 頁。
〔註7〕　筆者按：此處的人品不涉及道德，只是作人的品味講。
〔註8〕　「清江饒自然先生所著山水家法，可謂盡善矣。然而山水有二派：一為逸家，
　　　　一為作家，又謂之行家、隸家。逸家始自王維、畢宏、王洽、張璪、項容，
　　　　其後荊浩、關仝、董源、巨然及燕肅、米芾、米友仁為具嫡派。自此絕傳者
　　　　凡兩百年，而後有元四大家黃公望、王蒙、倪瓚、吳鎮遠接源流。至吾朝沈
　　　　周、文徵明畫能宗之。作家始自李思訓、李昭道及王宰、李成、許道寧。其
　　　　後趙伯駒、趙伯驌及趙士遵、趙子澄皆為正傳。至南宋則有馬遠、夏圭、劉
　　　　松年、李唐，亦其嫡派。至吾朝戴進、周臣乃是其傳。至於兼逸與作之妙者，
　　　　則范寬、郭熙、李公麟為祖，其後王詵、趙令穰、翟院深、趙幹、宋道、宋
　　　　迪與南宋馬和之，皆其派也。元則陸廣、曹知白、高士安、商琦幾近之一。
　　　　若文人學畫，須以荊、關、董、巨為宗，如筆力不能到，即以元四大家為宗，

水家法》一書中也以見到。在這裡明人詹景鳳按照他的分法，將繪畫史上的諸人列作『行家』一派，『戾家』一派，還有『行戾』折中的一派，據啓功先生的論述，這已經是開了董其昌『南北宗論』的端由，然而在這段詹景鳳的長文裏，我們看不出『行家』與『戾家』的畫藝高低之分來，他只是作一分類而已，但是這個分類法的出現仍舊讓我們知道，這兩派的畫家有個身份的不同，他所說的『逸家』（即『戾家』）大都有士夫的身份在，他們原不是以繪畫爲職業的人，而他所說的『作家』（即『行家』）大都卻是以繪畫爲職業。折中一派即是身份有可能是文人士夫，但是兼長於繪事而已。對於兩派畫家的區分，詹景鳳又在他的《詹東圖玄覽編》卷二中記載：「北宋人畫人馬二策（冊），不著色，其描法精能，本自作家，衣褶用濃墨；而旁寫枯木一株，弱柳五六株，乃純用淡墨，草草不著意點成，乃又力家。可謂文矣。由茲觀之，古人畫在意到趣深，不拘拘於數也。」〔註9〕詹景鳳的這段話語對他所說的『行家』與『戾家』的作畫手段有一個自己的解釋，他認爲『戾家』文人士夫的作畫手法偏嚮用淡墨，筆法也是草草點成，而『行家』之畫則有更多的精能的描法，意指工細濃墨繪製，但是後面的話語中他說道：『古人畫在意到趣深，不拘拘於數也』，其意思非常明確，說古人之畫追求『意』與『趣』，至於用什麼手法來繪製，則不會拘泥派別，因此，在詹景鳳的『行』、『戾』二家之論述中，筆者認爲他還是公允的。

明人屠隆的《畫箋》對『行家』與『戾家』卻是有自己的褒貶，他說：「評者謂士大夫畫，世獨尚之。蓋士氣畫者，乃士林中能作隸家畫品，全法氣韻生動，不求物趣，以得天趣爲高。觀其曰寫，而不曰畫者，蓋欲脫盡畫工院氣故耳。此等謂之寄興，但可取玩一世，若云善畫，何以上擬古人，而爲後世寶藏？如趙松雪、黃子久、王叔明、吳仲圭之四大家，及錢舜舉、倪雲林、趙仲穆輩，形神俱妙，絕無邪學，可垂久不磨，此眞士氣畫也。雖宋人復起，亦甘心服其天趣，然亦得宋人之家法而一變者」〔註10〕當然這只是屠隆的一

雖落第二義，不失爲正派也。若南宋畫院及吾朝戴進輩，雖有生動，而氣韻索然，非文人所當師也。大都學畫者，江南派宗董源、巨然。江北則宗李成、郭熙，浙中乃宗李唐、馬、夏，此風氣之所習，千古不變者也。時萬曆甲午秋八月。」參見啓功《啓功叢稿·論文卷》，中華書局1999年版，第161～162頁。

〔註9〕 詹景鳳《詹東圖玄覽編》（中國書畫全書編纂委員會《中國書畫全書4》，上海書畫出版社1993年版），第20頁。

〔註10〕 屠隆《畫箋》（中國書畫全書編纂委員會《中國書畫全書3》，上海書畫出版社1993年版），第995.

家之言，站在一派的觀點上，這有成立的道理，但是在客觀的角度上說，要分出這樣的優劣評價，屠隆的觀點實在有些偏激；類似的言論還有陳繼儒在《偃曝餘談》的提法，〔註11〕他們都在強調南宗淡雅、柔和的畫風，而反對北宗的剛硬、猛快的手法，他們都在一定程度上認爲淨化人們的心靈、引導正確的審美風氣，南宗比北宗要好得多，這也成爲了董其昌正式提出『南北宗論』的間接推手。

5.2　與文人畫家相應的評價體系之形成綜述

對於文人畫家相應的評價體系的形成在畫史上有很多記載，多是在提升文人畫家作品的氣格上面，主要不外乎追求『逸格』、『脫俗』的畫面氣質，在具體的畫論當中又是言語紛呈，見諸畫跋或是畫評當中，筆者在其中摘出較爲具有代表性的一部分列於下，在這樣的基本脈絡中，可以知道明人在對待文人畫家與職業性畫家的兩種態度緣起，而這態度的發生是有歷史源流的。也正是由於這樣的評述語言的歷史積澱緣故，對於後世的中國畫理論的評價體系發生了深遠的影響。

唐朱景玄說王維：「其畫山水松石，蹤似吳生，而風致標格特出。……復畫輞川圖，山谷鬱鬱盤盤，雲水飛動，意出塵外、怪生筆端。」〔註12〕《宣和畫譜》卷二十記載：「繪事之求形似，捨丹青朱黃鉛粉則失之，是豈知畫之貴乎有筆，不在夫丹青朱黃鉛粉之工也。故有以淡墨揮掃，整整斜斜，不專於形似而獨得於象外者，往往不出於畫史，而多出於詞人墨卿之所作。」〔註13〕《宣和畫譜》的這段記載其實已經說明了文人畫畫面的品級定位問題，不能只是在單純的形似方面，文人士夫需要更加注重畫面之外的寓意，『意在筆先』是由修養所決定，即便是淡墨揮掃，也是文人的氣質外露的表現，文人作畫

〔註11〕　參見：陳中浙著《一超直入如來地——董其昌書畫中的禪意》，中華書局 2008
　　　　年版，第 88 頁：「山水畫自唐始變古法，蓋有兩宗。李思訓、王維是也。李
　　　　之傳爲宋，趙伯駒、伯驌以及於李唐、郭熙、馬遠、夏圭，皆李派。王之傳
　　　　爲荊浩、關仝、董源、李成、范寬以及於大小米、元大四家，皆王派。李派
　　　　粗硬，無士人氣。王派虛和蕭散，此又慧能之禪，非神秀所及也。」
〔註12〕　朱景玄《唐朝名畫錄》（中國書畫全書編纂委員會《中國書畫全書 1》，上海書
　　　　畫出版社 1993 年版），第 166 頁。
〔註13〕　《宣和畫譜》，中國書畫全書編纂委員會《中國書畫全書 2》，上海書畫出版社
　　　　1993 年版，第 127 頁。

要在格調上占住先機，修養的高度是文人畫品格奠定的基礎。對此北宋郭若虛進一步闡述道：「高雅之情，一寄於畫，人品既已高矣，氣韻不得不高；氣韻既已高矣，生動不得不至。所謂神之又神而能精焉。」〔註14〕他把文人的品鑒能力提出來，由於文人的品鑒水平，在作畫時必然要追求『氣韻』，『氣韻』在畫面上有所呈現之後，生動的意思自然表露無遺，而『氣韻』本身又是受文人自身修養所制約，在這裡似乎有彼此的因果關係存在，品性的高低決定作品的品級，因此郭熙《林泉高致》記載：「今之執筆者，所養之不擴充，所覽之不淳熟，所經之不眾多，所取之不精粹，而得紙拂筆，水墨遽下，不知何以綴景於煙霞之表，發興於溪山之顛哉！」〔註15〕文人要取得這樣的成績和畫面的效果，勢必要擴充自己的學養，尋覽古今傑作，遊歷範圍也需要擴大以開闊自己的眼界，在題材的選擇上也是要注意題材的精當，這幾個先行的要素是文人作畫的前提條件。

至元代以後，有了倪瓚的『逸筆草草』說，其云：「僕之所謂畫者，不過逸筆草草，不求形似，聊以自娛耳。」又說：「余之竹，聊以寫胸中逸氣耳；豈復較其似與非，葉之繁與疏，枝之斜與直哉？」〔註16〕因為元代的政治環境的影響，文人無法施展自己的抱負，耽於書畫以自娛，又藉此體現出文人自身的高潔人格，畫作本身已似乎不再追求他人的肯定，更多的是借書畫以言志的意味更濃厚，用書畫聊發自己的興致，這點吳鎮曾說：「墨戲之作，蓋士大夫詞翰之餘，適一時之興趣、與夫評畫者流，大有寥廓。嘗觀陳簡齋墨梅詩云：意足不求顏色似，前身相馬九方皋。此真知畫者也。」〔註17〕吳鎮的論述中借用『九方皋相馬』的典故，也是在暗示自己的才華沒有被世人看出之意，因為他認為真正好的繪畫作品，不是單純地求得表面的形似，必須要有鑒賞能力的人才會識得自己作品的價值。

文人畫在元代以後，把追求畫面的平淡、虛靜作為一個主要的方面，對此友人將王維的畫作拿來分析，並且在這樣的分析中得出結論，就是文人畫應該追求什麼，他們在王維的畫中找到了直接的證據，元湯垕《畫鑒》記載：「王右丞工人物山水，筆意清潤，……平生喜作雪景、劍閣、棧道、螺網・

〔註14〕郭若虛《圖畫見聞志》，中國書畫全書編纂委員會《中國書畫全書1》，上海書畫出版社1993年版，第468頁。

〔註15〕郭熙《林泉高致》，山東畫報出版社，2010年版，第36頁。

〔註16〕沈寧《滕固藝術文集》，人民美術出版社2003年版，第109頁。

〔註17〕沈寧《滕固藝術文集》，人民美術出版社2003年版，第107頁。

曉行、捕魚、雪灘、村墟等圖；其畫《輞川圖》，世之最著者也。蓋其胸次瀟灑，意之所至，落筆便與庸史不同。」〔註 18〕這段文字明白的告知了王維畫作在題材上的選擇，因爲王維在唐代就是心向禪宗的佛教徒，在他的作品中所出現的恬淡、平和、遠離塵囂之氣格是自然之事。只是後人將王維畫作中的個體追求擴大化，將其上升到『胸次瀟灑、意之所至』的地步；倒是明人宋濂在他的《畫原》中所云較爲客觀的記述了中國畫風格的變遷，他說：「是故顧、陸以來，是一變也；閻、吳之後，又一變也；至於關、李、范三家者出，又一變也。」〔註 19〕何良俊在評論元人和南宋人的畫作時，〔註 20〕他認爲元代畫家的作品遠在南宋等人的作品之上，他說文徵明認爲趙孟頫的作品有唐人的風格，倪瓚的作品也可與蘇軾的作品並肩，趙孟頫與倪瓚作品神韻最高，能夠脫去南宋院畫的習氣，緊接著就是黃公望、王蒙、吳鎮，他們雖與倪瓚並稱『四家』，但是黃他們三人都是師法董源、巨然，只有倪瓚專門學荊浩、關仝；縱觀『四家』作品，黃公望得蒼古之氣、倪瓚得簡遠之意、王蒙得秀潤之色、吳鎮得深邃之境，他們的作品都顯示出六法的顯著特徵。但是這種變化的言論一出，就有了明人屠隆所評述的優劣說，他說：「評者不以院畫爲重，以巧太過而神不足也。」〔註 21〕這種說法直接就把院畫體系貶低了下去，接著他又說：「評者謂士大夫畫，世獨尚之。蓋士氣畫者，乃士林中能作隸家。畫品全法氣韻生動，以得天趣爲高。觀其曰寫，而不曰畫者，蓋欲脫盡畫工院氣故耳。」〔註 22〕屠隆在貶低院畫的同時，借勢將文人士夫階層的繪畫作品整體抬高，到董其昌時就更加明顯了，董其昌在他的《容臺別集》卷四中說：「畫之道，所謂宇宙在乎手者，眼前無非生機，故其人往往多

〔註 18〕　湯垕《畫鑒》，俞劍華《中國畫論類編》，人民美術出版社 1957 年版，第 686頁。

〔註 19〕　毛文芳《董其昌之逸品觀》，花木蘭文化出版社 2011 年版，第 86 頁。

〔註 20〕　「元人之畫，遠出南宋諸人之上。文衡山評趙集賢之畫，以爲唐人品格。倪雲林亦以高尚書與石室先生東坡居士並論。蓋二公神韻最高，能洗去南宋院體之習。其次則以黃子久、王叔明、倪雲林、吳仲圭爲四大家。蓋子久、叔明、仲圭皆宗董巨，而雲林專學荊關。黃之蒼古，倪之簡遠，王之秀潤，吳之深邃，四家之畫，其經營位置氣韻生動無不畢具。即所謂六法兼備者也。」參見：何良俊《四友齋叢說》，中華書局，1959 年版，第 263 頁。

〔註 21〕　屠隆《畫箋》，中國書畫全書編纂委員會《中國書畫全書 3》，上海書畫出版社1993 年版，第 995 頁。

〔註 22〕　屠隆《畫箋》，中國書畫全書編纂委員會《中國書畫全書 3》，上海書畫出版社1993 年版，第 995 頁。

壽。至如刻畫細謹，爲造物役者，乃能損壽，蓋無生機也。黃子久、沈石田、文徵仲皆大耋，仇英知命、趙吳興止六十餘，仇與趙雖格不同，皆習者之流，非以畫爲寄，以畫爲樂者也。」〔註23〕董氏此提法一出，在繪畫的方法論上又更進一層，甚至說『刻畫細謹，爲造物役者，乃能損壽，蓋無生機也』，這樣的說法多少有點危言聳聽之意，因爲把繪畫的方式與壽命聯繫在一起實在沒有道理，就算南宗的領袖王維（公元701～761），時年只有六十一歲，而北宗的李思訓（公元651～716），還有六十六歲；南宗的米芾（公元1051～1107），只有五十多歲，北宗的馬遠（公元1140～1225）、李唐（公元618～907）就八十多歲，所以這個提法不能成立；但是必須注意到的是，董其昌提倡的一個觀點，他認爲作畫還是以『寄情』爲主要目的，這個觀點是有一定道理的，雖然董氏內心還是贊同蘇軾的提法，他在《容臺別集》中記載蘇東坡詩云：「論畫以形似，見與兒童鄰；作詩必以詩，定知非詩人。余曰：此元畫也。」〔註24〕董其昌將蘇軾的題畫詩當成了元畫的特點，當然這就是一家之言了，也最終形成了董氏開抑北揚南的繪畫『南北宗論』的前提，但是不可否認的事實是在文人畫家和支持南宗的人群中，站著反對繪畫職業化的官僚，這些人所處的高高在上的地位使得他們景仰人文文化，而不是技術性很強的職業性文化。這一點也和『君子不器』〔註25〕的儒家傳統觀念有契合之處。

5.3 與職業性畫家相應的評價系統之形成綜述

因爲在明代出現的繪畫理論導向問題，尤其是在明代後期董其昌提出的『南北宗論』對『行家』與『戾家』兩派的劃分，可以說這種理論直接弱化了職業類畫家作品的詮釋力度；尤其是民間職業畫家更是無法完全進入文人的視野，即便有人得到某種首肯，但是在文人的寫作中也是很有保留，這種情況當然與實際情況不相符合，畫史上的種種論爭筆者在客觀角度上來看，其實都是各派文人，各自站在自的角度上對自己所擁護的風格作出的議論，雖然有不少眞知灼見的文字見行於世，但不可否認的是他們身上不可避免地帶有特定歷史時期的局限性，這也是筆者在研究的過程中時時提醒自己需要

〔註23〕董其昌《容臺集》，西泠印社出版社2012年版，第676頁。
〔註24〕董其昌《容臺集》，西泠印社出版社2012年版，第676頁。
〔註25〕出自《論語・爲政》：「子曰：『君子不器。』」意指：眞正有能力的人不會去做具體的事情，知識分子的最高使命是價值的承擔者，而不是專業技術人員。

規避的地方。就如唐寅、仇英等人師承院派作風的情況來看，即使從歷史角度上看，唐及宋代院派作品的所達到高度和在院畫家當時的情況也值得再次反觀。

關於唐代吳道子及二李的記述：

唐張彥遠對吳道子及二李的評價很高，他說：「吳道玄者，天付勁毫，幼抱神奧，往往於佛寺畫壁，縱以怪石崩灘，若可捫酌。又於蜀道寫貌山水。由是山水之變始於吳，成於二李。」〔註 26〕其中所記的吳道子『於蜀道寫貌山水』著實有了對景寫生的意味，唐代朱景玄對李思訓的作品有相關記載：「天寶中，明皇召思訓畫大同殿壁兼掩障，異日因對，語思訓云：卿所畫掩障，夜聞水聲，通神之佳手也。」〔註 27〕元代湯垕對李思訓有這樣的記載：「李思訓畫著色山水，用金碧輝映，為一家之法。其子昭道變父之勢，妙又過之。」〔註 28〕

對吳道子，張彥遠又說：「國朝吳道玄，古今獨步，前不見顧陸，後無來者。受筆法於張旭，此又知書畫用筆同矣。張既號書顛，吳宜為畫聖。」〔註 29〕在唐代，張彥遠就已經把吳道子這個出身畫工的人評為『畫聖』，吳道子出身低微，朱景玄對此在《唐朝名畫錄》中有記載：「吳道玄字道子，東京陽翟人也。少孤貧。天授之性，年未弱冠，窮丹青之妙。浪跡東洛」〔註 30〕，可見他當時畫藝及名聲之大；且蘇東坡也說：「智者創物，能者述焉，非一人之所成也。君子之於學，百工之於藝，自三代歷漢、至唐而備矣。故詩至於杜子美、文至於韓退之、書至於顏魯公，畫至於吳道子，古今之變，天下之能事畢矣。」〔註 31〕朱熹對此也持贊同意見，他說：「吳筆之妙，冠絕古今。」〔註 32〕

〔註 26〕張彥遠《歷代名畫記》，人民美術出版社 1964 年版，第 26 頁。

〔註 27〕朱景玄《唐朝名畫錄》，中國書畫全書編纂委員會《中國書畫全書 1》，上海書畫出版社 1993 年版，第 165 頁。

〔註 28〕沈寧《滕固藝術文集》，人民美術出版社 2003 年版，第 96 頁。

〔註 29〕張彥遠《歷代名畫記》，人民美術出版社 1964 年版，第 34 頁。

〔註 30〕朱景玄《唐朝名畫錄》，中國書畫全書編纂委員會《中國書畫全書 1》，上海書畫出版社 1993 年版，第 164 頁。

〔註 31〕沈寧《滕固藝術文集》，人民美術出版社 2003 年版，第 94 頁。

〔註 32〕沈寧《滕固藝術文集》，人民美術出版社 2003 年版，第 96 頁。

宋代院畫家的情況及其待遇：

翰林圖畫院始設於宋代，其實要往前追溯可以到五代時期，五代後梁、南唐、後蜀俱設有待詔，只是在宋代畫院正式成規模、成建制而已，在宋代的畫院中設有待詔、祗侯、藝學、畫學正、學生、供奉等職，據滕固先生考證，北宋畫院有 50 人左右，南宋畫院大致有 100 左右，當中還有從北宋轉來的十餘人，北宋的宣和畫院和南宋的紹興畫院都是著名的院畫家的集中地，並且在當時院畫家的待遇較高，也有官職在身，具有一定的社會影響力，《文獻通考‧選舉志》說：「眞宗天禧元年，詔技術人員任京朝官，審刑院不在磨勘之列。」〔註33〕這裡已經明說在北宋年間，掌握技術的人員已經可以在朝爲官，其中畫藝出眾者自有之。南宋鄧椿在《畫繼》記載：「本朝舊制，凡以藝進者，雖服緋紫，不得佩魚，政宣間獨許書畫院出職人佩魚，〔註34〕此異數也。又諸待詔每立班，則畫院爲首，書院次之；如琴院棋玉百工皆在下。又畫院聽諸生習學，凡係籍者，每有過犯，止許罰直；其罪重者，亦聽奏裁。又他局工匠日支錢，謂之食錢；惟兩局則謂之奉，直勘旁支給，不以眾工待也。」〔註35〕這裡可見畫院人才眾多，待遇優厚，所以宣和至紹興的半世紀間（公元 1111～1161 年，政和元年至紹興末年，適五十年）宮廷繪畫的隆盛，自來所罕見的。

宋代畫院設置的功能與院畫的特質：

兩宋畫院的設立，在當時有兩重含義，其一爲選拔輔政人才；其二就是起著教育的目的。畫院選才薦官方面，《文獻通考‧選舉志》中記載：「乾興元年，中書言：舊制翰林醫官圖畫琴棋待沼，轉官止光祿寺丞，天禧四年乃遷至中允，贊善，洗馬，同正，請勿逾此制，惟特恩至國子博士而止。」〔註36〕畫院在教育方面，鄧椿《畫繼》亦所記載：「（徽宗）始建五嶽觀，大集天下名手，應詔者數百人，咸使圖之、多不稱旨。自此之後，益興畫學，教育眾工。……亂離後，有畫院舊史流落於蜀者二三人。嘗謂臣言：某在院時，每旬日蒙恩出御府圖軸兩匣，命中貴押送院以示學人。」〔註37〕這裡面已經較爲細緻地將畫院的教育功能表述出來。院體畫的特質主要有兩點，其一是畫

〔註33〕 沈寧《滕固藝術文集》，人民美術出版社 2003 年版，第 100 頁。
〔註34〕 唐朝五品以上官員所佩帶的魚袋。其制：三品以上飾以金，五品以上飾以銀。始於唐高宗二年。宋，並賜近臣，以別貴賤。http://baike.baidu.com/view/5784493.htm
〔註35〕 沈寧《滕固藝術文集》，人民美術出版社 2003 年版，第 100 頁。
〔註36〕 沈寧《滕固藝術文集》，人民美術出版社 2003 年版，第 102 頁。
〔註37〕 沈寧《滕固藝術文集》，人民美術出版社 2003 年版，第 101 頁。

面的『形似』；其二是作畫的『法度』。對於第一點，鄧椿《畫繼》裏有過宋徽宗與畫院畫師的故事記載，〔註38〕宋徽宗對作品的觀察和判斷基本是客觀的，同時認爲畫家要仔細地觀察自然中的細節，不能妄加處理；鄧椿的文字中清楚地記下了宋徽宗的繪畫喜好，即『無毫髮差，故厚賞之』。對於所召集的院畫家，也是有明確的要求，作畫手法不可過於放逸，這一點，鄧椿也有記載道：「圖畫院四方召試者，源源而來，多有不合而去者。蓋一時所尚，專以形似，苟有自得，不免放逸。則謂不合法度，或無師承，故所作止眾工之事，不能高也。」〔註39〕不合作畫『法度』的人，自然不會留到畫院當中來。對於院畫中的『法度』的評說，宋人韓拙認爲在繪畫學習上自有道理，他說：「人之無學者，謂之無格，無格者，謂之無前人之格法也。」韓拙還說：「夫傳古人之糟粕，達前賢之閫奧，未有不學而自能也。凡學者宜先執一家之體法，學之成就，方可變爲己格。」〔註40〕明人王履《華山圖序》對畫面『形』與『意』有這樣的記載：「意在形，取意捨形，無所求意；意溢乎形，失其形者，意云何哉」〔註41〕董其昌有記載晁以道詩：「畫寫物外形，要物形不改。詩傳畫外意，貴有畫中態。余曰『此宋畫也』。」〔註42〕

　　以上論述我們可以看出，那就是在宋代的畫院制度在教育的層面上，是起到了普及和提高畫家審美的作用的，也由於皇室力量的介入，宋代畫院的影響力一直延續到後世，尤其是明承宋制的情況下，在畫院的設置上雖沒有宋代那樣的規模，畫家的作畫更加的不自由，甚至有性命之憂，但整體上看仍有一定的相似性。而畫師在畫院中得到培養，正如韓拙所言，先學一家之法，後建立自己的風格，這樣的繪畫教學設置其實不光影響到明代的宮廷畫家，對於民間職業性的優秀畫家而言，同樣具有很大的影響力，唐寅、仇英等即爲代表人物。

〔註38〕「徽宗建龍德官成，命待詔圖畫宮中屏壁，皆極一時之選。上來幸，一無所稱，獨顧壺中殿前柱廊拱眼『斜枝月季花』，問畫者爲誰，實少年新進。上喜，賜緋，襃錫甚寵，皆莫測其故。近持嘗請於上，上曰：『月季鮮有能畫者，蓋四時朝暮，花蕊葉皆不同。此作春時日中者，無毫髮差，故厚賞之。』」沈寧《滕固藝術文集》人民美術出版社，2003年版，第102頁。

〔註39〕沈寧《滕固藝術文集》，人民美術出版社2003年版，第102頁。

〔註40〕沈寧《滕固藝術文集》，人民美術出版社2003年版，第102～103頁。

〔註41〕王履《華山圖序》（俞劍華《中國畫論類編》，人民美術出版社1957年版），第703頁。

〔註42〕董其昌《容臺集》，西泠印社出版社2012年版，第676頁。

5.4 明代董其昌的「南北宗」論對兩類畫家及作品後世定位的影響

筆者前面已經將『行家』與『戾家』在相關史籍上的記載做了一個梳理，因爲『行家』與『戾家』的評述直接導致了董其昌的『南北宗』論的產生，董其昌等人正是在兩派的分化的討論上得出自己的觀點的，下面再看一下整個的『南北宗』論的理論構成體系，它有主要的三個人提出並且正是地確立下來。

「南北宗」論的完整構成：

莫是龍《畫說》記載：「禪家有南北二宗，唐時始分，畫之南北二宗，亦唐時分也；但其人非南北耳。北宗則李思訓父子著色山，流傳而爲來之趙幹、趙伯駒、伯驌，以至馬、夏輩。南宗則王摩詰始用渲淡，一變鉤斫之法，其傳爲張璪、荊、關、郭忠恕、董、巨、米家父子，以至元之四大家。亦如六祖之後，有馬駒、雲門、臨濟兒孫之盛，而北宗微矣。」〔註 43〕這是明人莫是龍的論斷，雖有爭議，但筆者還是引爲莫氏所作，其中有明確的定義，將禪宗裏面的南北分宗引申到繪畫當中來，因禪宗當中南北分宗的典故盡已熟知，筆者此處就不再贅述。對於『南北宗』論，還有董其昌類似的說明，他說道：「文人之畫自王右丞始，其後董源、僧巨然、李成、范寬爲嫡系。李龍眠、王晉卿、米南宮及虎兒，皆從董、巨得來。直至元四大家：黃子久、王叔明、倪元鎭、吳仲圭，皆其正傳。吾朝文、沈則又遠接衣缽。若馬、夏及李唐、劉松年，又是大李將軍之派，非吾曹所當學也。」〔註 44〕接著董其昌的同鄉好友兼門客陳繼儒又說：「山水畫自唐始變，蓋有兩宗：李思訓、王維是也。李之傳爲宋王詵、郭熙、張擇端、趙伯駒、伯驌以及於李唐、劉松年、馬遠、夏圭，皆李派。王之傳爲荊浩、關仝、李成、李公麟、范寬、董源、巨然以及於燕肅、趙令穰、元四大家，皆王派。李派板細，無士氣；王派虛和蕭散。此又慧能之禪非神秀所及也。至鄭虔、盧鴻一、張志和、郭忠恕、大小米、馬和之、高克恭、倪瓚輩又如方外不食煙火人，另具一骨相者。」〔註 45〕文中看出，他們意趣相近，彼此贊同捧場的意思了然。其後，明人沈顥《畫

〔註43〕 莫是龍《畫說》（中國書畫全書編纂委員會《中國書畫全書 3》，上海書畫出版社 1993 年版），第 997 頁。

〔註44〕 董其昌《畫禪室隨筆》（中國書畫全書編纂委員會《中國書畫全書 3》，上海書畫出版社 1994 年版），第 1016 頁。

〔註45〕 啓功《山水畫南北宗論說辯》，中華書局 1999 年版，第 169 頁。

塵》對於『南北宗』論的記載更加直接地表明了自己的態度，他說：「禪與畫俱有『南北宗』，分亦同時，氣運復相敵也。『南』則王摩詰；裁構淳秀，出韻幽淡，爲『文人』開山；若荊、關、宏、璪、董、巨、二米、子久、叔明、松雪、梅叟、迂翁，以至明興沈、文，慧燈無盡。『北』則李思訓風骨奇峭，揮掃躁硬，爲行家建幢；若趙幹、伯駒、伯驌、馬遠、夏圭，以至戴文進、吳小仙、張平山輩，日就狐禪，衣鉢塵土。」〔註 46〕當然這裡面還要考慮到董其昌與沈顥的關係一層，沈顥是沈周的族人後輩，他稱董其昌爲年伯，出於古代家學與師承的緣故，沈顥附和董其昌的言論自有他的道理。並且這幾個人的前後論述和相互的附和，組成了一個他們認定的完整的『南北宗』論的評價體系，並通過子侄與學生輩的延續傳承下來。

　　董其昌等人的『南北宗』論的提出，自然與禪宗的相關理念不可分，他的禪宗老師紫栢老人對他的影響就很大。〔註 47〕並且在當時，董氏就對相應的人物做出了品評，如他對仇英的繪畫的評價：「李昭道一派爲趙伯駒、伯驌。精工之極又有士氣，後人仿之者，得其工不得其雅。……蓋五百年而有仇實父。在若文太史極相推服，太史於此一家畫，不能不遜於仇氏，故作以賞鑒增價也。」〔註 48〕這段言論還是在承認仇英等民間職業畫家的水平的，因爲仇英的畫作確實做到了既『得其工』又『得其雅』，水平之高，董氏也是服氣的，只是董其昌在後面又說道：「實父作畫時，耳不聞鼓吹闐駢之聲，如隔壁釵釧，顧其術亦近苦矣。行年五十，方知此一派，畫殊不可習。譬之禪定，積劫方成菩薩，非如董、巨、米三家，可一超直入如來地也。」〔註 49〕至今來看，董氏的這種說法實在有前後矛盾的地方，先是讚揚仇英的畫作，其後有認爲仇英的做法不可學，提出的『一超直入如來地』〔註 50〕的觀點實在是

〔註 46〕沈顥《畫塵》（中國書畫全書編纂委員會《中國書畫全書4》，上海書畫出版社 1993 年版），第 814 頁。

〔註 47〕參見：黃專、嚴善錞《文人畫的趣味、圖式與價值》，上海書畫出版社 1993 年版，第 211～212 頁：「夫理。性之通也。情。性之塞也。然理與情而屬心統之。故曰心統性情。即此觀之。心乃獨處於性情之間者也。故心悟。則情可化而爲理。心迷。則理變而爲情矣。若夫心之前者。則謂之性。性能應物。則謂之心。應物而無累。則謂之理。應物而有累者。始謂之情也。」。

〔註 48〕董其昌《容臺集》，西泠印社出版社 2012 年版，第 709 頁。

〔註 49〕董其昌《容臺集》，西泠印社出版社 2012 年版，第 709 頁。

〔註 50〕一超直入如來地：從凡夫地直升到佛地，直超三界；這是淨土法門獨有的不可思議的境界，出自永嘉《證道歌》。

有點不知其意，因為繪畫在不同的方式下進行，都是可以達到一種近似的高度，尤其文人畫家在受到正式的繪畫訓練之前，他們已經有了系統的學問訓練，在自我意識和審美高度上已經作了鋪墊，所以在接觸到繪畫以後，自然是可以規避一些不必要的風險，直接進入相對自由的創作境界。

　　董氏的言論一出，對後世的影響很大，並且後人還有自己的演繹論述，沈顥在《畫麈》中說：「今人見畫之簡潔高逸，日士夫畫也，以為無實詣也，實詣，指行家法耳，不知王維、李成、范寬、米氏父子、蘇子瞻、晁无咎、李伯時輩，士夫也，無實詣乎？行家乎？」〔註51〕沈顥這段話意思很明顯，就是說士夫們的繪畫作品同樣有『行家』，即職業性畫家的功力，就算他們是文人士夫的身份，也已經突破了這樣的作畫技術的局限性，所以他站在『戾家』的身份角度來爭『行家』的技術優勢，其意昭然。沈顥還對『行家』與『戾家』的作畫技巧有實例來做比較，他認為虛渺閒淡的意味比刻板勾勒要好，所以他說：「行家位置稠塞不虛，情韻特減，倘以驚雲落靄，束巒籠樹，便有活機。米氏謂王維畫見之最多，皆如刻畫不足學，惟以雲山為墨戲。雖偏鋒語，亦不可無。」〔註52〕話中的米芾畫作中的『活機』意趣是靠『驚雲落靄』的用筆來實現的。

　　至清代，王翬對『行家』與『戾家』的論述似乎更做衍生，把畫面中『寫』的意味凸顯出來，說：「子昂嘗詢錢舜舉曰：『如何為士大夫畫』？舜舉曰：『隸法爾』。隸者以異於描，所謂「寫畫須令八法通」也。」〔註53〕清人錢杜在他的《松壺畫訣》也有類似的記載：「子昂嘗謂錢舜舉曰：『如何為士大夫畫』？舜舉曰：『隸法爾。隸者有異於描，故書畫皆日寫，本無二也。」〔註54〕原來古畫當中，『描』和『寫』的技法並存，但是到此時，『寫』的位置被往前提了一步，而且有重『寫』輕『描』的意思在了。並且清人王學浩在《山南論畫》中的記載就更加露骨的反對繪畫的『描法』，更加重視『寫意』了，他說：「……如何為士大夫畫？日：只一寫字盡之。字要寫，不要描；畫也如之。一入描，便為俗工矣。」〔註55〕這個提法當然就太絕對了，

〔註51〕　沈顥《畫麈》（中國書畫全書編纂委員會《中國書畫全書4》，上海書畫出版社1993年版），第816頁。
〔註52〕　沈顥《畫麈》（中國書畫全書編纂委員會《中國書畫全書4》，上海書畫出版社1993年版），第815頁。
〔註53〕　啓功《啓功叢稿・論文卷》，中華書局1999年版，第164頁。
〔註54〕　啓功《啓功叢稿・論文卷》，中華書局1999年版，第164頁。
〔註55〕　啓功《啓功叢稿・論文卷》，中華書局1999年版，第164頁。

因為書法和繪畫雖有相通之處，但是在具體的技法操作層面上，還是各自有自己的一些特點，這也是事實，尤其在繪畫上，工筆與寫意的技法不同，要求也不盡相通，不能一概而論，更不可由此定『雅』、『俗』。當然，至清代不是所有的人都持這樣的觀點的，方薰在《山靜居論畫》「士人畫多卷軸氣，人皆指筆墨生率者言之，不禁啞然。蓋古人所謂卷軸氣，不以寫意、工致論，在乎雅、俗。」〔註 56〕這裡面，方薰就已經把自己的觀點呈現得很清楚，士夫用寫意之法所帶來的畫面生動、率意的筆墨，沒有導致作品出現『卷軸』氣息的必然，這兩者不存在絕對的因果關係。而從『南北宗』論裏面衍生的理論至民國時期，產生影響的就應該是陳師曾先生提出的論《文人畫之價值》一文了，他提及道：「文人畫首重精神，不貴形式，故形式有所欠缺而精神優美者，仍不失為文人畫。文人畫中固亦有醜怪荒率者，所謂寧樸毋華，寧拙毋巧，寧醜怪，毋妖好，寧荒率，毋工整。純任天真，不假修飾，正足以發揮個性，振起獨立之精神，力矯軟美取姿，塗脂抹粉之態，以保其可遠觀不可近玩之品格。」〔註 57〕陳師曾還將文人畫的四要素作最後歸結：「第一為人品，第二為學問，第三為才情，第四為思想，具此四者，乃能完善。」〔註 58〕因為陳師曾先生的論述對近現代中國畫的影響，已經超出筆者所要討論的範圍，故此暫住。縱觀以上種種，俱是由於董其昌等人發起的『南北宗』論所引起的一連串爭論，時間漫長，不論這個理論是否偏頗，但還是影響深遠，乃至今日也沒有完全停止，但是對於這樣的論爭，筆者在『行家』還是『戾家』的問題上，還是同意方薰的觀點，因為他說：「工夫到處，格法同歸；妙悟通時，工拙一致。」〔註 59〕這話現在看也是極有見地的。因此筆者在看待『南北宗』論這個問題的時候，還是從童書業先生的觀點，他說：「從中國繪畫史發展來看『文人畫』和『院體畫』是中國山水畫最大兩個會員流派，是客觀存在。而董論的實質也是講畫有文人畫和院體畫之分，提倡有『士氣』的文人畫，『南宗』實指文人畫，『北宗』實指院體畫。但這個問題的論證要從繪畫美學思想發展、演變的角度，聯繫到藝術創作方面，才能有全面的認識。如果從山水畫的師承、畫系畫法作風、畫派演變方面出發，還是以

〔註 56〕啟功《啟功叢稿·論文卷》，中華書局 1999 年版，第 165 頁。

〔註 57〕陳師曾《陳師曾講繪畫史》，鳳凰出版社 2010 年版，第 65 頁。

〔註 58〕陳師曾《陳師曾講繪畫史》，鳳凰出版社 2010 年版，第 69 頁。

〔註 59〕方薰《山靜居畫論》（俞劍華《中國畫論類編》，人民美術出版社 1957 年版），第 233 頁。

『南畫』、『北畫』提法,更接近於問題探討的實際,似乎更為單純、明確,不以『宗』比附,而以畫格論系更為確切,從不同理法風格、畫派出發以為畫系,何必要用『宗』的比附?」〔註60〕

但是我們仍然不能迴避,董其昌所提出的山水畫南北宗的問題所具有的理論價值和特有的意義。明代以前的中國畫論中的所提到的畫家或是作品,大都是以品級來劃分,神品、逸品、妙品、能品都有具體的指向,這多半是延續從上至下的縱向劃分,不論是哪一個流派的畫家都基本在這個框架中得到相應的評述。在文人畫家和職業性畫家的相關評論上,也是相對零散,畫論中對此沒有較為系統的梳理,而從董其昌開始,真正意義上的將畫派引入了左右的劃分體系中,畫家和作品在一個水平面上進行比較,抑揚的關係和倣仿取捨的指向性都十分明確,董其昌在提出抑北揚南的觀點時,其中暗含著強調畫面書卷氣抑或是文化修養的作用,這點都是有積極意義的。同時董其昌在借助山水畫南北分宗的論述中,試圖確立視覺的圖象與文人的價值理念之間的關係。事實上,圖象作為文人的心象表述方式也被後世的繼承者更加看重。

5.5 「畫」與「詮」相映襯的關係問題

這個問題其實在明代以前就已經有人作一些分類的比較,只是在明代,這個問題以模糊對立的方式提出,而引起不同觀點的人有各自的議論出現,尤其明代晚期出現的董其昌所提的『南北宗』論將這個爭論發展到高點,引發了後世對這一問題的許多論爭。階層的流動性和更替性都在模糊身份與地位的界限,畫史上作此分法的人出於自身身份和地域性的考慮,有這樣的議論,後來者就沿用這樣的論點有衍生出各式的話題,以強調身份、突出地域性是這樣劃分的主要目的。

筆者對於明代中期的兩類畫家的作品,客觀上講都有各自的特點,並不能以長短作論斷,因為兩大群體的作品在各自的師承關係上有明顯的分野,但是他們彼此又有很多的交流,兩類畫家的作品在圖式上各有直指人心的東西存在,他們都處在一個共同的文化系統裏,階層所決定的價值觀在文人對畫史的寫作中起到關鍵性的作用,擁護和反對、倡導和貶低都是彼此的角度

〔註60〕 王克文《南畫山水技法》,人民美術出版社 1996 年版,第 11 頁。

不同而導致，但是要注意到的事實是，中國畫史上的所有論著的作者無一例外都是文人階層，文人對作品的評判體系的建立，也存在於這樣的文本傳承之中，他們對於作品的定位實際上也是給後世人的繪畫創作指明了道路。文人畫在宋元以後出現的看似消極的畫面，其實隱藏著文人的積極追求，追求一種返歸自心的意境，逐漸擺脫外在形式的束縛直指心靈，尤其是文人的隱居避世的外在形式作為一種客觀的依託，脫去世俗樊籠，如陶淵明的《歸去來辭》所描述的那樣，「歸去來兮，田園將蕪胡不歸？既自以心為形役，奚惆悵而獨悲？」〔註61〕這也是至明代文人畫家客觀的心靈寫照，文人只能是「乃瞻衡宇，載欣載奔。僮僕歡迎，稚子候門。三徑就荒，松菊猶存。攜幼入室，有酒盈樽。引壺觴以自酌，眄庭柯以怡顏。」〔註62〕啓功先生說：「明人以院人之畫，無論其畫風異同，盡名之曰『北宗』。院人之外統稱之曰『文人』，無論畫風異同盡名之曰『南宗』。夫職隸畫院者，何至盡屬庸功；身為士夫者，未必不習院體。⋯⋯蓋莫氏以前，非但無『南北』二宗之名，即院人與文人，亦未居於對峙地位。總之，畫風演變，關乎時代，同一時代中之畫家，縱派別不同者，自後人觀之，亦有貫通處；時代相隔者，雖祖之於孫，作風未必相合。明人論畫，上下千年，只以二宗概括之，此事理之難通者，正不待考辨源流，而後知其謬誤。然其立說，意自有在，原不為尚論古人也。」〔註63〕

中國畫史和畫論在文人手中得到延續，也在其中體現出中國人由歷史形成的審美取向，高居翰說：「由於反自然主義創作理論的成長，促使具象再現的技術不再受到重視；與傳統緊密結合，促使鑒賞回饋到創作之中；文人的理想也產生全面性的演變，文藝不但被視為是文人修身的手段，同時也是一種成果。這樣的說法意味著，一旦我們接受這些畫家的作品，連帶也必須接受他們特殊的品位及價值觀，而事實的確如此。」〔註64〕明代以前的中國文人畫大多數還是在形而上的討論層面，仍然是不以外在的形似和感官接受為主要目的，明初還保有的蕭散、沖淡畫面還是承元人的特點，「夫畫物特忌形貌采章歷歷具足，甚謹甚細而外漏巧密。所以不患不了，而患於了」〔註65〕

〔註61〕　參見：曹明綱《陶淵明謝靈運鮑照詩文選評》，上海古籍出版社 2002 年版，第 17 頁。
〔註62〕　曹明綱頁。《陶淵明謝靈運鮑照詩文選評》，上海古籍出版社 2002 年版，第 17 頁。
〔註63〕　童書業《童書業美術論集》，上海古籍出版社 1989 年版，第 142 頁。
〔註64〕　高居翰《山外山——晚明繪畫 1570～1644》，三聯書店 2009 年版，第 196 頁。
〔註65〕　張彥遠《歷代名畫記》，人民美術出版社 1964 年版，第 37 頁。

的作畫方式還是在被批判的階段，明代文人性靈層面的追求，不光是停留在形而上的層面上，它也決定了明代中期以後的繪畫評價的話語特點。但是我們必須注意的是，在不同的作品背後都有各自的評論方式，在各個歷史時期對繪畫的認知也是不盡相通，看到古代的壁畫和彩塑的時候，就會知道所有的顏色和造型相互作用而形成的畫面效果，每種元素都是缺一不可的，但是繪畫這個門類一旦被文人士夫納入自己的視野範圍，逐漸地，中國文人畫開始了對形色的游離，雖然這個過程很緩慢，中國繪畫史上也沒有真正出現過只有水墨沒有丹青的時代，但是注重水墨一派，筆者認為這種情況的出現有畫論上的伏筆存在，早在唐代就已經有了「是故運墨而五色具，謂之得意」〔註66〕這樣的話，文人很早就理解了墨分五色的道理，並且將這種水墨理論加以不斷的演繹已形成話語體系。文人畫家在提出的種種理論的內在動因卻值的思考，因為這裡有一個由『畫』到『寫』的轉變，這是技術層面，還有一點就是審美方向上，由『眼』到『心』的遞進，之後便逐漸產生了『頓』與『漸』的分野。

　　或許是民間畫家的作品帶有很強的時效性、實用性和具有更多功利色彩的緣故，但是這一點至今仍是在爭論的話題；其實，功利性這個主旨不論是文人畫家還是民間畫家的作品中，都是存在的，這裡面不涉及到道德因素，因為追求作品的功利性也是促進畫藝進展的原動力之一，只是這樣一個原動力的存在，多少有點讓人尷尬，或是難以接受，因為孔子說過：「君子喻於義，小人喻於利」〔註67〕這樣一個觀念其實影響了中國人上千年的思想發展，然事實仍舊在那裡，而宋代米芾的「書畫不可論價，士人難以貨取」〔註68〕言論又為這樣的觀點作了進一步的闡釋；放在文人畫家和民間畫家之間，『利』與『義』是不能作為區分作品好壞的標準的，在好的作品中往往是這兩者兼而有之，不相分離的，然而在今天普遍的觀念裏，我們總是被放置在一個既定的話語層中，強調一面又淡化一面，這不符合實際的情況。追求作品價值的最大化，不論是商業價值還是藝術價值，其實這是大部分繪畫從業者的願景，尤其在古代畫家被邊緣化的狀態下，這從許多前人留下來的作品中就可以知道，即便是宋徽宗的翰林圖畫院中，御用的畫師也是多半在作品中沒有

〔註66〕張彥遠《歷代名畫記》，人民美術出版社 1964 年版，第 37 頁。
〔註67〕金良年《論語注釋》，上海古籍出版社 1995 年版，第 36 頁。
〔註68〕高居翰《畫家生涯——傳統中國畫家的生活與工作》，三聯書店 2012 年版，第 144 頁。

名姓留存的，但實際情況——他們大多是當時社會繪畫行業中的佼佼者，即便他們的創作帶有御用色彩。這種情況在古代的壁畫中仍是普遍存在，敦煌壁畫中大多數畫工是沒有留下姓名的，但是他們的繪畫創作呢，到今天都是後人臨摹學習的坎本。

　　回到我們的對象之一，其實明代以前的絕大部分民間畫家的畫作，都有實用色彩的意味，這個傳統的涵蓋面其實早已超出了民間畫家的範疇，在宮廷畫家和文人畫家的群體中，這種意味同樣存在，只是在民間畫家手中更加直接而已。不能因為沒有見到更多的民間畫家的史料記載，就否認他們在繪畫史上的作用，只是我們今天看到的許多史料，大都是文人或是知識階層的記載，因為「中國文人精英在文字中所創造的中國神話，本身便是一項偉大的文化成就，……我們可以仰慕它但無須繼續相信它；我們在別處已越來越不願意接受，將知識精英所建構起來，並稱之為歷史的那些自我美化的篇章視為簡單的事實，……對於中國而言，正是儒家文人寫下的那些文字創造並傳播了這些神話。」〔註 69〕高居翰在說出這樣的話時，筆者認為他有相當的根據。但是對於 1987 年蘇珊.魯道夫在美國亞洲研究協會的會長演說中論及，中國士大夫階層是如何控制著歷史的敘述時，蘇珊.魯道夫說文人們「有權在王朝史書中刪除那些在社會中不能被刪除的人物」。〔註 70〕筆者認為這樣的說法又未免有點偏激了，因為即使在一些論斷中，有一些文人的身份意識存在，但是對於繪畫作品成為藝術品的那一刻，筆者認為文人的解說和討論還有一層意願，那就是繪畫作品不論是作為藝術品還是商品的形式出現，這裡面都有將繪畫作為傳播載體的目的，理論性的總結和倡導在這個過程中起到推波助瀾的作用，繪畫作品不僅是表達，還要提出問題，並引發對問題的討論，繪畫創作與其受眾是相互依賴的關係，因為作品結構的形式和內容一開始就受到潛在受眾的制約，一方面，畫家必須使用能與別人分享的『繪畫語言』；另一方面，他的語言又要體現自己的風格；不論是作品還是理論，一經提出，表達自己、使人們理解自己還只是第一步，只有接受者在後續的過程將這樣的理念傳播開來，繪畫作品和繪畫理論才成為完整的體系概念，尤其是繪畫史上著名的論斷，只有後繼者的不斷的演繹和討論才形成學派一樣。

〔註 69〕　高居翰《畫家生涯——傳統中國畫家的生活與工作》，三聯書店 2012 年版，
　　　　　第 2～3 頁。
〔註 70〕　高居翰《畫家生涯——傳統中國畫家的生活與工作》，三聯書店 2012 年版，
　　　　　第 2～3 頁。

因此必須注意到的是，一件作品或一種相應的理論在它們產生的那個時刻開始，就會在歷史的變遷中出現它們在當時的語境中截然不同的詮釋，即便這件作品和這種理論本身沒有變得更加複雜，但是它們在歷史上的影響卻會變得複雜起來，有時會獲得作品問世之時所沒有的深度，因為它們作為訊息的載體，人們在傳遞信息時的變化又是多樣的，無論是原義的秉持還是曲解、誤會，都只是客觀存在的現象。

第6章 結 語

　　明代自宣宗朝之後，國家的政治格局，是以內閣、司禮監宦官和皇帝三駕馬車並駕齊驅的態勢來運行的，由於皇帝的怠政，政治上的控制相對鬆動，明成化至明隆慶年間，即 1465～1572 年的百餘年明代中期歷史中，江南地區又恢復了自己的經濟優勢，明代所興起的王陽明心學，其哲學主線是追求思想解放、強調個性自由，這樣的思潮波及全國，也給文化藝術的發展作了新的理論鋪墊，江南一帶借助地域便利和人文傳統，直接形成了這個地區的文化優勢，繪畫作為文化載體之一，不同階層的畫家群體都在扮演各自的角色，而彼此相互的交流卻沒有因為階層的差異性而受到影響，這是一個錯綜複雜的年代，也是精彩紛呈的年代，城市商業的發展，市民階層的壯大，審美風潮的多種因素競相交結，形成一幅絢麗的江南畫面，江南也正是由於文化的多樣性而顯得豐滿起來。

　　中國傳統繪畫在明中期江南的發展，除了傳統文人畫的繼承以外，在繪畫創作上，市民力量的崛起帶動了審美的發展，也給傳統的中國繪畫注入了新鮮的血液，文人畫家群體也以更加包容的心態接受了這一轉變，也在城市商業環境下調整自己的創作思路，同時又在繪畫中貫穿自己的審美理想和人生態度，較之前代的畫家不同的是，此時的民間職業性的畫家們掌握了更多的資源，有了更為豐富的研究對象，前輩大師的作品不光在影響著文人畫家群體，也在時刻左右著民間職業性畫家的審美取向，這是兩大群體出現交融的前提條件之一，而且由於市場的助推作用，也將其中優秀的民間職業畫家推向前臺，進入到文人的審美視野，文人畫家與民間職業性畫家的複雜多樣的關係網絡的交織，又凸顯出江南這個地域性特點，師承的關係、家族的關係、利益的關係交錯，使得繪畫在其中起到了潤滑劑的作用，繪畫在一定程

度上也成爲了考察彼此關係的溫度計，繪畫在那個時代工具性的作用被強化出來；作品的流派特點雖然在後世的文獻記載中被多次提起，但是在當時畫家卻並不以此爲目的，相反，他們似乎更加強調師承關係和家族的影響力，這是由於傳統中國的社會特點所決定。

個體的自由性和群體的秩序性之間的矛盾體現在這兩大社會群體當中，因爲在明代中期以後，文人士夫所遵循的傳統政治秩序被打破，文人群體的文化覺醒成爲標誌，主張自我的表達和性靈的呈現成爲潛在的暗流，文人畫家既隸屬於整個文人群體，他們在與出身於市民階層的民間職業畫家產生聯繫，很大程度上都是由於商業或是交際的緣故，而這裡面商人出身的收藏家群體就成爲一個重要的紐帶，明代中期的文人與商界的聯繫緊密，與以往相比，他們已經感知到自己的文化積澱所帶來的商業價值，這與原有的士、農、工、商的『四民』劃分有所不同，固有的等級秩序在這個時候發生了微妙的轉變，這從李維楨爲新安的鹽商蔣克恕撰寫的墓誌銘中可以有所感知，文人們的價值觀念有所調整，其墓誌銘有云：「國有四民，士爲上，農次之，最後者工商，而天下諱言賈，⋯⋯而賈人有孝悌者，又諱不爲傳，何也？」〔註1〕而李維楨在幫鹽商寫作這篇墓誌銘的時候，其實並不完全出於潤筆的考慮，因爲在文化意識上，他已經認定成功的商人是社會中極其重要的組成部分，不論是在文化的傳播，還是經濟、政治上的影響都不可小覷，而李維楨本人在《明史》上的記載也能夠說明這個問題，《明史》記載：「維楨爲人，樂易闊達，賓客雜進。其文章，弘肆有才氣，海內請求者無虛日，能屈曲以副其所望。碑版之文，照耀四裔門下士招富人大賈，受取金錢，代爲請乞，亦應之無倦，負重名垂四十年。」〔註2〕《明史》上這段記載就已經很明顯地表述了李維楨的爲人和處事方式，並且這種處事方式也給他帶來了巨大的社會效益，即『負重名垂四十年』的效果，這多少與沈周的處事有相似之處，從這個案例中也可以知道當時明代社會文人階層對待商人和商業活動的態度；這點放在民間職業性的畫家身上就更不需要多論了，因爲商業性質始終貫穿於自己的繪畫創作中；與文人畫家情況並存的，民間職業性的畫家也面臨著自己的繪畫作品秩序性及繼承性的延續問題，在他們的師承關係和畫面的繪製上，民間職業畫家其實有著更多的約束性，要想自由地發揮自己的主觀特點，

〔註1〕 余英時《儒家倫理與商人精神》，廣西師範大學出版社 2004 年版，第 169 頁。
〔註2〕 張廷玉《明史》，中華書局 1974 年版，第 7386 頁。

這裡還存在著一定的難度，這種難度主要是由民間職業畫家的資質所決定，因爲大部分的民間畫家受教育程度不高，階層整體的理解力和審美接受上與文人群體有一定的距離，但是這個差距並非不可彌補。其實民間職業性的畫家的知識結構具有的職業性、技術性和有用性特點，這些知識不僅是一種謀生的手段，其實也是可以獲得獨立的審美價值。

　　行文至此，必須再次聲明的是，筆者不接受文人畫家和民間職業性畫家的絕對分野，所謂的『上層建築』與『下層基礎』的二分法是存在很大的問題的，這樣的分法現在看來不利於客觀的評價他們各自的價值，之於爲什麼會有董其昌的『南北宗論』的提出，筆者認爲《明史》中的董其昌傳〔註3〕會有一點提示，史書明確記載，董其昌天才俊逸，少負重名，證明他的天賦在早年就已顯露，他後來中進士並充任皇帝的講官，董其昌的身份之高在當時也是不多見的，身爲皇帝的教師，得到世人重視也在常理之中，他繪畫作品的傳承脈絡也來自於宋元名家，董其昌性情平和且通禪理『蕭閒吐納，終日無俗語』也是實情，但與之帶來的就是『無俗語』的結果，即強調『雅』、『俗』之分，這同時也是精英階層要與大眾階層拉開距離的地方，有此前提的存在，褒貶自然就會做出，尤其是在明代社會中，各種力量都在努力呈現自己，精英文化被市民文化所包圍，兩者之間的界限也在日漸模糊，董其昌等人在此時提出自己的觀點透露出精英階層的某種文化焦慮，因爲宋、元的文人士夫作品在明代文人的接受思維中，成爲辨別『雅』、『俗』體系的分界線，他們不願意看到自己所固守的文化領域遭到同化或滲透，即使這種滲透已經成爲事實，文人從內心來講更願意維護自己的價值體系，文人階層雖然最早都是來自於民間，他們通過層層的考試進入控制話語權的範疇，但是來自民間的大眾文化所具有的親和力與普遍性，這些都可能成爲精英階層的潛在威脅，所以，文人精英階層的某種論調和不厭其煩的細節敘述，實在包含著凸顯其身份與文化優越性的考量。

〔註3〕 「董其昌，字玄宰，松江華亭人。舉萬曆十七年進士，改庶吉士。……皇長子出閣，充講官，……光宗立，問：『舊講官董先生安在』？乃召爲太常少卿，掌國子司業事。天啓二年擢本寺卿，兼侍讀學士。……詔加太子太保致仕。……其昌天才俊逸，少負重名。……超越諸家，始以宋米芾爲宗。後自成一家，名聞外國。其畫集宋、元諸家之長，行以己意，瀟瀟生動，非人力所及也。四方金石之刻，得其製作手書，以爲二絕。造請無虛日，尺素短札，流佈人間，爭購寶之。精於品題，收藏家得片語隻字以爲重。性和易，通禪理，蕭閒吐納，終日無俗語。」參見《明史》中華書局 1974 年版，第 7396 頁。

　　事實上，在明代中期江南的繪畫圈中，文人階層和民間職業性的畫家雖最後都有從屬，但是當時他們之間的文化界限仍然較爲模糊，因爲文化原本就是歸屬自由的開放性範疇，進入文化精英階層或是民間性的團體，本身就是流動的狀態，就是精英本身也在前後的取代過程中，上流階層變爲中產階層或是下流都是正常的變化，由此他們對於不同文化及審美的取法和借鑒才沒有更多的實際牴觸，也正是如此緣故，才形成明代中期江南的審美文化的多樣性面貌。因此，筆者基於上述的研究，認爲從具體的細節入手，盡可能發掘現象背後的問題，才是得出客觀評價的前提。

參考文獻

1. 周振鶴：《隨無涯之旅》，北京，三聯書店出版社，1996 年版。

2. 馮賢亮：《明清江南地區的環境變動與社會控制》，上海，上海人民出版社，2002 年版。

3. 錢鍾書：《七綴集》，上海，上海古籍出版社，1985 年版。

4. 高居翰：《江岸送別——明代初期與中期繪畫 1368～1580》，北京，三聯書店，2009 年版。

5. 高居翰：《山外山——晚明繪畫 1570～1644》，北京，三聯書店，2009 年版。

6. 高居翰：《畫家生涯》，北京，三聯書店，2012 年版。

7. 柯律格：《雅債——文徵明的社交性藝術》，北京，三聯書店，2012 年版。

8. 柯律格：《明代的圖象與視覺性》，北京，北京大學出版社，2011 年版。

9. 張連，古原宏伸主編：《文人畫與南北宗論文匯編》，上海，上海書畫出版社，1989 版。

10. 張郁乎：《畫史心香——南北宗論的畫史畫論淵源》，北京，北京大學出版社，2010 年版。

11. 金炫廷：《明人鑒賞生活》，臺北，花木蘭文化出版社，2009 年版。

12. 朱倩如：《明人山居生活》，臺北，花木蘭文化出版社，2011 年版。

13. 紫都，耿靜編著：《仇英》，中央編譯出版社，2004 年出版。

14. 臺北故宮博物院編：《仇英作品展圖錄》，臺北故宮博物院出版，1995 年版。

15. 林家治：《仇英》，石家莊，河北教育出版社，2011 年版。

16. 天津人民美術出版社編：《仇英畫集》，天津，天津人民美術出版社，2001 年版。

17. 天津人民美術出版社編：《明四家畫集》，天津，天津人民美術出版社，1993 年版。

18. 上海博物館編：《明四家精品選集》，香港，香港大業公司出版，1996 年版。

19. 楊東勝主編：《清明上河圖》，天津，天津人民美術出版社，2008 年版。

20. 來新夏主編：《明刻歷代列女傳》，天津，天津人民美術出版社，2004 年版。

21. 臺灣錦繡出版事業股份有限公司：《中國巨匠美術週刊——仇英卷》，臺北，錦繡出版社，1992 年版。

22. 臺北國立故宮博物院編：《明中葉人物四家特展》，國立故宮博物院，2000 年版。

23. 黃仁宇：《中國大歷史》，北京，三聯書店，1997 年版。

24. A・托夫勒：《第三次浪潮》，北京，三聯書店，1983 年版。

25. 梁漱溟：《中國文化要義》，上海，學林出版社，1987 年版。

26. 葉朗：《現代美學體系》，北京，北京大學出版社，1988 年版。

27. 周來祥：《古代的美、近代的美、現代的美》，長春，東北師範大學出版社，1996 年版。

28. 伍蠡甫編：《山水與美學》，上海，上海文藝出版社，1985 年版。

29. 張淑嫻：《明代文人園林畫與明代市隱心態》，刊載於《中原文物》，2006 年第 1 期，第 58 頁。

30. 王樹村編著：《中國民間畫訣》，北京，北京工藝美術出版社，2003 年版

31. 趙園：《師道與師門——以明清之際為》，《社會科學論壇》，2005 年 7 月，第 111 頁。

32. 王榮民：《從『石田稿』看沈周的交遊》，《文獻》，1999 年 4 月第 2 期，第 171 頁。

33. 林家治、盧壽榮：《仇英畫傳》，濟南，山東畫報出版社，2004 年版。

34. 張淑嫻：《明清文人園林藝術》，北京，紫禁城出版社，2011 年版。

35. 徐邦達：《歷代書畫家傳記考辨》，上海，上海人民美術出版社，1983 年版。

36. 安永欣：《生涯畫筆兼詩筆——淺析唐寅書畫為業的生存方式》，《飾》，2009 年 3 月刊，第 33 頁。

37. 錢穆：《中國文化史導論》，上海，三聯書店，1988 年版。

38. 周道振、張月尊輯校：《唐伯虎全集》，杭州：中國美術學院出版社，2002 年版。

39. 單國強：《沈周的生平和藝術》，天津，天津人民美術出版社，1996 年版。

40. 王伯敏：《中國繪畫通史》，北京，三聯書店出版社，2000 年版。

41. 鄭午昌：《中國畫學全史》，世紀出版集團、上海古籍出版社，2008 年版。

42. 郭慶藩釋：《莊子集釋》，北京，中華書局，1961 年版。

43. 章培恆主編：《沈周年譜》，上海，復旦大學出版社，1993 年版。

44. 萬木春：《味水軒裏的閒居者：萬曆末年嘉興的書畫世界》，杭州，中國美術學院出版社，2008 年版。

45. 李志明：《閱讀「長物志」：從文本到話語》，《中國園林》，2009 年第 11 期，第 9 頁。

46. 凡勃倫：《有閒階級論》，北京，商務印書館，2004 年版。

47. 周道振輯校：《文徵明集》，上海，上海古籍出版社，1987 年版。

48. 顧公燮：《丹午筆記》，南京，江蘇古籍出版社，1985 年版。

49. 歌德：《歌德談話錄》，朱光潛譯，北京：人民文學出版社，1978 年版。

50. 陳伉，曹惠民編：《唐伯虎詩文書畫全集》，北京，中國言實出版社，2005 版。

51. 陳寒鳴：《程敏政與弘治己未會試「鬻題」案探析》，中國社會科學院研究生院學報，1998 年第 4 期，第 67 頁。

52. 潘光旦：《明清兩代嘉興的望族》，上海，上海書店，1937 年版。

53. 陳麥青：《隨興居談藝》，上海，復旦大學出版社，2003 年版。

54. 華寧：《項元汴的一通手札》，《紫禁城》1994 年第 1 期，第 46 頁。

55. 鄭淑銀：《項元汴之書畫收藏與藝術》，臺北，文史哲出版社，1984 年版。

56. 沈紅梅：《項元汴書畫典籍收藏研究》，北京，國家圖書館出版社，2012 年版。

57. 潘運告編：《漢魏六朝書畫論》，長沙，湖南美術出版社，1997 年版。

58. 黃仁宇：《十六世紀明代中國之財政與稅收》，北京，三聯書店，2001 年版。

59. 陳寶良：《明代社會生活史》，北京，中國社會科學出版社，2004 年版。

60. 盧輔聖主編：《中國文人畫通鑒》，石家莊，河北美術出版社，2002 年版。

61. 曹惠民、寇建軍編：《文徵明詩文書畫全集》，北京：中國言實出版社，1998 年版。

62. 王博：《易傳通論》，北京，中國書店出版社，2003 年版。

63. 方聞：《超越再現——8 世紀至 14 世紀中國書畫》，杭州，浙江大學出版社，2011 年版。

64. 陳池瑜：《中國繪畫之文化價值》，《藝術百家》，2012 年第 2 期，第 104 頁。

65. 黃嘉明：《文徵明「古意」說與明代文人畫發展》，《美術》，2004 年第 8 期，第 98 頁。

66. 錢穆：《論語新解》，成都，巴蜀書社出版社，1985 年版。

67. 陳傳席：《中國繪畫美學史》，北京，人民美術出版社，2002 年版。

68. 陳傳席：《中國山水畫史》，天津，天津人民美術出版社，2001 年版。

69. 俞劍華編：《中國畫論類編》，北京，人民美術出版社，1957 年版。

70. 於安瀾編：《畫史叢書》，上海，上海人民美術出版社，1982 年版。

71. 王伯敏：《敦煌壁畫山水研究》，杭州，浙江人民美術出版社，2000 年版。

72. 石守謙：《風格與世變——中國繪畫十論》，北京，北京大學出版社，2008 年版。

73. 全漢昇：《中國行會制度史》，天津，百花文藝出版社，2007 年版。

74. 龐薰琹：《中國歷代裝飾畫研究》，上海，上海人民美術出版社，1982 年版。

75. 江兆申：《關於唐寅的研究》，臺北，國立故宮博物院，（民國 65 年版）1976 年版。

76. 故宮博物院編：《吳門畫派研究》，北京，紫禁城出版社，1993 年版。

77. 陳根民：《沈周與宰執官僚交遊考》，杭州師範學院學報（社會科學版），2002 年第六期，第 96 頁。

78. 謝國楨編：《明代社會經濟史料選編》（校勘本），福州，福建人民出版社，2004 年版。

79. 周偉：《沈周與水墨寫意花鳥畫》，南京師範大學碩士論文，2007 年，第 18 頁。

80. 陳行一：《嘉興項元汴及其天籟閣傳世書畫考略》，《南方文物》，2003 年第 3 期，第 66～68 頁。

81. 南京博物院藏寶錄編輯委員會編：《南京博物院藏寶錄》，上海，上海文藝出版社，1992 年版。

82. 高居翰：《不朽的林泉——中國古代園林繪畫》，北京，三聯書店，2012 年版。

83. 姚遷主編：《桃花塢年畫》，北京，文物出版社 1985 年版。

84. 任達水：《無上粉本寺中尋——寶寧寺明代水陸畫線描精選》，杭州，西泠印社出版社，2010 年版。

85. 金景芳：《周易繫辭傳新編詳解》，瀋陽：遼海出版社，1998 年版。

86. 錢鍾書：《寫在人生邊上，人生邊上的邊上，石語》，北京，三聯書店，2002 年版。

87. 吉增芳：《沈周詩歌研究》，河南師範大學碩士論文，2012 年，第 34 頁。

88. 汪民安編：《文化研究關鍵詞》，南京，江蘇人民出版社，2007 年版。

89. 葉朗：《現代美學體系》，北京，北京大學出版社，1988 年版。

90. 秦嶺云：《民間畫工史料》，上海，中國古典藝術出版社，1958 年版。

91. 張道一：《考工記注釋》，西安，陝西人民美術出版社，2004 年版。

92. 余同元：《明清工匠除籍入仕與江南傳統工匠的現代轉型》，《明清時期江南社會史研究》，北京，群言出版社，2006 年版。

93. 肖燕翼：《沈周的寫意花鳥畫》，《吳門畫派研究》，北京，紫禁城出版社，1993 年版。

94. 薄松年主編：《中國美術史教程》，西安，陝西人民美術出版社，2001 年版。

95. 利特爾：《仇英和文徵明的關係》，《吳門畫派研究》，北京，紫禁城出版社，1993 年版。

96. 肖燕翼：《仇英和他的摹作中興瑞應圖》，《故宮博物院院刊》，1982 年第 2 期，第 45 頁。

97. 黃翔鵬：《大曲兩種──唐宋遺音研究（中）》，《中國音樂學》（季刊）2010 年第 4 期，第 42 頁。

98. 高居翰：《唐寅與文徵明作爲藝術家的類型的之再探》，《吳門畫派研究》，北京，紫禁城出版社，1993 年版。

99. 林家治：《壯觀集──明代蘇州傑出書畫藝術家匯觀》，石家莊，河北教育出版社，2011 年版。

100. 陳從周編：《園綜》，上海，同濟大學出版社，2011 年版。

101. 紫都、霍豔文：《唐寅生平與作品鑒賞》，呼和浩特：遠方出版社，2005 年版。

102. 俞劍華：《中國畫論選讀》，南京，江蘇美術出版社，2007 年版。

103. 嵇文甫：《晚明思想史論》，北京，東方出版社，1996 年版。

104. 列文森：《儒教化的中國及其現代的命運》，桂林，廣西師範大學出版社，2009 年版。

105. 中國古代書畫鑒定組編：《中國繪畫全集》，北京，文物出版社，杭州，浙江人民美術出版社，1999 年版。

106. 盧輔聖主編：《中國書畫全書》，上海，上海書畫出版社，1993 年版。

107. 陳瑞林：《吳門繪畫與明代城市風尚》，《吳門畫派研究》，北京，紫禁城出版社，1993 年版。

108. 國立故宮博物院編：《文徵明畫繫年》，臺北，國立故宮博物院，1976 年版。

109. 韋森：《經濟學與哲學：制度分析的哲學基礎》，上海，世紀出版集團，2004 年版。

110. 葉康寧：《從「味水軒日記」看晚明的書畫消費空間》，《文史知識》，2011 年，第 6 期，第 63 頁。

111. 洪再辛編:《海外中國畫研究文選》,上海,上海人民美術出版社,1992年版。

112. 余英時:《儒家倫理與商人精神》,桂林,廣西師範大學出版社,2004年版。

113. 王世舜主編:《莊子譯注》,濟南,山東教育出版社,1984年版。

114. 盧輔聖主編:《中國花鳥畫通鑒》,上海,上海書畫出版社,2008年版。

115. 金良年撰:《論語譯注》,上海,上海古籍出版社,1995年版。

116. 上海人民美術出版社編:《藝苑掇英》,上海,上海人民美術出版社,1985年版。

117. 楊靜盦編:《明唐伯虎先生寅年譜》,臺灣,商務印書館,(民國69年)1980年版。

118. 張廷玉等撰:《明史》,北京,中華書局,1974年版。

119. 王士性:《廣志繹》,北京,中華書局,1981年版。

120. 張瀚:《松窗夢語》,北京,中華書局,1981年版。

121. 何良俊:《四友齋叢說》,北京,中華書局,1959年版。

122. 馮夢龍:《醒世恆言》,北京,十月文藝出版社,2004年版。

123. 王鏊等撰:《姑蘇志》,臺灣學生書局,1986年版。

124. 陳善等撰:《杭州府志》,臺北,成文出版社有限公司,1983年版。

125. 謝肇淛:《五雜俎》,上海,上海書店出版社,2001年版。

126. 王錡:《寓圃雜記》,北京,中華書局,1984年版。

127. 利瑪竇:《利瑪竇中國札記》,桂林,廣西師範大學出版社,2001年版。

128. 范濂:《雲間據目抄》,上海,上海古籍出版社,1981年版。

129. 葉夢珠:《閱世編》,北京,中華書局,2007年版。

130. 沈德符:《萬曆野獲編》,北京,中華書局,1959年版。

131. 龍文彬:《明會要》,北京,中華書局,1956年版。

132. 顧起元:《客座贅語》,北京,中華書局,1991年版。

133. 葉盛:《水東日記》,北京,中華書局,1980年版。

134. 王守仁:《王文成公全集》,北京,商務印書館,1933年版。

135. 高濂:《遵生八箋》,北京,中國醫藥科技出版社,2011年版。

136. 王稚登:《吳郡丹青志》,《中國畫論類編》,北京,人民美術出版社,1957年版。

137. 王應奎:《柳南隨筆》,北京:中華書局,1983年版。

138. 《御定書畫譜》,文津閣四庫全書。

139. 董其昌：《畫禪室隨筆》，濟南，山東畫報出版社，2007 年版。

140. 袁宏道：《瓶史》，《袁宏道集箋注》，卷二十四，上海，上海古籍出版社，1981 年版。

141. 黃勉之：《吳風錄》，《叢書集成新編》，第九十一冊，臺北，新文豐出版公司，1986 年版。

142. 袁宏道：《園亭紀略》，《袁宏道集箋注》卷四，上海，上海古籍出版社，1981 年版。

143. 許慎：《說文解字》，北京：中華書局，1963 年版。

144. 文震亨：《長物志》，杭州，浙江人民美術出版社，2011 年版。

145. 李日華：《味水軒日記》，上海，上海遠東出版社，1996 年版。

146. 張岱：《陶庵夢憶》，北京，中華書局 2008 年版。

147. 李翊：《戒庵老人漫筆》，北京，中華書局，1982 年版。

148. 錢謙益：《列朝詩集小傳》，上海，上海古籍出版社，1983 年版。

149. 吳寬：《隆池阡表》《家藏集》，四庫全書本，臺灣商務印書館。

150. 郁逢慶《書畫題跋記》，四庫全書本，臺灣商務印書館。

151. 吳寬：《石田稿序》《家藏集》，四庫全書本，臺灣商務印書館。

152. 黃省曾：《吳中往哲記補遺》四庫全書存目叢書，臺灣商務印書館。

153. 王鏊：《石田先生墓誌銘》，《震澤集》，四庫全書本，臺灣商務印書館。

154. 陳顏：《同齋沈君墓誌銘》，《吳都文粹續集》，四庫全書本，臺灣商務印書館。

155. 文震孟：《姑蘇名賢小記》，四庫全書存目叢書，臺灣商務印書館。

156. 《明代傳記叢刊》，臺灣明文書局（民國 80 年）本。

157. 沈周：《石田詩選》，景印文淵閣四庫全書，臺灣商務印書館。

158. 沈周：《石田稿》續修四庫全書影印沈周手稿本，臺灣商務印書館。

159. 沈周：《石田先生詩鈔》，四庫全書存目叢書影印崇禎刻本，臺灣商務印書館。

160. 《石田詩選》卷七，影印文淵閣四庫全書，臺北，商務印書館，1986 年版。

161. 中央研究院編：《明實錄》，臺灣，中央研究院語言研究所，1962 年版。

162. 唐寅繪：《唐寅畫集》，天津，天津人民美術出版社，2001 年版。

163. 汪砢玉《珊瑚網》，上海，商務印書館，（民國 25 年）1936 年版。

164. 董其昌：《容臺集》，邵海清點校，西泠印社出版社，2012 年版。

165. 張彥遠：《歷代名畫記全譯》，貴陽，貴州人民出版社，2009 年版。

166. 蕭統編：《文選》，上海，上海古籍出版社，1998 年版。

167. 陸楫撰：《蒹葭堂稿》，續修四庫全書，上海古籍出版社，1995 年版。

168. 陳田：《明詩紀事》，上海，上海古籍出版社，1993 年版。

169. 文徵明：《甫田集》，西泠印社出版社，2012 年版。

170. 歸有光：《震川先生集》，上海，上海古籍出版社，2007 年版。

171. 顧麟士撰：《過雲樓續書畫記》，南京，江蘇古籍出版社，1999 年版。

172. 張丑：《清河書畫舫》，《中國書畫全書》上海，上海書畫出版社，1993 年版。

173. 朱熹：《論語集注》，北京：中國書店，1985 年版。

174. 焦竑：《玉堂叢語》，北京，中華書局，1981 年版。

175. 王世貞：《藝苑卮言》，濟南，齊魯書社 1992 年版。

176. 葛洪：《西京雜記全譯》，貴陽，貴州人民出版社，1993 年版。

177. 方薰：《山靜居畫論》，北京，中華書局，1985 年版。

178. 張岱：《夜航船》，第 9 頁，成都，四川文藝出版社，1996 年版。

179. 劉勰：《文心雕龍》，北京，人民文學出版社，1981 年版。

180. 張彥遠：《歷代名畫記》，上海，上海人民美術出版社，1964 年版。

181. 姜紹書：《無聲詩史》，《畫史叢書》，上海，上海人民美術出版社，1963 年版。

182. 徐沁：《明畫錄》，《中國書畫全書》上海，上海書畫出版社，1993 年版。

183. 韓昂：《圖繪寶鑒續編》，《中國書畫全書》，上海，上海書畫出版社 1993 年版。

184. 厲鶚：《南宋院畫錄》，《畫史叢書》，上海，上海人民美術出版社，1982 年版。

185. 鄧椿：《畫繼》，《中國書畫全書》，上海，上海書畫出版社，1993 年版。

186. 宗炳：《畫山水序》，《中國畫論類編》，北京，人民美術出版社，1957 年版。

187. 王微：《敘畫》，《中國畫論類編》，北京，人民美術出版社，1957 年版。

188. 吳升：《大觀錄》，《中國書畫全書》，上海書畫出版社，1994 年版。

189. 徐渤：《紅雨樓題跋》，《中國畫論類編》，北京，人民美術出版社，1957 年版。

190. 王繹：《寫像秘訣》，《中國畫論類編》，北京，人民美術出版社，1957 年版。

191. 沈宗騫：《芥舟學畫編》，《中國畫論類編》，北京，人民美術出版社，1957 年版。

192. 蔣驥：《傳神秘要》，《中國畫論類編》，北京，人民美術出版社，1957 年版。

附錄 A　圖片來源

圖 2.1　傳仇英 南都繁會景物圖卷. 局部 絹本設色 44x355cm 中國國家博物
　　　　館藏
　　　　王正華. 藝術、權力與消費：中國藝術史研究的一個面向. 杭州：中
　　　　國美術學院，2011：p408.

圖 2.2　仇英 清明上河圖卷局部. 絹本設色 30.5x987cm. 遼寧省博物館藏
　　　　楊東勝._清明上河圖. 天津：人民美術出版社，2008.

圖 2.3　仇英 清明上河圖卷局部. 絹本設色 30.5x987cm. 遼寧省博物館藏
　　　　楊東勝._清明上河圖. 天津：人民美術出版社，2008.

圖 2.4　仇英 清明上河圖卷局部. 絹本設色 30.5x987cm. 遼寧省博物館藏
　　　　楊東勝._清明上河圖. 天津：人民美術出版社，2008.

圖 2.5　仇英 清明上河圖卷局部. 絹本設色 30.5x987cm. 遼寧省博物館藏
　　　　楊東勝._清明上河圖. 天津：人民美術出版社，2008.

圖 2.6　仇英 清明上河圖卷局部. 絹本設色，30.5x987cm. 遼寧省博物館藏
　　　　楊東勝._清明上河圖. 天津：人民美術出版社，2008.

圖 2.7　周臣 流民圖 紙本水墨 縱 31.9x244cm 美國：克里夫蘭藝術博物館藏
　　　　高居翰. 江岸送別──明代初期與中期繪畫 1368～1580. 北京：三聯
　　　　書店，2009：p190.

圖 2.8　王履 華山圖 紙本冊頁. 35.2x50.5cm. 北京：故宮博物院藏
　　　　王履 華山圖畫集. 天津：人民美術出版社，2000：p14.

圖 3.1　拙政園景
　　　　邵忠. 蘇州古典園林藝術. 北京：中國林業出版社，2001：p50.

圖 3.2　拙政園. 海棠春塢庭院鳥瞰
　　　　邵忠. 蘇州古典園林藝術. 北京：中國林業出版社，2001：p155.

圖 3.3　文徵明 眞賞齋圖卷. 紙本設色.36x107.8cm. 上海博物館藏
　　　　中國古代書畫鑒定組. 中國繪畫全集第 13 卷，明 4，杭州：浙江人民
　　　　美術出版社，北京：文物出版社，2000：p46.

圖 3.4　沈周 東莊圖圖冊之稻畦頁 紙本設色.28.6x33cm. 南京博物院藏
　　　　沈周書畫集，下. 天津：人民美術出版社，1996：p250.

圖 3.5　文徵明 拙政園冊之小飛虹頁. 絹本設色，26.4x30.5cm. 蘇州博物館藏
　　　　邵忠. 蘇州古典園林藝術. 北京：中國林業出版社，2001：p39.

圖 3.6　沈周 東莊圖冊 耕息軒頁
　　　　沈周. 沈周書畫集天津 ：天津人民美術出版社，1996：p245.

圖 3.7　天工開物　取繭
　　　　宋應星. 天工開物. 中國社會出版社. 2004：p67.

圖 3.8　天工開物 北耕兼種圖
　　　　宋應星. 天工開物. 中國社會出版社. 2004：p41.

圖 3.9　十竹齋畫譜
　　　　張岱. 陶庵夢憶. 山東畫報出版社. 2006：p37.

圖 3.10　十竹齋畫譜
　　　　　張岱. 陶庵夢憶. 山東畫報出版社. 2006：p36.

圖 3.11　十竹齋畫譜
　　　　　張岱. 陶庵夢憶. 山東畫報出版社. 2006：p66.

圖 3.12　十竹齋畫譜
　　　　　張岱. 陶庵夢憶. 山東畫報出版社. 2006：p94.

圖 3.13　十竹齋畫譜
　　　　　張岱. 陶庵夢憶. 山東畫報出版社. 2006：p42.

圖 3.14　十竹齋畫譜
　　　　　張岱. 陶庵夢憶. 山東畫報出版社. 2006：p117.

圖 3.15　十竹齋畫譜
　　　　　張岱. 陶庵夢憶. 山東畫報出版社. 2006：p132.

圖 3.16　十竹齋畫譜
　　　　　張岱. 陶庵夢憶. 山東畫報出版社. 2006：p75.

圖 3.17　明四家行程圖
　　　　　江兆申. 文徵明畫繫年. 國立故宮博物院. 民國 65 年. p20.

圖 3.18　顧閎中　韓熙載夜宴圖局部. 絹本設色. 28.7x335.5cm. 北京：故宮博
　　　　　物院藏.
　　　　　中國古代書畫鑒定組. 中國繪畫全集第 2 卷，五代宋遼金 1，杭州：
　　　　　浙江人民美術出版社，北京：文物出版社，2000：p24.

圖 3.19　唐寅　仿韓熙載夜宴圖　局部. 絹本設色. 30.8x547.8cm.　重慶市博物
　　　　　館藏.
　　　　　中國古代書畫鑒定組. 中國繪畫全集第 13 卷，明 4，杭州：浙江人
　　　　　民美術出版社，北京：文物出版社，2000：p123.

圖 3.20　唐寅　西洲話舊圖. 110.7x52.3cm. 臺北：故宮博物院.
　　　　　林家治. 唐寅. 石家莊：河北教育出版社，2011：P100.

圖 3.21　項元汴家族譜系圖.
　　　　　潘光旦. 明清兩代嘉興的望族. 上海：上海書店（民國 26 年）1937：
　　　　　p42.

圖 3.22　項元汴手札
　　　　　華寧. 項元汴的一通手札. 紫禁城. 1994：1. p46.

圖 3.23　仇英　竹院品古圖冊頁. 絹本設色. 41.2x33.7cm. 北京：故宮博物院.
　　　　　中國古代繪畫名作輯. 仇英畫集. 天津：人民美術出版社，2001：p82.

圖 3.24　項元汴二百金款識.
　　　　　李萬康. 「漢宮春曉圖」二百兩及相關問題. 榮寶齋. 2012：6. p241.

圖 3.25　仇英　天籟閣摹宋人畫冊之九
　　　　　中國古代繪畫名作輯. 仇英畫集. 天津：人民美術出版社，2001：p117.

圖 4.1　沈周　自畫像. 絹本設色.71x52.4cm 北京 故宮博物院藏
　　　　上海人民美術出版社 藝苑掇英 1985：27，p45.

圖 4.2　文徵明. 湘君湘夫人圖 紙本設色.100.8X35.6cm 北京：故宮博物院藏.
　　　　曹惠民，寇建軍 文徵明詩文書畫全集 北京 中國言實出版社 1998：
　　　　p10.

圖 4.3　顧愷之　女史箴圖局部. 絹本設色.377.9x25.5cm.大英博物館藏
　　　　顧愷之　女史箴圖　天津：人民美術出版社，2007.

圖 4.4　沈周　盧山高圖 紙本設色 193.8x98.1cm 臺北 故宮博物館藏.
　　　　林家治. 沈周. 河北教育出版社. 2011. p132.

圖 4.5　王蒙 青卞隱居圖 紙本水墨 140.6x42.2 上海博物館藏.
　　　　石守謙. 風格與世變——中國繪畫十論. 北京大學出版社 2008：p302.

圖 4.6　杜瓊. 山水圖 紙本設色 122.5x39cm 北京：故宮博物院藏.
　　　　中國古代書畫鑒定組編. 中國繪畫全集. 第 11 卷，文物出版社、浙江
　　　　人民美術出版社 2000：p1.

圖 4.7　文徵明 千岩競秀圖 紙本設色 132.6x34cm 臺北 故宮博物館藏
　　　　石守謙 風格與世變——中國繪畫十論. 北京大學出版社 2008：p300.

圖 4.8　文徵明 萬壑爭流圖 紙本設色 132.7x35.3cm 南京博物館藏
　　　　石守謙. 風格與世變——中國繪畫十論.. 北京大學出版社，2008：
　　　　p308.

圖 4.9　趙孟頫 幼輿丘壑圖 絹本設色 116.8x20cm 普林斯頓大學美術館藏
　　　　中國古代書畫鑒定組. 中國繪畫全集第 7 卷，元 1，杭州：浙江人民
　　　　美術出版社，北京：文物出版社，1999：p42.

圖 4.10　沈周　花果卷局部 紙本水墨 724.4x35.3cm 上海博物館藏.
　　　　沈周. 沈周書畫集. 天津：天津人民美術出版社，1996：p66.

圖 4.11　文徵明 古柏圖 紙本水墨 26x48.9cm 納爾遜美術館藏.
高居翰. 江岸送別——明代初期與中期繪畫 1368～1580.北京 三聯
書店，2009：p253.

圖 4.12　杜瓊 南村別墅圖冊（之一） 紙本水墨 33.8x51cm 上海博物館藏.
高居翰. 不朽的林泉——中國古代園林繪畫. 北京：三聯書店，
2012：p150.

圖 4.13　桃花塢年畫 和氣吉祥大圖
姚遷. 桃花塢年畫. 北京：文物出版社. 1985：p1.

圖 4.14　朱見深（成化帝） 一團和氣圖軸　局部
http://image.baidu.com／

圖 4.15　寺院壁畫粉本 1
程澄，任達水. 無上粉本寺中尋——寶寧寺明代水陸畫線描精選. 杭
州：西泠印社出版社，2010：p30～31.

圖 4.16　寺院壁畫粉本 2
程澄，任達水. 無上粉本寺中尋——寶寧寺明代水陸畫線描精選. 杭
州：西泠印社出版社，2010：p30～31.

圖 4.17　水滸傳 插圖
明刻：容與堂《水滸傳》，第 79 回《劉唐放火燒戰船 宋江兩敗高太
尉》.

圖 4.18　法海寺壁畫
北京市法海寺文物保管所. 法海寺壁畫. 中國旅遊出版社，1993：p61.

圖 4.19　金瓶梅 木刻版畫 插圖
廣西美術出版社編. 金瓶梅插圖集. 廣西美術出版社，1993：p13.

圖 4.20　西遊記 插圖
李卓吾. 李卓吾先生批點西遊記（上卷）. 天津古籍出版社. 2006：
p54.

圖 4.21　毗盧寺壁畫
康殿峰編. 毗盧寺壁畫. 石家莊：河北美術出版社，2009：p202.

圖 4.22　謝環　杏園雅集圖卷　局部　36.6 x 240.6 cm　新罕布什爾州翁萬戈收藏
　　　　高居翰　江岸送別──明代初期與中期繪畫 1368～1580.北京　三聯書
　　　　店，2009：p15.

圖 4.23　唐寅　王蜀宮妓圖　絹本設色，124.7x63.6cm，北京　故宮博物院藏
　　　　中國古代書畫鑒定組編. 中國繪畫全集　第 13 卷，明 4. 文物出版社，
　　　　浙江人民美術出版社 1997：p121.

圖 4.24　南京解元印（王蜀宮妓圖局部）
　　　　中國古代書畫鑒定組編. 中國繪畫全集　第 13 卷，明 4. 文物出版社，
　　　　浙江人民美術出版社 1997：p121.

圖 4.25　杜堇　玩古圖　絹本設色 126.1x187cm　臺北　故宮博物院藏.
　　　　明中葉人物畫四家特展. 國立故宮博物院（民國 89 年版）2000：p54.

圖 4.26　仇英　漢宮春曉圖局部　絹本設色 30.6x574.5cm　臺北故宮博物院藏.
　　　　明中葉人物畫四家特展. 國立故宮博物院（民國 89 年版）2000：p104.

圖 4.27　顧閎中　韓熙載夜宴圖局部
　　　　中國古代書畫鑒定組編　中國繪畫全集　第 1 卷，文物出版社、浙江
　　　　人民美術出版社 1997：p29.

圖 4.28　仇英　漢宮春曉圖（起舞圖局部）
　　　　明中葉人物畫四家特展. 國立故宮博物院（民國 89 年版）2000：p104.

圖 4.29　_唐朝　弈棋仕女圖
　　　　唐，無款《弈棋仕女圖》殘片，中國古代書畫鑒定組編《中國繪畫
　　　　全集》第 1 卷，文物出版社、浙江人民美術出版社. 1997：p85.

圖 4.30　仇英　漢宮春曉圖（弈棋圖局部）
　　　　明中葉人物畫四家特展. 國立故宮博物院（民國 89 年版）2000：p104.

圖 4.31　敦煌壁畫：山水圖
　　　　王伯敏. 敦煌壁畫山水研究. 浙江人民美術出版社. 2000：p3.

圖 4.32　錯金雲紋博山爐　西漢中期 26x15.5cm　河北省博物館藏 1968年河北
　　　　滿城中山靖王劉勝墓出土
　　　　董其昌. 骨董十三說. 北京：金城出版社.　2012：p16.

圖 4.33　洛神賦圖局部
　　　　王伯敏. 敦煌壁畫山水研究. 杭州：浙江人民美術出版社. 2000：p15.

圖 4.34　唐寅　騎驢思歸圖　絹本設色　77.7x 37.5cm　上海博物館藏
　　　　中國古代書畫鑒定組編. 中國繪畫全集　第 13 卷，明 4. 文物出版社，
　　　　浙江人民美術出版社　1997：p103.

圖 4.35　唐寅　騎驢思歸圖局部　絹本設色　77.7x 37.5cm　上海博物館藏
　　　　中國古代書畫鑒定組編. 中國繪畫全集　第 13 卷，明 4. 文物出版社，
　　　　浙江人民美術出版社　1997：p103.

圖 4.36　仇英　秋江待渡圖　絹本設色，155.4x133.4cm，臺北：故宮博物院藏
　　　　國立故宮博物院編輯委員會編輯. 仇英作品展圖錄. 國立故宮博物
　　　　院. 1995：p66.

圖 4.37　唐寅　枯槎鸜鵒圖　上海博物館藏
　　　　中國古代書畫鑒定組編. 中國繪畫全集　第 13 卷，明 4. 文物出版社，
　　　　浙江人民美術出版社　1997：p139.

圖 4.38　仇英　臘梅水仙圖軸　絹本設色. 47.5x25cm. 臺北：故宮博物院藏.
　　　　國立故宮博物院編輯委員會編輯. 仇英作品展圖錄. 國立故宮博物
　　　　院. 1995：　p21.

圖 4.39　仇英　臘梅水仙圖軸（款識）
　　　　國立故宮博物院編輯委員會編輯. 仇英作品展圖錄. 國立故宮博物
　　　　院　1995：p21.

圖 4.40　文化審美表
　　　　葉朗. 現代美學體系. 北京：北京大學出版社，1988：p260.

圖 4.41　陳淳　春花八種局部紙本水墨，24.3x420cm，首都博物館藏
　　　　陳淳. 陳淳精品畫集. 天津：人民美術出版社. 2000：p82.

圖 4.42　陳淳　春花八種題跋局部紙本水墨，24.3x420cm，首都博物館藏，
　　　　陳淳. 陳淳精品畫集. 天津：人民美術出版社. 2000：p80.

圖 4.43　尤求　紅拂圖紙本水墨，122.8x45.7cm，北京故宮博物院藏
　　　　http://image.baidu.com

圖 4.44　尤求　圍棋報捷圖紙本水墨，115.4x30.8cm，天津市藝術博物館藏，
　　　　中國古代書畫鑑定組編. 中國繪畫全集　第 13 卷，明 5. 文物出版社，
　　　　浙江人民美術出版社　1997：p212.

附錄 B　明朝帝王列表

表 B.1　明朝帝王列表

姓　名	廟　號	諡　號	年　號	陵　墓
朱元璋	太祖	高皇帝	洪武（1368 年～1398 年）	孝陵
朱允炆	惠宗	成皇帝	建文（1399 年～1402 年）	上金貝古墓
朱棣	成祖	文皇帝	永樂（1403 年～1424 年）	長陵
朱高熾	仁宗	昭皇帝	洪熙（1424 年～1425 年）	獻陵
朱瞻基	宣宗	章皇帝	宣德（1426 年～1435 年）	景陵
朱祁鎮	英宗	睿皇帝	正統（1436 年～1449 年） 天順（1457 年～1464 年）	裕陵
朱祁鈺	代宗	景皇帝	景泰（1450 年～1457 年）	景泰陵
朱見深	憲宗	純皇帝	成化（1465 年～1487 年）	茂陵
朱祐樘	孝宗	敬皇帝	弘治（1488 年～1505 年）	泰陵
朱厚照	武宗	毅皇帝	正德（1506 年～1521 年）	康陵
朱厚熜	世宗	肅皇帝	嘉靖（1522 年～1566 年）	永陵
朱載垕	穆宗	莊皇帝	隆慶（1567 年～1572 年）	昭陵
朱翊鈞	神宗	顯皇帝	萬曆（1573 年～1620 年）	定陵
朱常洛	光宗	貞皇帝	泰昌（1620 年）實際在位一個月	慶陵
朱由校	熹宗	悊皇帝	天啓（1621 年～1627 年）	德陵
朱由檢	思宗	烈皇帝	崇禎（1628 年～1644 年）	思陵